健康保险系列丛书

健康保险公司风险管理

主编 王 稳

中国财经出版传媒集团
中国财政经济出版社

图书在版编目（CIP）数据

健康保险公司风险管理／王稳主编 .—北京：中国财政经济出版社，2017.12
（健康保险系列丛书）
ISBN 978－7－5095－7839－1

Ⅰ.①健… Ⅱ.①王… Ⅲ.①健康保险－保险公司－风险管理 Ⅳ.①F840.625

中国版本图书馆 CIP 数据核字（2017）第 276782 号

责任编辑：翁晓红　　　　　　　　责任校对：徐艳丽
封面设计：李运平

中国财政经济出版社 出版

URL：http：//www.cfeph.cn
E－mail：cfeph @ cfeph.cn
（版权所有　翻印必究）
社址：北京市海淀区阜成路甲28号　邮政编码：100142
营销中心电话：88190406　北京财经书店电话：64033436　84041336
中煤（北京）印务有限公司印刷　各地新华书店经销
787×1092 毫米　16 开　17.25 印张　344 000 字
2017 年 12 月第 1 版　2017 年 12 月北京第 1 次印刷
定价：48.00 元
ISBN 978－7－5095－7839－1
（图书出现印装问题，本社负责调换）
质量投诉电话：88190744
打击盗版举报热线：010－88190414、QQ：447268889

《健康保险系列丛书》编委会

主　　任：宋福兴

副 主 任：董清秀　冯祥英　高兴华　伍立平　胡占民　黄本尧
　　　　　李晓峰　徐伟成　陈龙清

学术顾问：（按姓氏笔画为序）
　　　　　于保荣　马海涛　王　欢　王国军　王绪瑾　王　稳
　　　　　朱恒鹏　朱铭来　朱俊生　孙祁祥　孙　洁　李　玲
　　　　　李保仁　李晓林　杨燕绥　余　晖　张　晓　卓　志
　　　　　郑　伟　赵尚梅　郝演苏　庹国柱　董朝晖　魏华林

编务统筹：蔡皖伶　范娟娟

总　序

　　健康是人类永恒的追求，是人民幸福的起点，党中央、国务院高度重视人民健康事业。习近平总书记在党的十九大报告中指出："人民健康是民族昌盛和国家富强的重要标志。"没有全民健康，就没有完美意义上的全面小康。发达国家的成功经验表明，没有成熟的健康保险，全民的健康权就难以得到根本保障。

　　目前，健康保险在中国的实践与发展中尚处于重要的探索阶段，理论体系的构建和指引尤为迫切和重要。编著《健康保险系列丛书》的初衷就是要梳理近年来我国专家学者的理论探索，系统总结行业的实践经验，提炼健康保险的经营规律，从立足本土实际、借鉴国际经验、揭示运营规律、展望发展趋势等维度，努力构建健康保险行业的知识理论体系框架，更好地为我国健康保险业的有序发展提供坚实的理论支持。这套丛书可谓是皇皇巨著，由中国人民健康保险股份有限公司组织编著，凝聚了来自保险、财政税收、公共管理、社会保障、医疗卫生等领域近40位知名专家学者的心血与智慧。

　　改革开放以来，特别是近十余年来，健康保险业发展迅猛，众多跨领域的专家学者进行了一系列理论研究，流派纷呈，有力地推动了行业的快速发展。但应该看到，这些研究还不成体系，还相对分散，研究的广度和深度与当前行业发展的实际需求还不相适应。历史证明，科学系统的理论指引是保险事业健康发展的根本保证。从保险业的实践来看，什么时候有正确的保险理论指导，什么时候保险业发展的形势就比较好，对经济社会发展的贡献就比较大。

　　当前，中国特色社会主义已进入新时代，社会主要矛盾已经转化为人民日益增长的美好生活需要和不平衡不充分的发展之间的矛盾。人民群众对美好生活的需要呈现多样化、多层次、多方面的特点，其中，健康服务正在成为人民过上美好生活的一个基本要求。习近平总书记在党的十九大报告中指出："要完善国民健康政策，为人民群众提供全方位全周期健康服务。"按照党的十九大报告新的部署,完善国民健康政策,将促进健康与经济社会建设相互协调,促进"人口红利"转向"健康红利",全社会对健康投资和消费需求将日趋旺盛,消费结构升级将为健康服务创造广阔的发展空间,包括商业健康保险在内的健康产业进入了重要战略机遇期。专业健康保险公司要在把握重大战略机遇中实现持续快速协调发展,完成"服务国家治理体系和治理能力现代化"这一历史角色的转变,不仅需要从国内外行业自身发展实践的优势与不足中总结经验教训,更需要探究并构建科学、系统的理论体系来指引改革发展的进程。

近几年,商业健康保险发展势头强劲,专业健康保险公司在多层次医疗保障体系建设中发挥了积极的市场机制优势,在满足人民群众日益增长的健康保障需求中的作用也日渐凸显。特别是近些年,健康保险人只争朝夕,真抓实干,成绩卓著。然而在有速度、有效度发展的同时,尚未及时把积累的发展经验总结出来,更没有形成相对完善的以学术研究为先导的理论体系构建。未来,随着新医改的加速推进,商业健康保险的服务链条将逐渐延伸到社会保障、医疗卫生、保健养生等多个领域,跨行业特性使风险控制更加复杂,经营管理难度更大,市场竞争更趋激烈。如果拥有了原创性的理论研究成果,就可以获取行业的理论话语主导权,就能引领未来发展的战略制高点,就能及时应对行业中出现的新变化和新挑战,就能在激烈的市场竞争中获取其他企业难以比拟的发展优势。

习近平总书记在党的十九大报告中强调:"创新是引领发展的第一动力,是建设现代化经济体系的战略支撑。"企业应该成为创新的主体,而推动创新的根本力量是人才。专业健康保险公司的快速发展,关键是要建设一支规模宏大、结构合理、素质优良的创新人才队伍,要培养一大批熟悉市场运作、具备研究能力的专业技术人才。理论知识体系的研究和构建就可以培养和集结这样一批专门人才,使他们成为健康保险事业发展中的中坚力量。

《健康保险系列丛书》就是在这样的时代与文化需求的大背景下应运而生的。全套丛书分为理论基石类、实践操作类、探索提升类三类共计十六册。其中,理论基石类五册,意在建立统一规范的工作语言环境,普及专业基础知识,分别有:《健康保险学》(西南财经大学卓志教授主编)、《健康保险医学基础》(东南大学张晓教授主编)、《健康保险辞典》(中央财经大学郝演苏教授主编)、《健康保险与健康管理》(辛丹博士主编)、

总　序

《健康保险制度与规制》（对外经济贸易大学王国军教授主编）。

实践操作类八册，重在梳理总结相对成熟的经验规律，解决目前实践中的困惑，为行业提供现实借鉴和趋势分析，分别有：《健康保险公司风险管理》和《健康保险经营管理》（对外经济贸易大学王稳教授主编）、《健康保险营销管理》（西南财经大学卓志教授主编）、《健康保险产品创新》（北京工商大学王绪瑾教授主编）、《健康保险精算》（中央财经大学李晓林教授主编）、《健康保险财务管理》（中央财经大学马海涛教授主编）、《健康保险信息技术与管理》（北京邮电大学王欢教授主编）、《健康保险客户服务》（北京大学孙祁祥教授主编）。

探索提升类三册，旨在探索未来健康保险业发展之道，分别有：《健康保险与医疗体制改革》（清华大学杨燕绥教授主编）、《健康保险与大数据应用》（北京航空航天大学赵尚梅教授主编）、《护理保险在中国的探索》（南开大学朱铭来教授主编）。

为确保丛书编著的专业性和权威性，这些专家学者搜集整理了大量资料，梳理研究了国内外最新的理论知识和实践经验，进行了多次学术研讨，反复斟酌、精益求精，在编著工作中倾注了大量心力。我们希望本丛书能为健康保险行业的从业人员、健康保险相关专业领域的研究人员提供实际操作的范本和理论参考，为健康中国战略和国家多层次医疗保障体系建设提供必要的理论建构、学术前瞻与路径导向。

前　言

　　风险和风险管理意识始终伴随着人类社会的发展和演进。而现代意义的风险管理作为一门学科，则是20世纪六七十年代在西方国家快速发展起来的。风险管理理论走进了美国主要大学的课堂，成为许多大学经济和管理学科的必修课程。20世纪80年代，在金融市场创新和金融衍生品迅猛发展的浪潮下，人们对风险管理内涵及其意义的认识不断加深。企业关注的风险类型，从单纯的纯粹风险，扩展到市场风险、信用风险、操作风险；风险管理的工具，从单一地依靠保险，演变为保险与各种非传统风险转移工具的结合运用。美国会计师协会发起委员会（COSO）于1995年、2004年和2016年分别发布的三个纲领性文件《企业内部控制——整合框架》《企业风险管理——整合框架》和《企业风险管理——协调风险与战略和绩效》，对于企业风险管理的理论和实践都产生了重要影响。

　　根据COSO《企业风险管理——整合框架》给出的定义："企业风险管理是一个过程，它由一个主体的董事会、管理者和其他人员实施，应用于战略制定并贯穿于企业之中，旨在识别可能会影响主体的潜在事项、管理风险以使其在该主体的风险容量之内，并为主体目标的实现提供合理保证"，企业风险管理的目标旨在企业价值的保持和持续提升。依据2016年《企业风险管理——协调风险与战略和绩效》的新定义，企业风险管理是指：企业或组织管理风险的文化、能力和实践，它不仅与战略的制定和实施相一致，而且始终贯穿在企业价值的创造和保值增值过程中。

　　众所周知，从国际范围来看，银行业、保险业、证券业、大型能源生产与大型制造业是企业风险管理的重要推动力量。作为保险业的重要领域——健康保险公司的业务有鲜明特点，主要围绕公众转移健康风险的需求，为被保险人提供包括重大疾病保险、医疗费用保险、长期护理保险和健康管理服务在内的产品，其经营既不同于普通的寿险公司，更不同于财产保险公司。对于健康保险公司而言，其面临的主要风险有哪些？如何更加准确地识别和评估其战略制定和实施中的风险和机会？可供选择的风险管理工具和策略有哪些？如何建立整体性的企业风险管理框架？如何实现健康保险公司风险信息的有效沟通？健康保险公司如何进行可持续的风险管理？深入研究和分析上述理论和实践问题，对于健康保险公司风险管理具有重大意义。

一个客观的限制条件是：相对于国内保险业的其他领域而言，我国的健康保险行业发展处于初期，可获得的文献资料和相关参考成果较少，研究难度较大。幸运的是，中国人民健康保险股份有限公司具有洞悉健康产业未来发展的战略眼光和为行业贡献智慧的宽大情怀，大力支持本书的写作。中国人民健康保险股份有限公司不仅提供宝贵的一手资料，而且安排本书课题组多次到公司调研，公司党委书记、总裁宋福兴等有关领导在百忙中抽出宝贵时间与本书课题组进行交流、解答。正是这些无私的支持和帮助，才使本书课题组成员在困难面前没有"知难而退"。

本书的结构安排和主要写作人员如下：第一章，健康保险公司风险管理基础，由杨洋博士执笔；第二章，健康保险公司风险管理的分析框架，由游桂云教授执笔；第三章，健康保险公司风险管理的内部环境和目标，由田满霞博士执笔；第四章，健康保险公司风险识别与评估，由孙晓珂博士执笔；第五章，健康保险公司风险管理策略与应对方法，由张祎桐博士执笔；第六章，健康保险公司风险管理的控制活动和监控，由桑林博士执笔；第七章，健康保险公司风险管理信息与沟通，由刘铮博士执笔；第八章，健康保险公司的经济资本管理，由孙晓珂博士执笔；第九章，健康保险公司可持续风险管理，由刘铮博士执笔。全书由王稳教授策划和统稿，游桂云教授做了大量的协调工作，李雪博士负责全书的整理和校对。为了便于读者阅读，在每一章都安排了"专栏"和"思考题"。

健康保险公司风险管理是一个内容丰富而富有挑战性的研究领域，相关的研究基础比较薄弱，本书所讨论的一些理论和方法还没有长时间的实践和大量经营数据来验证其有效性，但作者大胆设想、小心求证，希望给读者以启发和参考。限于作者的研究水平和时间等条件限制，本书可能存在许多错误和疏漏之处，真诚欢迎读者不吝指正。

编者

2017 年 10 月

目录

第一章 健康保险公司风险管理基础 … 1

第一节 健康风险的定义和特征 … 1
一、风险与保险 … 1
二、健康风险 … 5
三、健康保险 … 6

第二节 健康保险公司风险的定义和特征 … 10
一、健康保险公司风险的定义 … 10
二、健康保险公司风险的分类 … 10
三、健康保险公司风险的特征 … 14

第三节 健康保险公司风险管理的定义和特征 … 15
一、风险管理与企业风险管理 … 16
二、健康保险公司风险管理 … 19
三、健康保险公司风险管理的特征 … 23

第二章 健康保险公司风险管理的分析框架 … 25

第一节 健康保险公司的内部控制框架 … 25
一、企业内部控制概念 … 25
二、健康保险公司内部控制要素 … 31
三、健康保险公司内部控制体系的构建 … 31

第二节 健康保险公司风险管理的分析框架 … 34
一、2004 版 COSO 企业风险管理框架 … 34
二、2016 版 COSO 企业风险管理框架 … 36
三、健康保险公司风险管理的 ECSS 分析框架 … 36

第三节 健康保险公司风险管理的流程 … 40

一、风险管理流程的含义　　40
　　二、健康保险公司风险管理流程　　41

第三章
健康保险公司风险管理的内部环境和目标　　44

第一节　健康保险公司风险治理结构　　44
　　一、风险管理组织架构　　45
　　二、风险管理制度体系　　49
　　三、风险管理信息系统　　50
第二节　健康保险公司风险管理文化　　54
　　一、健康保险公司的风险管理理念　　54
　　二、核心价值观　　56
　　三、行业及企业社会责任　　57
第三节　健康保险公司风险管理目标　　59
　　一、战略目标　　59
　　二、经营目标　　61
　　三、合规目标　　62
　　四、报告目标　　63

第四章
健康保险公司风险识别与评估　　64

第一节　健康保险公司的风险识别　　64
　　一、风险识别的定义及内涵　　64
　　二、风险识别技术　　66
　　三、影响健康保险公司风险的内外部因素　　72
第二节　健康保险公司的风险评估技术　　79
　　一、风险评估的定义及步骤　　80
　　二、风险评估技术　　82
第三节　健康保险公司风险分析与评估技术应用　　92
　　一、保险风险评估技术　　92
　　二、市场风险评估技术　　93
　　三、信用风险评估技术　　98
　　四、操作风险评估技术　　102
　　五、战略风险评估技术　　104
　　六、声誉风险评估技术　　104

七、流动性风险评估技术　　105

第五章
健康保险公司风险管理策略与应对方法　　109

　　第一节　健康保险公司风险应对方法　　109
　　　　一、风险回避　　110
　　　　二、风险降低　　112
　　　　三、风险分担　　120
　　　　四、风险承受　　125
　　第二节　风险应对方法的评价和选择　　126
　　　　一、风险组合观　　126
　　　　二、风险应对方法的评价　　128
　　　　三、风险应对方法的选定　　129
　　第三节　结构性金融或保险工具及其运用　　130
　　　　一、结构性金融工具　　130
　　　　二、结构性保险工具　　133
　　　　三、结构性金融工具的应用　　142

第六章
健康保险公司风险管理的控制活动和监控　　146

　　第一节　健康保险公司风险管理的控制活动　　146
　　　　一、控制活动的定义与分类　　146
　　　　二、健康保险公司的控制活动　　148
　　　　三、健康保险公司信息系统控制　　155
　　第二节　健康保险公司风险管理的监控　　156
　　　　一、监控的含义和分类　　156
　　　　二、健康保险公司的持续性监控　　158
　　　　三、健康保险公司的专门评价　　163

第七章
健康保险公司风险管理信息与沟通　　168

　　第一节　健康保险公司风险管理信息　　168
　　　　一、风险管理信息的含义　　168
　　　　二、信息收集　　169

　　　　三、信息管理　　　　　　　　　　　　　　　　　　　　172
　　第二节　健康保险公司风险管理沟通　　　　　　　　　　　　182
　　　　一、内部风险沟通　　　　　　　　　　　　　　　　　　182
　　　　二、外部风险沟通　　　　　　　　　　　　　　　　　　185

第八章
健康保险公司的经济资本管理　　　　　　　　　　　　　　　　192

　　第一节　经济资本的含义　　　　　　　　　　　　　　　　　192
　　　　一、经济资本的发展历程　　　　　　　　　　　　　　　192
　　　　二、经济资本的概念及特点　　　　　　　　　　　　　　194
　　　　三、经济资本与账面资本、监管资本　　　　　　　　　　196
　　　　四、健康保险公司的经济资本　　　　　　　　　　　　　199
　　第二节　健康保险公司经济资本管理的计量与配置　　　　　　200
　　　　一、经济资本计量　　　　　　　　　　　　　　　　　　200
　　　　二、经济资本配置　　　　　　　　　　　　　　　　　　204
　　第三节　健康保险公司的经济资本应用　　　　　　　　　　　209
　　　　一、经济资本管理和偿付能力监管　　　　　　　　　　　209
　　　　二、经济资本管理的应用　　　　　　　　　　　　　　　213

第九章
健康保险公司可持续风险管理　　　　　　　　　　　　　　　　218

　　第一节　可持续风险管理的概念和作用　　　　　　　　　　　218
　　　　一、可持续风险管理的概念和作用　　　　　　　　　　　218
　　　　二、可持续风险管理与社会责任　　　　　　　　　　　　221
　　第二节　健康保险公司可持续风险管理　　　　　　　　　　　224
　　　　一、健康保险公司可持续风险管理的内涵　　　　　　　　224
　　　　二、可持续风险识别　　　　　　　　　　　　　　　　　225
　　　　三、可持续风险评估　　　　　　　　　　　　　　　　　226
　　　　四、可持续风险控制　　　　　　　　　　　　　　　　　226
　　　　五、健康保险公司可持续风险融资　　　　　　　　　　　229

[术语对照表]　　　　　　　　　　　　　　　　　　　　　　　　232

参考文献　　　　　　　　　　　　　　　　　　　　　　　　　　243

跋　　　　　　　　　　　　　　　　　　　　　　　　　　　　　259

第一章

健康保险公司风险管理基础

目前我国商业健康保险的发展面临着难得的机遇和挑战,健康保险公司实施有效的企业风险管理是可持续运营和发展的前提。本章从健康保险公司战略制定和实施以及绩效管理的视角,简述了健康保险公司面临的风险及其特征,概述了健康保险公司风险管理的定义和特征,为商业健康保险公司识别、评估和管理风险奠定理论基础。

第一节 健康风险的定义和特征

健康风险始终伴随着人类的生命过程,随着我国社会经济发展水平的提高,人们越来越关注健康。鉴于健康风险的客观性、普遍性,在市场经济条件下,人们转移和分散健康风险的需求成为健康保险市场发展的原动力,健康风险的存在导致了作为健康保险市场供给侧的健康保险公司的产生。因此,本节首先简要叙述健康风险的定义和特征。

一、风险与保险

(一) 风险的定义

风险 (Risk) 是人类历史上长期存在的客观现象,人们在追求目标时所做出的每一个选择都存在风险。通俗来讲,风险是指损失发生的不确定性,但针对风险的严格定义,学术界还没有统一的定义。鉴于对风险的理解程度和研究角度的不同,学者们对风险的定义可被称为"风险的丛林",可以归纳为以下几种代表性观点。

一是损失可能说和损失不确定性说。传统上,有关风险的定义都是与损失联系在一起的。1895 年美国学者海恩斯 (Haynes) 在《作为经济要素的风险》 (Risk as An Economic Factor) 中最早对风险的本质进行分析,首次将风险定义为损害或损失发生的可能性,并对风险进行分类。支持损失可能说观点的学者们认为,损失发生的可能性越大,风险则越大(John J. Hampton,2009)。1901年美国学者威利特(Willet)把风险理论与保险联系起来,把风险与偶然和不确定性联系起来,从保险业的角度探讨风险与损失之间的内在联系。J. S. Rosenbloom(1972)将风险定义为损失的不确定性,F. G. Crane(1984)认为风险意味着未来损失的不确定性。支持损失不确定性说观点的学者们认为,损失发生的不确定性越大,风险则越大。

二是风险主观说与风险客观说。持有风险主观说的学者(Glyn A Holton,2004;宋明哲,1984)认为风险纯属个人对客观事物的主观估计。因为个体对未来不确定性的认识与个人的知识、背景、心理状态等主观因素有关,所以不同的人面对相同的风险时会做出不同的判断。因此,风险无法以客观的尺度衡量。持有风险客观说的学者,则是以风险客观存在为前提,认为风险是客观存在的损失的不确定性,因而风险是可以预测和衡量的。1921年,弗兰克·奈特(F. H. Knight)在《风险、不确定性和利润》一书中首次指出风险是可测定的不确定性。在对风险事故观察的基础上,可以用客观概率对这种不确定进行较为科学的描述和定义,并认为风险的大小可用客观尺度测定。Markowitz提出了下方风险(Downside risk)的概念,即实现的收益率低于期望收益率的风险,并用半方差来计量下方风险(David F. Babbel,1999)。魏华林(2011)将风险定义为:风险是可以被感知和认识的客观存在,无论从微观还是宏观角度都可以对其进行判断和估计,从而对风险进行有效管理。

除了学者们对风险内涵的定义,全美反虚假财务报告委员会下属的发起人委员会(The Committee of Sponsoring Organizations of the Treadway Commission,简称COSO)在2004年颁布的《企业风险管理整合框架》中也提出了对风险的定义:风险是一个事项将会发生并给目标实现带来负面影响的可能性。其中,带有负面影响的事项阻碍价值创造,或者破坏现有的价值;带有正面影响的事项可以消弭负面影响,或带来机会。鉴于过去的十几年,风险的复杂程度不断加大,演变速度越来越快,COSO在2016年6月15日发布的《企业风险管理——协调风险与战略和绩效》中对风险的定义为:事项发生并影响战略和业务目标实现的可能性。相对于2004年版,新定义的主要改动是兼顾了风险对战略和绩效的正面和负面的影响,强调了风险与事项潜在性相关,通常在严重程度上考虑。在某些情况下,风险可能与预期不发生的事件有关,这和国际风险管理标准ISO31000及中国风险管理标准GB-T24353是一致的;另外早在2006年国务院国有资产监督管理委员会发布的《中央企业全面风险管理指引》文件中就有体现。

专栏1.1

COSO2016年版修订稿对"风险"内涵的扩展

有关术语的解释:

业务:是一个广泛的术语,可以涵盖各种各样的企业,包括营利性的、非营利性的和政府实体。

事项：发生某一事件或一组事件。

不确定性：通常被理解为不完全知道的东西，或者对某事不确定的状态。风险涉及不确定性，并影响组织实现其战略和业务目标的能力。因此，管理层的一个挑战是确定企业能够接受的不确定性即风险的大小。有效的企业风险管理使管理层能够平衡风险与机会，从而增强创造、维护和最终实现价值的能力。

严重性：用来衡量事项的可能性和影响，或事项恢复所需的时间。

在风险的背景下，事项不仅仅是日常交易，它们是更广泛的业务问题，如治理和经营模式的变化、地缘政治和社会影响以及承包谈判等。一些事项很容易识别，比如利率变化、竞争对手推出新产品或网络攻击。其他的则不太明显，特别是当多个小事件结合起来形成趋势或条件时。例如，我们难以确定与全球变暖相关的具体事项，但是该事项被普遍认定为是会发生的。在某些情况下，企业甚至可能不知道或识别可能发生的事项。

企业通常侧重于可能导致消极结果的风险，例如，火灾造成的损失，失去关键客户或新竞争对手的出现。然而，事项也可以有积极的结果，这些也必须考虑。同样的，有利于实现一个目标的事项可能同时对实现其他目标构成挑战。例如，高于预期需求的产品推出对供应链管理造成风险，如果公司无法提供产品，可能会导致客户的不满。

一些风险对实体影响很小，但其他的风险影响或许较大。企业风险管理的作用是识别和关注那些可能会阻止企业价值的创造、保持和实现的风险以及可能会侵蚀现有价值的风险。企业风险管理帮助企业追求与风险相关的潜在机会。

资料来源：COSO：Enterprise Risk Management——Aligning Risk with Strategy and Performance，2016 年发布。

(二) 风险的特征

1. 风险是客观存在的

风险不以人的意志为转移，部分风险是无法回避的或者说是没有办法消除的。美国学者佩弗尔认为，无论人们是否可以察觉到风险，它就是一种客观存在，可以用客观的概率进行测定。正是由于风险的客观存在性，才决定了保险存在的必要性。

2. 风险是不确定的

风险的主体是指从事风险活动的人，客体是风险事件所处的外部环境，而不确定性通常是指风险的主体对未来事件发生的可能性和发展程度产生怀疑的一种状态。由于人们知识水平、分析能力、风险态度等各异，即使所处风险环境一致，不同个体的不确定性程度也有所不同。此外，随着时间推移，虽然对临近事件的信息掌握得较充足，但其主观不确定性也会发生变化，所以，即使面临同一个风险事件，不同个体的风险态度也许并不一致。魏华林（2011）认为，风险的偶然性形成了经济单位与个人对保险的需求，而风险的不确定性使之成为可保风险。

3. 风险是可测定的

虽然风险是不确定的，但并不代表它不可预测和测定。在未来事件中，风险意味或反映了现实的各种不确定性变化。根据以往大量资料或信息，通过对风险客体的观察、了解、调查等一系列研究，运用统计方法和数理模型可以对风险加以预测和测定。风险客观存在的确定性和发生的不确定性，构成了保险的风险，可测定性奠定了保险费率厘定的基础。

4. 风险在一定程度上是可控的

虽然风险是客观存在的，但在某些情况下仍有一定的规律性，风险仍是可测的。虽然无法完全避免或消除风险，但可以通过采取一系列措施，对风险进行事前识别、预测，做好风险防范和风险管理，尽量将风险降到最低程度，以减少遭受损失的可能性。

（三）保险

保险是一项古老的制度，是以其各种形式稀释不确定性有害影响的最卓越的机制。个人即期从事投资活动，是为了确保将来的不幸事件在时间和数量上会减少有害性。这些行为活动使企业和个人能在他们之间交换风险。这些转移最常见的是普通的保险合同。这个合同的本质是被保险人支付一个费用，以换得保险人在约定的事件发生时提供一定金额补偿的承诺[①]。

关于保险的定义，学术界对此仍存分歧，但当前多以损失补偿的概念来阐明保险的性质和内涵。从保险合同的角度，Marshall 将保险的功能定义为损失赔偿，他认为："保险是当事人的一方收受商定的金额，对于对方所受的损失或发生的危险给予补偿的合同。"从经济理论的角度，A. Wagner 认为："保险是把个别人由于未来特定的、偶然的、不可预测的事故在财产上所受的不利结果，由处于同一危险之中、但未遭遇事故的多数人予以分担以排除或减轻灾害的一种经济补偿制度。"从危险处理的角度，A. H. Willet 认为："保险是为了资本的不确定损失而积累资金的一种社会制度，它依靠把多数的个人危险转嫁给他人或团体来进行。"根据保险经济现象的质的规定性，魏华林（2011）将其定义为："保险是集合具有同类危险的众多单位或个人，以合理计算分担金的形式，实现对少数成员因该危险事故所致经济损失的补偿行为。"

---

① ［美］纽曼，米尔盖特，［英］伊特韦尔编：《新帕尔格雷夫货币金融大辞典》，胡坚等译，经济科学出版社2000年版。

二、健康风险

（一）健康风险的定义

健康风险（Health Risk），顾名思义，是指影响人的身体健康的一种风险。黄占辉（2006）提出："健康风险是指由于自然、社会和人自身发展的各种因素，导致人出现疾病、伤残以及造成健康损失的可能性。"

专栏1.2

健康（Health）

1946年，世界卫生组织将"健康"定义为：健康是一种躯体、精神与社会和谐融合的完美状态，而不仅仅是没有疾病或身体虚弱。具体来说包括三个层次：躯体健康；心理健康或者说精神健康；社会适应能力良好。世界卫生组织对健康的定义体现了积极全面的健康观，是健康的最高目标。

从经济学角度看，健康是个体的一种风险资产。首先，健康有风险，但又与传统金融资产不同，在技术和法律上都不可交易。医学处理和行为改变可在一定程度上改善健康，但局限性很明显，如某些基因遗传性特征根本无法改变。其次，健康有其自身的生命周期特征，不能通过年轻时"储蓄"来弥补年老时的健康消费。

资料来源：何兴强，史卫："健康风险与城镇居民家庭消费"，《经济研究》2014年第5期。

健康风险包括疾病风险和残疾风险（吴海波，2015）。疾病风险（Disease Risk）是指疾病发生及其所造成健康损失的不确定性（曹晓兰，2012），可以分为狭义疾病风险和广义疾病风险两个层次。狭义的疾病风险是指人身所患疾病而带来的经济、生理、心理等损失的风险；广义的疾病风险是指除了疾病引起的风险外，还包括生育及意外伤害事故等方面存在或引起的人身风险[①]。

残疾风险（Disability Risk）是指由于疾病、伤害事故等导致人体机体损伤、组织器官缺损或功能障碍等的风险。残疾人的工作能力受损，从而无法依靠工作而获得收入，若残疾者的工资为家庭的主要收入来源，则情况更为严峻，残疾给个人及其家庭造成的经济负担也更沉重。

健康风险造成的经济损失主要体现在以下两个方面：一是医疗费用风险，突发的疾病和身体健康损害都可能会给个人及其家庭造成难以承担的巨额医疗支出。二是收入损失风险，疾病或残疾会导致个人及其家庭的可支配收入降低甚至消失；此外，病

---

① 资料来源：刘志刚主编：《简明保险教程》，清华大学出版社2005年版。

患在生病期间、残疾人在残疾期间对收入的需求必然更高。

（二）健康风险的特征

鉴于健康的特殊性，健康风险并不能像其他风险一样通过组合配置进行分散。因其作用对象和表现形式不同，健康风险具有其自身特征。

1. 高危性

普通风险的发生，通常会造成物质财产的损失，而健康风险发生后，还会给人们的身体、工作和生活带来众多不便。健康风险的作用对象是人的健康，它对人体健康造成伤害，同时可能会造成暂时性或永久性劳动能力的丧失。因此，其风险损失不仅是经济上的损失，还对当事人的健康、生命以及心理造成无法用金钱来衡量的损害，这是健康风险最突出的特点。

相对于疾病风险，残疾风险危害的严重性特征更明显。从经济角度讲，残疾这种"活死亡"所带来的问题可能比真正的死亡更为严峻。例如，如果是家庭中的主要赚取收入者死亡，那么结果是家庭一部分收入来源的终止；但如果其残疾，那么其家庭的部分收入来源不仅终止，而且家庭的收入需求通常还要增加（如残疾者的医疗费用、生活自理辅助设备的购置等），残疾给残疾者家庭所带来的经济问题显然会比前者严重。

2. 普遍性和频率高发性

健康风险是一种直接影响每个个体基本生存利益的特殊风险。健康风险对于每个人或每个家庭而言都是无法回避的，其发生频率也高。影响人身健康的因素有很多，且随着生存环境的不断恶化，危害因素在无形中增加，天灾人祸难以避免，每个人都面临着生老病死和意外伤害等风险。相对于残疾风险，个体遇到疾病风险的概率更高。

3. 复杂性

导致健康风险发生的原因多种多样，仅就人类已知的疾病而言，种类繁多，每一种疾病又因个体差异而表现各异。此外，环境污染、社会因素、生活方式、精神工作压力和心理因素等各种因素所致疾病，以及未知疾病、潜在疾病和亚健康状况随意蔓延发展等均使得疾病风险很难化解，并且一般的风险测算技术也难以适用，防范疾病显得尤为困难。

4. 社会蔓延性

某些方面的健康风险具有社会传播扩散性，其中最典型的为传染病。某些疾病一旦发生，如果没有做到有效地防御、控制和治疗，很快会在人群中传播，不仅直接危害个人健康，而且会蔓延到整个地区乃至社会。

三、健康保险

（一）健康保险的定义

19世纪以来，健康保险随着人寿保险发展的不断成熟而逐渐进入人们的视野。

早期的健康保险产品主要是个人健康保险，到20世纪初出现了团体健康保险形态。

美国健康保险学会（HIAA）对健康保险（Health Insurance）的定义是："为被保险人的医疗服务需求提供经济补偿的保险，也包括为因疾病或意外事故导致工作能力丧失所引起的收入损失提供经济补偿的失能保险。"该定义将健康保险主要分为费用补偿医疗保险和失能收入损失保险两大类，但没有说明疾病保险和护理保险该如何归类。

中国台湾保险学家袁宗蔚认为："健康保险，原系疾病保险之别称，亦包括伤害保险在内。故所谓健康保险者，乃被保险人因意外伤害或罹患疾病所需住院及医疗费用，以及因不能工作所致收入之损失，由保险人负责给付或补偿之保险。"魏华林（2011）对健康保险的定义与之类似："以被保险人的身体为保险标的，保证被保险人在疾病或意外事故所致伤害时的直接费用或间接损失获得补偿的一种保险。"曹晓兰（2012）认为："健康保险是指被保险人在遭受疾病、分娩或工伤事故等而发生医疗费用支出时，由国家或社会向其提供医疗费用补偿的制度。"该定义涵盖了社会医疗保险和商业健康保险。

（二）健康保险的分类

健康保险按照组织实施方式可以划分为社会医疗保险和商业健康保险，因此，习惯上广义的健康保险应涵盖社会医疗保险和商业健康保险两个部分，狭义的健康保险一般特指商业健康保险。由于历史原因，我国商业健康保险出现较晚，而社会医疗保险主要采取医疗费用补偿的方式，长期以来人们将医疗保险等同于健康保险，包括近年来的一些研究文献也未进行明确区分。根据《中共中央、国务院关于深化医药卫生体制改革的意见》，我国社会基本医疗保险主要包括由政府主导实施的城镇职工基本医疗保险、城镇居民基本医疗保险、新型合作医疗和城乡医疗救治（简称"新农合"），主要采取医疗费用补偿的方式。我国的工伤保险与美国的失能收入损失保险功能十分接近，但是工伤保险在我国属于一个相对独立的社会保险单元，并未划入社会基本医疗保险范畴。本书主要论述商业健康保险，具体分类如下：

1. 传统的商业健康险

根据中国保监会2006年颁布的《健康保险管理办法》，商业健康保险是指保险公司通过疾病保险、医疗保险、失能收入损失保险和护理保险等方式对因健康原因导致的损失给付保险金的保险，其中：

疾病保险（Disease Insurance）：以保险合同约定的疾病的发生为给付保险金条件的保险。健康保险公司的疾病保险产品有包含几十种重大疾病的综合疾病保险、专门保障癌症的特定疾病保险、女性特定疾病保险、男性特定疾病保险、少儿特定疾病保险、糖尿病特定疾病保险等，满足不同性别、不同年龄等人群的疾病保障需求。

> **专栏 1.3**
>
> **健康保险中"疾病"的成立条件**
>
> （1）必须是由于被保险人身体的内在生理原因造成的。外来的、剧烈的原因造成的病态属于意外伤害的范畴。
>
> （2）必须是非先天性原因所造成的。由于先天原因，身体发生缺陷或不正常，不可视为健康保险中所指的疾病，不属于健康保险的保险责任。
>
> （3）必须是非必然原因造成的。例如，不能称人到一定年龄以后必然出现的衰老现象为疾病，衰老不能成为健康保险的保险责任。
>
> 资料来源：刘金章，王晓珊：《人寿与健康保险》，清华大学出版社、北京交通大学出版社2015年版。

医疗保险（Medical Insurance）：以保险合同约定的医疗行为的发生为给付保险金条件，为被保险人接受诊疗期间的医疗费用支出提供保障的保险。按照保险金的给付性质，医疗保险分为费用补偿型医疗保险和定额给付型医疗保险。费用补偿型医疗保险是指根据被保险人实际发生的医疗费用支出，按照约定的标准确定保险金数额的医疗保险；定额给付型医疗保险是指按照约定的数额给付保险金的医疗保险。健康保险公司的医疗保险产品有：住院医疗保险、门诊医疗保险、涵盖社保范围外医疗费用的中端医疗保险、涵盖昂贵医院和海外医院的高端医疗保险等，满足不同收入人群的医疗费用保障需求。

失能收入损失保险（Disability Income Insurance）：因保险合同约定的疾病或者意外伤害导致工作能力丧失为给付保险金条件，为被保险人在一定时期内收入减少或者中断提供保障的保险。在现实生活中，残疾通常是由于身体内潜伏病症与外在突发伤害的共同作用导致，因此需要根据近因原则确定责任归属。此类保险往往附加生活指数条款，从而保险人给付的保险金可随着生活指数进行调整。

护理保险（Nursing Care Insurance）：因保险合同约定的日常生活能力障碍引发护理需要为给付保险金条件，为被保险人的护理支出提供保障的保险。健康保险公司的护理保险产品有：结合护理服务给付和现金给付的护理保险产品，客户可以任意选择是接受现金保险给付还是接受保险公司提供的护理服务。

2. 健康管理（Health Management）

《"健康中国2030"规划纲要》的发布使得商业健康险公司面临着新的机遇和挑战，健康险业务方式迫切需要从"被动理赔"向"全流程健康管理服务"转变，因此，健康管理成为一种新型的"预防型"商业健康保险。

健康管理是指通过对个体或群体健康状态和危险因素的监测、分析、评估、干预、防止或延缓疾病的发生发展，提高健康管理对象的健康状况和生活质量，降低医疗成本。健康管理的核心是对健康危险因素的识别和管理，其宗旨是调动个人对健康的预防观念，有效地利用有限资源以达到最佳的健康效果。健康管理主要包括四个层次内容：

收集健康服务对象的健康信息。这是实施健康管理活动的基础，包括服务对象的个人基本情况，如年龄、性别；当前的健康状况和生活方式，如身高、体重、血压、家族病史等。服务对象的健康信息可以通过问卷方式收集，建立健康档案，进行跟踪调查，这样能够得到服务对象更加全面准确的健康信息。

进行健康和疾病风险评估。这是对服务对象健康状况的度量，主要是根据第一步中收集到的服务对象健康信息，对个人的健康状况进行评价，并通过健康评估模型对个体的未来患病危险性进行预测，包括该个体未来可能罹患疾病的类型和概率大小，即患疾病的危险程度。

开展针对性的健康指导和干预。在前两步的基础上，以多种形式帮助个人采取行动，纠正不良的生活方式和习惯，控制和远离危险因素。通过定期开展体检，将治病为主转变为预防保健为主，降低服务对象罹患疾病的概率，提高健康保险的信誉度和社会认同感。保险公司定期向客户传递有关健康方面的资讯，举办保健知识讲座，进行医疗护理咨询等。

就医协助与指导。对于不幸罹患疾病的个体，根据所患疾病类别和严重程度，指导其就医行动，包括为其推荐合适的医疗机构、专科医生及诊室，预估可能的治疗方案和医疗费用。

专栏 1.4

美国管理式医疗保险

管理式医疗保险的核心是医疗服务与财务一体化，即把风险管理与健康管理结合起来。这一做法在国际上已经取得了良好的效果，如美国的 HMO、PPO、EPO、POS 等管理式医疗组织的健康保险风险管控。

美国管理式医疗保险的操作模式，与传统的医疗保险对已发生索赔所进行的回顾性审核不同，管理式医疗保险对医药服务的审核主要是在提供医疗服务之前对其恰当性进行评估，与医生和医院签订合同，事前（提供医疗服务前）定额给付或事后折价给付。这种方法避免了资源浪费和对病人的潜在风险，同时也控制了不合理的费用支出，使医生和病人都主动预防疾病以维护健康。美国信诺保险集团以管理式医疗保险服务为业务重点，1999 年，信诺健康医疗保险及服务费收入就已达 263 亿美元。信诺保险集团不断发展管理式医疗计划和产品，在美国与 20 多万名医生和 3 797 家医院签有合同，建立了完善的医疗管理信息系统。

资料来源：黄占辉，王汉亮，《健康保险学》，北京大学出版社 2006 年版。

第二节　健康保险公司风险的定义和特征

健康保险公司面临的风险不同于被保险人的健康风险。作为一个组织或企业，在战略制定、产品开发、承保理赔和健康管理等一系列生产经营活动中，存在着诸多影响目标实现的不确定性因素，它们构成了健康保险公司面临的风险。它既有企业风险管理范畴的一般特征，也有健康保险公司风险的特殊性。那么，健康保险公司的风险存在哪些特征？又包括哪些分类？本节将对健康保险公司风险的定义、分类和特征进行阐述。

一、健康保险公司风险的定义

范柏乃（2012）提出："企业风险就是客观存在的，给企业生产经营目标实现带来负面影响的不良事件发生的可能性。"该定义仅考虑企业风险对经营目标的负面影响，而没有关注有可能带来的机会。国务院国有资产监督管理委员会发布的《中央企业全面风险管理指引》中对企业风险的定义是：未来的不确定性对企业实现其经营目标的影响。该定义同时考虑了企业风险的负面和正面影响，相对全面。

根据《中央企业全面风险管理指引》的定义，健康保险公司风险，是指未来的不确定性事件对健康险公司实现其战略和经营目标的影响，包括负面和正面影响。

二、健康保险公司风险的分类

健康保险公司进行有效风险管理的前提是对面临的各类风险进行正确的风险分类。依据中国保监会于2010年颁布的《人身保险公司全面风险管理实施指引》和2012年发布的《中国第二代偿付能力监管制度体系建设规划》（简称"偿二代"），本书把健康保险公司风险分为保险风险、市场风险、信用风险、操作风险、战略风险、声誉风险和流动性风险。

（一）保险风险（Insurance Risk）

《保险公司偿付能力监管规则第4—5号》规定："长期健康险（属于寿险）的保险风险是指由于损失发生、费用及退保相关假设的实际经验与预期发生不利偏离，导致保险公司遭受非预期损失的风险，包括损失发生风险、费用风险和退保风险。短期健康险（属于非寿险）的保险风险是指由于赔付水平、费用水平等的实际经验与预期发生不利偏离，导致保险公司遭受非预期损失的风险，包括保费风险和准备金风险。"

疾病保险的保险风险主要来源于疾病发生率的长期波动，疾病保险通常采取确诊定额给付方式。鉴于我国经营疾病保险的时间较短，我国疾病发生率数据还很匮乏，实际赔付数据也较少，因此对于长期疾病保险来说，由于保险产品的保障期限很长甚至是被保险人终身，在长期内合理预测疾病发生率的难度很大，损失发生风险较大。短期疾病保险多为一年期产品，发生率风险相对较小，可以根据行业或公司内部经验数据定价。

专栏1.5

"偿二代"中的风险分级

"中国风险导向的偿付能力体系"（China Risk Oriented Solvency System, CROSS）的《保险公司偿付能力监管规则》规定："保险公司偿付能力风险由固有风险和控制风险组成。保险公司的固有风险由可量化为最低资本的风险（简称'量化风险'）和难以量化为最低资本的风险（简称'难以量化风险'）组成。量化风险包括保险风险、市场风险和信用风险，难以量化风险包括操作风险、战略风险、声誉风险和流动性风险。控制风险是指因保险公司内部管理和控制不完善或无效，导致固有风险未被及时识别和控制的偿付能力相关风险。"如图专1.1所示。

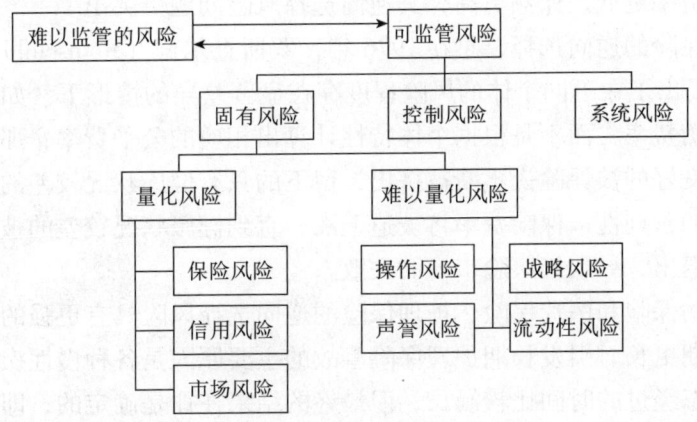

图专1.1 "偿二代"中的风险分级

资料来源：中国保监会：《保险公司偿付能力监管规则第2号：最低资本》，2015年发布。

（二）市场风险（Market Risk）

《保险公司偿付能力监管规则第7号》规定："市场风险，是指由于利率、权益价格、房地产价格、汇率等不利变动，导致保险公司遭受非预期损失的风险。保险公司的市场风险包括利率风险、权益价格风险、房地产价格风险、境外资产价格风险和汇率风险。"

对于健康保险公司而言，市场风险包括产品市场风险、金融市场风险。产品市场风险是指因市场变化、产品滞销等原因导致跌价或不能及时卖出健康险产品。金融市场风险包括利率风险、外汇风险、股票或债券市场风险、期货、期权与衍生工具风险等,使公司的投资遭到损失。

(三) 信用风险 (Credit Risk)

《保险公司偿付能力监管规则第 8 号》规定:"信用风险是指由于交易对手不能履行或不能按时履行其合同义务,或者交易对手信用状况的不利变动,导致保险公司遭受非预期损失的风险。保险公司面临的信用风险包括利差风险和交易对手违约风险。"

影响健康保险公司信用风险的主要因素是交易对手的信用状况。健康保险的信用风险主要是指由于健康险的介入,被保险人的就医行为、医生(或第三方机构)的行为发生变化,从而导致保险公司作为费用支付方的经营风险,具体表现为投保人与被保险人的逆向选择风险,以及其与医疗机构的道德风险。

1. 逆向选择风险 (Adverse Selection Risk)

疾病保险的保额与保费比值很高,参保人可以通过较少的保费获得高额的保障,因此其逆向选择风险较为突出。疾病保险的逆向选择主要有以下两种现象:一种是投保人患有高理赔风险的疾病,在此情况下选择投保;另一种是带病投保,被保险人在投保时已患有合同约定的疾病,保险合同生效后要求理赔。相对于个人疾病保险,团体疾病保险的费率更低、保额更高,其逆向选择风险问题更突出。

关于医疗保险的逆向选择,早在 1976 年,罗斯查尔德 (Rothschild) 和斯蒂格里茨 (Stiglitz) 提出了在不同个体的风险程度存在显著差异的情形下,如果保险公司仍然采用统一均衡费率,而不是根据个体特性计算出相应的公平费率,那么在长期内将导致健康状况良好的被保险人不断被挤出,留下的只有健康状况较差的被保险人。为维持保险公司的营利性,保险费率将被迫上涨,直到健康状况较差的被保险人亦无法忍受高额费率退出,导致健康险市场的失败。

相对于疾病保险和医疗保险,护理保险的逆向选择风险具有更强的隐蔽性,而且风险释放的周期更长。引发长期护理保险事故的主要原因是各种慢性疾病,由慢性病发展到护理状态经过的时间比较漫长,但最终的结果往往是确定的,即必然达到护理条件状态,被保险人可以在年轻时根据自身已患的慢性疾病情况选择性投保护理保险,而保险公司对早期参保人的逆向选择风险很难防范。

2. 道德风险 (Moral Hazard)

投保人对被保险人的健康状况可能确实缺乏了解,也有可能是投保人故意隐瞒,以获得较低的保险报价,由此会产生道德风险问题。关于医疗保险的道德风险,主要分为被保险人的道德风险和医疗机构的道德风险。

被保险人的道德风险体现在三个方面:第一,投保后被保险人对自身健康关注的松懈以及疾病预防意识的降低。第二,刺激医疗需求,产生过度医疗消费。购买医疗保险后将提高被保险人的医疗支付能力,可能会改变医疗消费方式,倾向于采取更加昂贵的医疗服务。第三,冒名就医。被保险人亲属或其他人以被保险人名义进行医疗消费，然后向保险公司索赔。

医疗机构道德风险产生的根源在于医疗机构具有信息优势，可以利用其既作为医疗方案制订者又作为医疗服务提供者的便利条件，追求自身利益最大化，具体表现在以下方面：第一，诱导消费；第二，对于病患者来说，医疗是恢复健康的主要途径，是必需品，几乎没有可替代性，因此患者对于医疗机构提出的治疗方案往往只能被动接受；第三，患者对医疗费用无议价能力。

专栏1.6

防卫性医疗（Defensive Medicine）

Aaron（1991）对美国近40年来医疗费用快速增长进行了持续研究，认为医疗诉讼的增长使得医生更加谨慎，医生由于害怕医疗事故诉讼倾向于采用更多防卫性医疗。即使医生不存在医疗浪费的道德风险，但是由于害怕医疗诉讼风险，会尽可能多地安排病人进行阳性概率极低的检查和效率极低的保健式治疗，这也是推高医疗成本的因素之一。近年来我国医患纠纷和诉讼不断增加，未来医生防卫性医疗导致的健康保险风险不容忽视。

资料来源：Arrow, K. J, Uncertainty and the Welfare Economics of Medical Care, America Economic Review, 1963（53）.

护理保险的道德风险与长期疾病保险相似，但是比长期疾病保险管理难度更大。从被保险人的角度看，鉴于护理标准有一定主观性，无论是保险公司核赔部门，还是医疗机构，对其夸大失能状态往往难以进行有效的核查。此外，被保险人康复之后，一般不会主动通知保险公司终止领取护理保险金，保险公司亦难以对参保人的健康状况定期核查。从医院或鉴定机构角度，护理标准本身存在主观判断特点，在鉴定过程中发生医患合谋的道德风险相对较大。

（四）操作风险（Operational Risk）

《保险公司偿付能力监管规则第10号》规定："操作风险是由于不完善的内部操作流程、人员、系统或外部事件而导致直接或间接损失的风险，包括法律及监管合规风险（不包括战略风险和声誉风险）。"根据《巴塞尔新资本协议》，操作风险可以分为由人员、系统、流程和外部事件所引发的四类风险，并由此分为七种表现形式：内部欺诈，外部欺诈，聘用员工做法和工作场所安全性，客户、产品及业务做法，实物资产损坏，业务中断和系统失灵，交割及流程管理。

以护理保险为例，可以说明对于健康保险公司理赔操作风险的状况。我国护理保险的发展时间较短，还未形成较为成熟的体系，缺乏相应的经验数据，各保险公司的护理标准均存在一定的理赔操作障碍。在此情况下，如果严格执行理赔，可能会导致与客户的纠纷事件增加；但若通融执行理赔，则会造成产品赔付率升高，营利性降低。此外，护理保险金的支付条件是达到护理条件，若被保险人身体状况有所好转，不再符合护理条件，那么保险公司应终止给付。但实际中，健康保险公司自身缺乏由符合护理条件向不符合护理条件转化的概率，以及再次转化为符合护理条件的概率的经验数据，在产品设计、理赔管理过程中就十分容易发生操作风险。

（五）战略风险（Strategic Risk）

《保险公司偿付能力监管规则第10号》规定："战略风险是由于战略制定和实施的流程无效或经营环境的变化，导致公司战略与市场环境、公司能力不匹配的风险。"Lubatki（1990）将战略风险定义为："宏观经济和产业经济波动对于企业的收益带来损失的可能性。"而Sidney Barton（1990）则将战略风险定义为："当企业面临破产等不确定性经营后果时进行决策所面临的风险。"Robert Simons（1998）又认为："战略风险指的是一个未预料的事件或一系列事件，它们会严重削弱管理实施期原定企业战略的能力。"结合企业风险的概念，健康保险公司的战略风险可以定义为：行业发展不确定性和战略制定对企业目标实现的影响。

对于健康保险公司而言，值得关注的是战略风险中的产品设计风险。随着近年来健康险市场的竞争加剧，保险公司开始关注对健康保险产品进行创新和升级，但是很多为了博消费者眼球、追逐社会热点而盲目创新设计的保险产品通常存在缺陷，从而加大了公司的风险。现阶段，保险业对众多新增疾病缺乏深入的研究，难以对其未来的变化趋势进行合理预测。保险公司无限制地扩展承保风险，一味地迎合市场，易造成承保风险过大。

（六）声誉风险（Reputational Risk）

《保险公司偿付能力监管规则第10号》规定："声誉风险是由于保险公司的经营管理或外部事件等原因导致利益相关方对保险公司负面评价，从而造成损失的风险。"健康保险公司的声誉风险一般表现为由于负面事件使得公司声誉和品牌受损，从而遭受损失。

（七）流动性风险（Liquidity Risk）

《保险公司偿付能力监管规则第10号》规定："流动性风险是保险公司无法及时获得充足资金或无法及时以合理成本获得充足资金，以支付到期债务或履行其他支付义务的风险。"当健康保险公司不能及时筹集到所需的资金时，就发生了流动性风险。

三、健康保险公司风险的特征

健康保险与人寿保险、人身意外伤害保险统属于人身保险，但相比后两者更为复杂，具有其自身特征：一是保险标的具有特殊性，以人身健康为标的；二是保险事故发生频次的高概率性，特别是疾病保险；三是经营的复杂性，涉及医疗机构等第三方关系；四是公共医疗保障体系对商业健康保险的发展影响巨大——商业健康保险谋求发展的典型做法就是为公共保障制度的保障缺口提供保险保障。鉴于健康保险的种种特征，健康保险公司经营的风险存在以下特征：

（一）风险分类过于细化

健康保险的产品设计强调个性化，产品种类较多。虽然单个险种或某一类保险要按照人的需求来细分，但过度细化则无法达到大数法则，同时风险管控的难度加大，从而导致公司的经营风险加大。

（二）精算难度大

商业健康保险的精算基础不同于寿险。寿险的定价基础是生命表，而健康保险的定价基础是疾病发生概率和疾病平均费用支出额。客观来说，健康保险的高出险率、高赔付率、高理赔工作量和健康保险险种的短期性都导致了健康险经营技术要求高、管理成本较大，甚至给资金运作造成一定困难，对精算要求极高，定价稍有差错则可能会导致经营亏损。

（三）医疗风险管控难度大

市场上存在大量的不规范医疗行为，"风险共担、利益共享"的医保合作机制没有取得突破，医疗保险市场中存在严重的信息不对称现象，使得保险人处于弱势地位，难以介入医疗服务过程，无法有效地监控不合理的医疗行为、控制医疗费用。

专栏 1.7

信息不对称（Information Asymmetry）

经济学中，如果行为者之间信息不对称，与之相适应的经济分析就会发生一系列变化。若行为者对经济环境拥有不同的信息，行为者的行动就可能部分或完全揭示出他们知道但还并不广为人知的信息。这种行为可能会通过诸如价格这样的市场变量反映出来，所以，这些市场变量就会对开始时并非所有行为者都知道的信息有所反应。

资料来源：[美]纽曼，米尔盖特，[英]伊特韦尔编：《新帕尔格雷夫货币金融大辞典》，胡坚等译，经济科学出版社 2000 年版。

（四）容易受政策的影响

鉴于我国的健康险业务起步较晚，现阶段对于健康保险公司的风险管理并没有严格的、明确的监管标准，还没有形成有效的监管体系和政策。政府的社会保障政策、商业健康险的税收优惠政策等，对于未来健康保险公司如何经营、管理风险，也会产生很大影响。

第三节 健康保险公司风险管理的定义和特征

随着健康保险业的发展和壮大，消费者的健康风险以及健康险公司经营面临的风险日益复杂化，健康保险公司风险管理不仅在实践中越来越成为企业实现战略和运营目标的必要过程和手段，而且在理论上也具有自身的特殊性和复杂性。本节对有关健康保险公司风险管理的定义和特征进行分析和梳理，以期为全书的逻辑和框架提供理论基础。

一、风险管理与企业风险管理

（一）风险管理的发展与定义

现代意义上的风险管理不仅仅是一门技术、一种方法、一种管理过程，而且是一门新兴的学科。西方几千年前就有"不要把所有鸡蛋都放在一个篮子里"的谚语，中国古代著名的"积谷防饥"典故以及"义仓"制度、"船帮"组织等都具有现代风险管理思想的雏形，而分船运输、镖局押运等则是分散风险、转移风险的有效方法。

现代意义上的风险管理思想出现在20世纪前半期，如法约尔的安全生产思想、马歇尔的"风险分担管理"观点等；但是风险管理作为一门学科得到系统的发展则是开始于20世纪中叶：1950年，加拉格尔在《风险管埋：成本控制的新阶段》的论文中，提出了风险管理的概念。

Johnson（1952）提到了农场管理中如何处理风险和不确定性问题，从而较早涉及了企业（农场）的风险管理问题。Mehr 和 Hedges 的《企业风险管理》（1963）、C. A. Williams 和 Richard M. Heins 的《风险管理与保险》（1964）的出版标志着风险管理真正成为一门学科。

Williams 和 Heins 认为："风险管理是通过对风险的识别、衡量和控制从而以最小的成本使风险所致损失达到最低程度的管理方法。" 1975年，风险和保险协会（RIMS）成立，并通过了"101条风险准则"，标志着风险管理达到一个新的水平。一般地，风险管理被定义为：政府、企业或组织、个人对风险的识别、评估和应对的过程或方法。

（二）企业风险管理的发展和定义

不同于政府或个人等主体的风险管理，在过去几十年里，人们对企业风险的理解和企业风险管理的实践均有了长足的进展。2006年，国务院国资委发布《中央企业全面风险管理指引》，推动了我国企业尤其是中央和地方国有企业建设全面风险管理体系的浪潮，目前绝大多数中央企业均建立起了全面风险管理体系。

关于企业风险管理的定义，前国际内部审计师协会（IIA）主席 Urton Anderson 认为："企业风险管理就是通过确认、识别、管理和控制组织潜在的情况和事件，为实现组织目标而提供适当保证的程序。"北美财险精算委员会认为企业风险管理是"一门能够评估、控制、利用、管理和监督所有来源的风险的学科，目的是为了给公司股东增加长期价值和短期价值。"

Kent D. Miller（1992）对企业国际化经营中的不确定问题的来源和表现进行了分

析，提出了整合风险管理的思路，在学术界第一次较为详细地研究了整合风险管理的概念。后来，学者们逐渐用企业风险管理的定义来泛指那些使用全面、综合的方法处理企业面临的风险问题。Skipper（1994）、Lisa Meulbroek（2002）认为，企业风险管理不仅涉及那些只有损失而没有获利可能性的情况，也关注那些可能带来收益的机会和风险。

2004 年，COSO 正式发布了《企业风险管理——整合框架》，它在 1992 年《企业内部控制——整体框架》的基础上，结合《萨班斯－奥克斯法案》在报告方面的要求，进行扩展研究而最终形成。鉴于每个风险来源并不是可以轻易被隔离开，即风险是不能简单相加的，公司承受任何一种风险的能力是由其当时面临的所有风险共同决定的，COSO 从 2004 年就已提出全面风险管理的概念。该报告对风险管理下了一个全新的、综合的定义：企业风险管理是一个过程，它由一个主体的董事会、管理层和其他员工实施，应用于战略制定并贯穿于企业之中，旨在识别可能会影响主体的潜在事项，管理风险以使其在该主体的风险容量之内，并为主体目标的实现提供合理保证。

专栏 1.8

全面风险管理的主要特征

增值性。长期以来人们把风险等同于危险，认为都是负面性的影响，风险管理的功能仅仅被定义为避免损失。但根据 COSO 最新的定义：风险对目标来说不只是威胁与损害，还有机会存在。风险具有两重性，面临风险时，公司可能无法做出最优决策，全面风险管理要求做到规避威胁的同时要抓住机会创造价值，两者归纳起来都具有增值性这一特征。

目标性。管理风险的最终目的是确保风险管理完全聚焦于目标的实现。目标是风险主体的目标，有目标就有风险，风险管理的目标性界定了风险管理的主体，划分了风险管理的范围。例如，如果了解风险是如何对公司经营造成负面影响的，就会极大地拓宽风险管理策略的范围，风险管理也会变得更加有效。

协调性。风险不是孤立存在的实体，而是嵌入各项业务流程及业务活动之中，没有各项具体的业务流程及业务活动存在，风险也不能存在。而且，单独的风险是不能被隔离的，风险不具有可加性。即使各个风险之间是相互独立的，它们组合起来的总风险也会少于各部分风险之和，某种程度上而言，风险被分散了。鉴于风险存在于各项业务中且具有整体性，全面风险管理采用综合风险管理策略，具备协调性特征。

资料来源：COSO 发布：《企业风险管理——整合框架》，方红星，王宏译，东北财经大学出版社 2005 年版。

在 2016 年 COSO 的新框架意见征集稿中，简化了企业风险管理的定义，建议将企业风险管理的定义修改为"组织在创造、保持和实现价值的过程中，进行风险管理所赖以依靠的、与战略和执行紧密结合的文化、能力和实践"，企业风险管理将风险与战略、绩效相结合嵌入企业组织和董事会的管理框架中。它展示了如何将企业风险管理整合到组织中，通过将战略、目标与风险、机会更紧密的关联，加速企业增长并提高绩效。

专栏 1.9

企业风险管理的内涵扩展

对企业风险管理的定义进行更深入的研究，其重点在于通过以下几种方式管理风险：(1) 认识文化和能力；(2) 应用实践；(3) 战略的制定与执行相结合；(4) 管理战略和业务目标的风险；(5) 创造、保持和实现企业价值。

当企业风险管理和战略制定相结合时，对组织的定位更加明确：设定策略时要考虑由企业目标、愿景和核心价值观形成的可接受的风险类型和大小；战略和业务目标不符合企业目标、愿景和核心价值观的可能性；企业所选战略的潜在的风险类型和数量；实施战略以及实现业务目标的风险类型和数量。

资料来源：COSO 发布：Enterprise Risk Management——Aligning Risk with Strategy and Performance, June 2016 edition。

专栏 1.10

关于企业风险管理的五种方式

Miller 认为：(1) 规避。发生于当管理者认为与给定产品或市场相关联的风险是不可接受时，对于还未进入不确定性市场环境的公司来说，不确定性规避则表现为推迟进入市场，直至不确定性降低至可以接受的水平。(2) 控制。公司也可以通过控制关键性的意外环境变化来降低不确定性。(3) 合作。运用合作手段来进行不确定性管理，是企业相互依赖程度逐渐提升和企业协调组织治理权不断下降的结果。(4) 模仿。公司亦可通过模仿竞争对手的战略来应对不确定性。这种方法最终可能导致行业内各竞争对手实现协调一致。(5) 适应。适应性战略反应旨在提高组织的内在反应能力，而对于外部因素的预测能力则保持不变。

资料来源：Miller, A Framework for Integrated Risk Management in International Business [J]. Journal of International Business Studies, Washington, Second Quarter 1992, 23 (2).

二、健康保险公司风险管理

(一) 健康保险公司风险管理的定义

依据 2016 年 COSO 发布的《企业风险管理——协调风险与战略和绩效》的新定义,健康保险公司风险管理是指健康保险公司管理风险的文化、能力和实践,它不仅与战略的制定和实施相一致,而且始终贯彻在企业价值的创造和保值增值过程中。

(二) 健康保险公司风险管理的业务分类

健康保险公司风险管理相比较一般企业风险管理更为复杂,根据经营业务面临的不同风险类别,可以对健康保险公司的风险管理进行具体的业务分类。

1. 保险风险的风险管理

健康保险公司从产品开发、产品管理、准备金评估、再保险管理、核保核赔等环节管理保险风险,主要内容包括:制定各环节的保险风险管理策略;确定保险风险偏好、容忍度和限额;定期监测和计量保险风险;明确各环节责任人和审批流程。

健康保险公司首先需要建立有效的健康保险产品开发管理制度,保障设计、开发恰当的产品条款,合理定价。在健康保险产品管理环节加强在售产品管理,根据评估情况,及时调整公司的产品结构、销售政策、核保政策等。其次,健康保险公司应按照中国保监会有关规定,建立准备金评估程序和方法。再次,健康保险公司应建立有效的再保险管理制度,控制自留风险。最后,健康保险公司应建立有效的核保核赔的风险管理制度。

专栏 1.11

健康保险公司产品开发环节的风险管理

完善的健康保险产品体系是保险风险管理的重要内容之一,主要是关于保险合同中条款的设置。健康保险合同的一般条款通常与寿险合同相同,但是前者要复杂得多。鉴于在保单有效期内可能会出现超过一次的理赔,保险金的索赔额度差异也较大,理赔认定带有一定的主观性,因此,健康保险合同中有关保险责任部分的条款相对复杂。此外,在健康保险合同中除了一些特有条款外,还常有观察期、等待期条款,一方面有利于降低赔付风险,另一方面使保险人有一定的时间弥补体检、核保可能的疏漏,防止已经患病的被保险人投保。风险管理措施如下:

一是确定免赔额与自付比例。采用免赔额和费用共担(自付)比例,包括每次理赔免赔额、对某些服务项目自理或保险事故的固定免赔额等。例如,德国 DKV 公司对于不同产品采用不同的控制手段和措施,如针对主险性险种采用固定免赔额;对某些附加险的项目,如药品费按 80% 报销;对于主动或被动预防性用药，实行报销制度等。另外，对某些项目采用限额法，如牙科、眼科，采用百分比自付比例。

二是制定收费标准。采用固定价目表，对超出价目表部分不予理赔，而低于部分则实报实销。

三是设立等待期。等待期，又称免责期。在等待期内，不管是一般疾病治疗还是住院治疗等，都不能获得保险公司的赔偿，即在等待期内不承担保险责任，防止带病投保或逆选择。

四是无赔款奖励。采用无赔款奖励，这一措施对于损失较小的风险事件比较有效，可以鼓励被保险人自行消化小额费用，降低经营成本。

五是保险责任的限制。设立保险责任的限制，主要是针对难以预测和控制的风险，可列为除外责任或者对保额进行限制。

六是设立健康告知。要求投保人对被保险人的身体健康状况进行明确的告知，以便保险人准确地评估承担的风险。

七是设立风险加费。根据公司积累的经验数据，对不同的疾病采用百分比进行风险加费，对次标准体以特别约定的形式加费，如设5年期限或整个保单期限。若在约定期限内被保险人能证明此疾病并无发生且治愈，可申请免除，保险人根据公司的数据重新核定。

八是设立责任免除。某种疾病风险成本即使加费也无法弥补，保险人只能将该疾病排除在保险责任之外。主要是某些风险管理成本很高、无法提供风险保障的风险事件，如犯罪、性传播疾病等造成的健康风险。

资料来源：黄占辉，王汉亮：《健康保险学》，北京大学出版社2006年版。

2. 市场风险的风险管理

市场风险管理是辨识、度量、监测和控制市场风险的全过程，其目标是通过将市场风险控制在企业可以承受的合理范围内，实现经风险调整的收益率的最大化。市场风险属于外部风险，健康险公司应充分考虑外部市场环境、政策因素等影响，在此基础上制定合理的市场风险管理政策，明确市场风险偏好和容忍度，与自身的业务性质、规模和风险特征相适应。建立市场风险限额管理制度，为各项健康险业务的资产和负债设定风险限额。制定市场风险内部控制流程，确保保险资金的重大投资和资产负债匹配等重大事项经过适当的审批程序。根据不同投资资产和负债的特点，采用情景分析、在险价值和压力测试等方法准确计量、持续监测公司面临的市场风险。通过有效的资产负债管理等方法，对公司面临的市场风险进行统筹管理。

3. 信用风险的风险管理

信用风险管理是指通过制定信息政策，指导和协调各机构业务活动，对从客户资信调查、付款方式的选择、信用限额的确定到款项回收等环节实行全面监督和控制，以保障应收款项的安全及时回收。健康保险公司的信用风险管理主要包括以下内容：规范对被保险人的信用评级的方法，合理使用信用评级结果；制定信用风险管理政策，建立信用风险限额管理制度，根据总体风险偏好和业务特征，确定信用风险的总体限额，并明确限额设定、调整、超限审批等管理要求；编制健康险业务的信用风险管理报告与信用风险应急方案；制定信用风险内部控制流程，明确有关决策的审批、授权流程，明确相关部门的职责分工、账龄管理、催收管理、监督检查、考核评价等内容，确保重大事项经过适当的审批程序建立应收保费的管理制度。

4. 操作风险的风险管理

操作风险管理是指遵循风险管理原则，运用量化工具，通过对操作风险损失数据、损失信息进行分析，降低企业损失，实现企业价值最大化的过程。健康保险公司的操作风险管理主要包括以下内容：一是明确操作风险的定义和分类、操作风险管理组织架构和相关部门职责分工、操作风险的管理方法与程序、操作风险内部报告机制。二是完善健康保险各业务线的内部操作流程，在全面管理的基础上，对公司重要业务事项和高风险领域实施重点控制。三是建立有效的业务管理、财务管理、资金运用、风险管理等相关信息系统，将内部控制流程嵌入其中，定期对信息系统的适用性、安全性进行评估。四是加强对总公司和分支机构人员的管理，通过职责分离、授权和层级审批等机制，形成合理制约和有效监督，并建立定期轮岗制度和培训制度。五是建立有效的监督检查机制，定期组织开展全面或专项检查，对违规行为进行问责、处罚。

专栏 1.12

健康保险公司的信息管理

健康保险信息管理不仅是业务管理的内容，也是重要的风险管理工具，因此，信息管理是保险公司经营管理中不可缺少的重要资源，信息管理与经营管理是相互依存的关系。国外很多商业健康险公司在信息管理系统和网络建设方面不惜重金投入，在公司中实行了首席信息官（CIO）和首席技术官（CKO）制度，负责掌管公司信息技术全面工作。

通过信息管理系统，可以把健康保险经营有关的市场营销、产品管理、客户服务、健康信息、医疗服务、承保、理赔、财务分析等数据都记录在信息系统中，通过专业信息收集和分析，为决策提供可靠的依据。

对健康保险信息管理的重要工具是信息管理系统，可以对数据进行加工处理、预测和决策等。健康保险的信息管理系统一般包括自动核保、业务查询、决策支持等子系统。在管理信息系统中，健康保险风险管控的相关业务主要包括：（1）客户细分；（2）黑名单欺诈；（3）医疗卫生服务提供者资源管理、绩效考核分析;(4)客户服务自动化;(5)理赔分析;(6)客户服务和问题解决;(7)核保和理赔质量关联分析;(8)保险产品设计与风险控制回馈分析;(9)赔付率分析等。由于各职能部门对自身业务风险管控的需求不同,各级管理层要求也不一致,公司级的控制风险考虑同业务部门的也有所不同。

资料来源:黄占辉,王汉亮:《健康保险学》,北京大学出版社2006年版。

5. 战略风险的风险管理

1992年,Miller在《国际商业中的综合风险管理架构》一文中首次提出"战略风险管理"一词,Miller指出企业对于战略环境不确定性的五种应对方法,也是风险管理的五种方式:规避(Avoid)、控制(Control)、合作(Cooperate)、模仿(Imitate)以及适应(Adapt)。健康保险公司的战略风险管理主要包括以下内容:按照中国保监会、集团公司及公司对发展规划管理的相关要求,建立战略风险管理的总体目标、基本制度、组织架构和工作机制。在充分考虑公司的市场环境、资本状况等因素的基础上,确定公司战略风险偏好和容忍度。根据战略风险容忍度设定战略风险限额,建立战略风险限额管理制度。定期对战略规划制定、实施过程中的各种风险进行识别与评估,并定期向公司董事会、风险合规委员会报告战略风险管理情况、存在的问题及采取的应对措施。公司风险管理部门应当参与战略规划制定,并对规划方案进行独立性的风险评估。

6. 声誉风险的风险管理

按照中国保监会《保险公司声誉风险管理指引》规定,保险公司应将声誉风险管理纳入全面风险管理体系,建立相关制度和机制,防范和识别声誉风险,应对和处置声誉事件。健康保险公司的声誉风险管理主要包括以下内容:一是从声誉风险防范的角度看,健康保险公司应在公司治理、市场行为和信息披露等经营管理的各方面充分考虑声誉风险,同时应建立声誉风险事前评估机制。二是从声誉事件处置的角度看,健康保险公司要及时应对和控制声誉事件,防止个体声誉事件影响行业整体声誉,维护保险市场稳定。三是从健康保险公司的工作职能角度看,保险公司管理层应指定专门工作部门负责声誉风险管理。

专栏1.13

公司治理

公司治理是一套程序、政策、法律及机构,影响着如何管理、控制公司。公司治理方法包括公司内部利益相关人士及公司治理的众多目标之间的关系。主要利益相关人士包括股东、管理人员和董事;其他利益相关人士包括雇员、供应商和政府政策管理者等。公司治理中有一个十分重要的部分是责任区分,

> 对股东和其他人的资料披露，审计及控制机制。
> 　　在美国和英国，机构投资者常常被认为是改善公司治理的一个潜在的重要力量。在美国，法律限制（有时是明确禁止）机构投资者对作为其资产组合一部分的公司进行控制。
> 　　资料来源：［美］纽曼，米尔盖特，［英］伊特韦尔编：《新帕尔格雷夫货币金融大辞典》，胡坚等译，经济科学出版社 2000 年版。

7. 流动性风险的风险管理

流动性风险管理是指企业应避免各种业务品种在某一特定的时期风险过分集中和业务集中产生的资金流量缺口风险。健康保险公司的流动性风险管理主要包括以下内容：一是确定流动性风险管理架构、职责分工、报告路线和考核问责机制。二是根据业务规模、产品结构、风险状况和市场环境等因素，在充分考虑其他风险对流动性风险的影响和公司整体风险偏好的基础上，确定流动性风险偏好和容忍度，进而建立流动性风险限额管理制度。三是开展日常现金流管理，合理安排经营活动、投资活动和融资活动等各类现金流，确保有充足的流动性履行各项支付义务。四是开展其他风险对流动性水平影响的识别和监测，关注可能引发流动性风险的重大事件。五是制定有效的流动性风险应急计划。

三、健康保险公司风险管理的特征

健康保险公司风险管理，是一般风险管理和企业风险管理方法在健康险经营活动中的具体应用。由于健康保险行业具有自身的行业特点，因此健康保险公司风险管理呈现出自身的特征。

（一）保险风险管理，特别是核保环节的风险管理占据十分重要的地位

健康保险公司需要建立专门的健康保险核保和核赔体系，加快研发和使用健康保险专用的核保、核赔手册等专业技术工具。一方面，要积极采用核保新技术。健康保险风险的识别技术主要体现在对承保风险的识别方面，在核保环节，要识别和评估合理范围的费率匹配风险，既使被保险人得到保障，又使公司自身经营可以获利。另一方面，要积极采用核赔新技术。健康保险的理赔核保技术要以医学专业知识和数据积累为基础，而不仅仅依靠个别核赔人员的经验。商业健康险的理赔往往会处于让客户满意服务与控制医疗费用的两难境地，因此，理赔时应兼顾两个方面。

（二）要加强对医疗机构等第三方的风险管理

健康保险公司面临风险的很大一部分是由于医疗机构服务行为造成的。因此，在风险管理过程中，需要与医院、医生建立良好的合作关系，介入医疗服务的提供过程，参与对医疗服务费用支出和医疗质量控制。

> **专栏 1.14**
>
> **事前介入法**
>
> 事前介入法是美国等西方国家为了减少传统服务付费方式的道德风险和医疗保健成本的迅速增长,而提出的一种风险与财务相结合的管理概念,也是目前比较成功的管理式医疗方法,其组织形式主要有 HMO、PPO 等。这种风险管理机制与被动承受风险的机制不同,采用的是事先与医疗服务提供者签订全面服务合同的办法,对医疗服务的全过程进行监控,保险人在监督、管理医疗服务提供者的过程中扮演了更加积极的角色。
>
> 资料来源:黄占辉,王汉亮:《健康保险学》,北京大学出版社 2006 年版。

(三) 要重视健康管理服务过程的风险控制

由于医疗保险涉及保险人、投保人和医疗服务提供者三方,医疗提供者的介入增加了健康保险管理的难度和复杂性;同时,我国居民慢性病的发病率逐年递增,势必会对健康保险造成很大压力。在医疗费用的控制、道德风险的防范以及健康保险所需较强的专业性与技术性等条件下,应当把健康保险风险管理由单纯重视事后风险管控延伸到包括事先预防在内的全产业链的健康管理。

思考题

1. 如何定义健康风险?主要包括哪几种?
2. 健康风险的特征是什么?
3. 健康保险公司的风险存在哪些特征?又包括哪些分类?
4. 如何定义健康保险公司风险管理?
5. 健康保险公司风险管理有哪些特征?

第二章

健康保险公司风险管理的分析框架

　　理解和实施健康保险公司风险管理,必须形成基本的思维和逻辑框架,构建完备的企业风险管理流程,以使健康保险公司的董事会、管理层和员工具备正确的风险管理理念和方法。在文献中,相关的机构和学者提出了内部控制框架、企业风险管理框架等等,因此,如何看待现行内部控制框架?如何引入企业风险管理框架?如何界定两者的关系?这些成为健康保险公司实施风险管理必须解决的重大课题。本章从健康保险公司的内部控制框架出发,阐述公司风险管理的目标、原则、要素和控制体系,进而参照 ECSS 分析范式,构建健康保险公司的风险管理基本框架和流程。

第一节 健康保险公司的内部控制框架

　　内部控制的思想理念早在几千年前就已出现,如古埃及建立的记录官、出纳官和监督官的内部牵制制度,古罗马宫廷采取的"双人记账"和"对账制度",我国宋朝朱熹的《周礼·理其财之所出》中指出,"虑夫掌财用财之吏,渗漏乾后,或者容奸而肆欺……于是一毫财务之出入,数人之耳目通焉",都能体现现代内部控制的理念。1992 年 COSO 委员会发布的《内部控制——整体框架》为企业内部控制的发展奠定了里程碑,提出内部控制的五要素:控制环境、风险评估、控制活动、信息的沟通与交流以及环境的监控。1999 年 8 月 5 日中国保监会印发《保险公司内部控制制度建设指导原则》是第一个真正意义上的保险公司内部控制的规范性文件。健康保险公司建立内部控制制度框架,对于提高公司自我约束意识,通过内部相互制衡机制防范和及时发现经营风险,提高公司的经营管理能力和核心竞争力具有重要意义。

一、企业内部控制概念

(一) 什么是内部控制

　　随着社会经济的发展,企业内部逐步形成一些组织、调节、控制和监督经营者行为和企业管理活动的制度和方法,这些制度和方法就是逐步形成的企业内部控制制度(杜莹芬,2014)。自2000年以来,为了规范企业,特别是国有企业、金融机构和上市公司的内部控制制度建设①,我国政府相关部门出台了一系列企业内部控制的相关指引、规则和办法,诸如《企业内部控制基本规范》(财政部等五部委财会[2008]7号)和《保险公司内部控制基本准则》(保监发[2010]69号)。

一般地,内部控制是由企业董事会、监事会、经理层和全体员工实施的、旨在实现控制目标的过程。内部控制的目标是合理保证企业经营管理合法合规、资产安全、财务报告及相关信息真实完整,提高经营效率和效果,促进企业实现发展战略的顺利实施。具体到健康保险公司而言,内部控制是指保险公司各层级的机构和人员,依据各自的职责,采取适当措施,合理防范和有效控制经营管理中的各种风险,防止公司经营偏离发展战略和经营目标的机制和过程。

现代内部控制理论的发展,主要经历了内部会计控制、内部控制整体框架、企业风险管理整体框架三个过程,COSO在其中发挥了重要的作用。因此可以说,内部控制理论和框架是企业风险管理框架的早期阶段,而企业风险管理是内部控制理论发展的重要方向。

1. 内部会计控制阶段

这个阶段的重点是从审计的角度来实行内部控制,内部控制依据审计理论发展而来,在审计活动中不断深化。在这一阶段,会计和审计人员在内部控制中发挥主导作用。

内部控制制度兴起的根本动因是企业所有权和控制权的分离,由于企业规模的扩大和分支机构的增多,逐渐出现管理不力和控制不足的问题,为了更好地控制下属机构,审计成为内部控制的最初形式。随着企业管理活动的增加,单纯的审计已经不能满足企业的需求,因此内部控制应运而生,审计则成为内部控制的一个组成部分(Haun,1955)。这个时期,内部审计部门仍然是企业实现控制和管理的重要部门,在内部控制评估中充当最重要的工具和承担者。同时,审计数据为内部控制的评估提供了条件,为内部控制的完善提供了依据(Garbade,1944;Mautz et al,1966;Smith,1972)。

---

① 2000年3月中国证监会发布《公开发行证券公司信息披露编报规则》,要求商业银行、保险公司、证券公司建立内部控制制度。我国在《会计法》第27条中针对单位内部会计监督制度提出一般性要求,财政部2001年6月22日发布了《内部会计控制规范——基本规范》《内部会计控制规范——货币资金》两个专项规范。2001年11月,财政部发布《独立审计实务公告第X号——内部控制审核(征求意见稿)》,后又在2002年2月以中国注册会计师协会《内部控制审核指导意见》的形式予以发布。2001年10月,中国证监会发布《关于做好证券公司内部控制评价工作的通知》。2004年8月,国务院国有资产监督管理委员会发布《中央企业内部审计管理暂行办法》。2004年12月,中国银监会发布《商业银行内部控制评价试行办法》。2006年6月,上海证券交易所发布《上海证券交易所上市公司内部控制指引》。2006年9月,深圳证券交易所发布《深圳证券交易所上市公司内部控制指引》。2008年5月,财政部等五部委联合发布《企业内部控制基本规范》。2010年8月,中国保监会发布《保险公司内部控制基本准则》。

美国注册会计师协会（AICPA）[①]是这个阶段促进内部会计控制发展的重要力量，它发布的一系列公告和文件，如《SAP No.1》《SAS No.1》和《SAS No.55》等，不仅对于推动内部会计控制的完善具有积极的作用，而且对于如何完善、发展的方向以及具体的业务操作等都提供了有价值的意见。

2. 内部控制整体框架阶段

1992年，COSO发布的《企业内部控制——整体框架》第一次系统构建了企业的内部控制体系。它明确指出，内部控制由企业董事会、经理层以及其他员工实施，旨在保证财务报告的可靠性、经营效果和效率以及现行法规的遵循而提供合理保证的过程；同时，提出企业内部控制构成（Internal Control Compose）的概念，认为内部控制整体框架主要由控制环境、风险评估、控制活动、信息与沟通、监督五大要素组成，由此内部控制的概念完全突破了审计的局限，向企业全面管理控制的范畴发展。

在COSO报告的基础上，各国监管部门对企业内控报告和内控信息披露提出了明确要求，从而使得内控领域的研究更加倾向整体化。内控报告加深了投资者对公司的全面了解，使投资者和公司之间的沟通联系更加密切，强化了投资者对公司经营能力和竞争优势的信任，增强了投资者对公司的信心（Willis，2000）；内控信息的披露也间接具有分辨公司好坏的功能，无法提供内控报告的公司较之出具内控报告的公司来说，往往会具有更差的财务表现，同时内控报告的披露使企业能够彰显自己的核心能力和竞争策略，以图对投资者的决策施加影响，这也间接使得外部投资者能够对公司的内部控制施加影响，从而使得内部控制的发展真正进入了全面、综合的阶段（Mcmullen et al，1996；Newson et al，2002）。

除了美国的COSO报告外，加拿大的CoCo报告《控制指南》[②]和英国的特恩布尔报告[③]都对这一时期内部控制的发展提供了重要的指引与依据。CoCo报告《控制指南》将战略计划纳入内部控制的框架中，值得关注的是它向外部审计师提出更高的要求，为企业的内部控制引入外部因素的影响。特恩布尔报告是英国内部控制和公司治理研究的集大成者，为公司及董事会提供具体的、可行的内部控制指引：高度重视董事会在内部控制中的地位和作用，包括制定合理的内部控制政策、对内部控制有效性的复核以及实行正确的风险管理政策等。重要的一点是，该报告较早认识到内部控制与风险管理的关系并对公司管理层在风险控制和管理中的角色进行了分析与界定，从而为内部控制向全面风险管理的发展提供了初步借鉴。

---

① 美国注册会计师协会（AICPA）是当今世界上最富影响力的会计职业组织，成立于1887年。AICPA设有以下委员会：会计及检查服务委员会、审计准则委员会、职业道德执行委员会、SEC业务部门执行委员会以及税务执行委员会等。

② 加拿大特许会计师协会（CICA）负责的控制规范委员会（Criteria of Control Board，CoCo）于1995年发布了《控制指南》。

③ 1999年的特恩布尔报告与1992年的卡德伯利报告、1998年的哈姆佩尔报告堪称英国内部控制研究史上的三大里程碑。

3. 企业风险管理整体框架

2004年，COSO委员会正式发布了《企业风险管理——整合框架》，它在1992年《企业内部控制——整体框架》的基础上，结合《萨班斯-奥克斯法案》① 在报告方面的要求，进一步扩展研究最终形成。该报告对风险管理下了一个全新的、综合的定义，在内部控制框架五要素的基础上，提出企业风险管理框架的八要素，强调风险识别、评估和风险应对的重要性。该分析框架将内部控制涵盖在企业风险管理的范围内，是其不可分割的一部分，比内部控制整体框架的含义更广泛，拓展和细化了风险管理流程要素。至此，内部控制理论的发展也指向了全面风险管理的视角。

回顾内部控制的发展脉络，可以看出，内部控制的管理思想经历了"平面——三维——立体"的过程（见图2.1）。

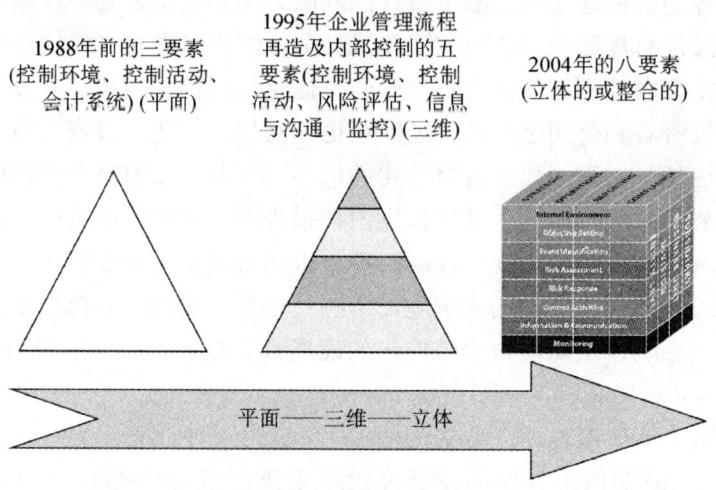

图2.1　内部控制发展脉络

在内部会计控制阶段，内部控制的三要素是控制环境、控制活动和会计系统，这是一个平面的控制系统；在内部控制整体框架中，内部控制的要素变为控制环境、控制活动、风险评估、信息与沟通、监控五大要素，变成了一个三维的控制系统；到了企业风险管理整体框架阶段，内部控制的要素进一步增加，变为内部环境、目标制定、事项识别、风险评估、风险应对、控制活动、信息和沟通、监控，从三维控制系统转变为立体的控制系统，并且关注的目标也转向了全面的风险管理。

---

① 2002年7月，美国国会通过的《萨班斯-奥克斯法案》第一次对财务报告内部控制有效性提出了明确要求。该法案涉及内部控制评价的条款主要有：第103款规定，审计师在对企业的内部控制进行评估时，需要评价公司的内部控制政策和程序的完整性、记录的合理性以及授权等。第302号条款规定，公司提交的年度或季度报告中应该含有对内部控制有效性的评价以及审计委员会报告发现的内部控制设计或运行中的所有重大控制缺陷以及重要控制要点。第404款规定，管理层需要对财务报告的内部控制进行报告。

(二）健康保险公司开展内部控制的作用

我国健康保险公司开展内部控制是在监管要求下，通过建立与评价内部控制体系，发现漏洞与偏差，及时披露、实时纠正，以合法、合规为目标，强调偿付能力管理，从而将外在监管要求转化为公司可持续发展的内在动力。其作用是：

1. 实现健康保险公司经营战略的重要途径

健康保险公司作为一个现代经济组织，其业务活动围绕实现公司战略而进行。然而，由于资源、人员、制度、环境等因素的影响，公司战略目标的实现会受到一定的干扰而产生偏差，例如，核赔效率低下、财务舞弊、挪用保费等众多因素都会使消费者利益和保险行业形象受到损害，从而对健康保险公司的战略实施形成阻力。因此，建立有效的科学的内部控制体系，有效识别各项关键风险点，充分利用财务预算、业务管理、信息技术、承保处理、消费者关系管理等内控流程，提高承保、核赔、理赔、财务等各环节的效率，增强健康保险公司的核心竞争力，成为实现健康保险公司战略的重要途径。

2. 完善健康保险公司公司治理的重要保障

内部控制是企业风险管理的一部分，企业风险管理是公司治理过程的一部分。公司治理结构设定了公司各层级参与者的责任和权利，明确了董事会、经理层、股东和其他利益相关者之间的激励、约束和控制关系。内部控制厘清了健康保险公司治理层面和内部机构层面的组织架构，促使内部控制在治理结构、权责分配等方面形成相互制约、相互监督的协调机制。健康保险公司内部控制体系的建立与评价有利于公司治理结构的优化，为公司开展风险评估、实施控制活动、强化内部监督提供了平台载体，实现了股东对经营者的有效制衡，并在决策的制定层面和执行层面确保了股东资本保值、增值的有效实现。

3. 构建健康保险公司风险管理体系的重要组成

现代风险管理旨在追求整合性风险管理（Integrated Risk Management，IRM），以全方位、全过程、全员性、综合性风险管理为特点，实现风险管理的系统化、动态化、低成本化和内在统一化。内部控制与风险管理具有内在统一性。首先，二者的目标具有共向性。其次，从要素上看，企业风险管理的要素涵盖内部控制的要素，企业内部控制的过程就是管理风险的过程，内部控制是整合性风险管理的控制性对策之一，也是健康保险公司进行事中控制的主要手段。

专栏2.1

内部控制与风险管理之间的关系

近年来，理论界围绕这一问题已经进行了大量的研究。目前存在三种主要观点。

第一种观点认为，内部控制包含风险管理。如加拿大特许会计师协会（CICA，1998）将风险定义为"一个事件或环境带来不利后果的可能性"，"当你在抓住机会和管理风险时，你也正在实施控制"。巴塞尔委员会发布的《银行业组织内部控制系统框架》中指出："董事会负责批准并定期检查银行整体战略及重要制度，了解银行的主要风险，为这些风险设定可接受的水平，确保管理层采取必要的步骤去识别、计量、监督以及控制这些风险……"加拿大注册会计师协会控制标准委员会（1999）认为，"控制应该包括风险的识别与减轻"，如不能识别和利用机会，就不能使企业在面临未预料到事件以及不确定信息时保持灵活性或弹性。

第二种观点认为，内部控制实质上就是风险管理。Blackburn（1999）认为，风险管理与内部控制只是被人为地分离，在现实的商业行为中它们是一体化的。Laura. F. Spira（2003）分析了内部控制是怎样变为风险管理的："将内部控制定义为风险管理，强调与战略制定的联系，刻画了内部控制作为组织支撑的特点，但是，它也掩盖了一个不争的事实：现在没有人真正明白内部控制系统是什么。"美国詹姆斯·罗瑟博士所著《最佳实务——四个革新型审计部门的增值方法》一书认为：内部控制等于风险管理。Mathew Leitch（2006）认为，理论上风险管理系统与内部控制系统没有差异，这两个概念的外延变得越来越广，正在变为同一事物。徐震（2006）认为，风险管理是内部控制的实质，企业内部控制中存在的主要问题就在于风险意识薄弱，风险管理松散。谢志华（2007）提出的"整合论"认为："从语义上说，内部控制就是控制风险，控制风险就是风险管理。所以内部控制和风险管理就是控制风险的两种不同的语义表达形式。内部控制主要是从风险控制的方式和手段来说明风险控制的，风险管理就是从风险控制的目的来说明风险控制的。"

第三种观点认为，风险管理包含内部控制。COSO（2004）发布的《企业风险管理：整合框架》，将五要素的内部控制扩展到八要素的风险管理，明确了前者包含于后者的关系，即企业风险管理包含内部控制；内部控制是企业风险管理不可分割的一部分；内部控制是风险管理的一种方式，企业风险管理比内部控制范围广得多，企业风险管理是企业管理中一个空间范围更加宏大的管理领域。英国 Turnbull 委员会（2005）认为，公司的内部控制系统在风险管理中扮演了关键角色，内部控制应当被管理者看作是范围更广的风险管理的必要组成部分。英国内审协会也明确提出风险管理包含内部控制的观点。Laura. F. Spira 以英国公司为研究基础，认为英国改善内控的《公司治理综合法典》的发布将内部控制重新定义为公司治理的一个重要手段，明确地将内部控制与风险管理关联在一起，风险管理是对内部控制的彻底改造。

资料来源：杜莹芬主编：《企业全面风险管理理论与实践》，经济管理出版社2014年版。

二、健康保险公司内部控制要素

健康保险公司内部控制的五要素为：控制环境、风险评估、控制活动、信息与沟通、内部监督。

控制环境：主要包括健康保险公司治理结构及管控、机构设置及权责分配、发展战略、人力资源政策、企业文化、公司与主要利益相关方的关系等内容，并提出具体要求，是公司规范实施内部控制的基础和前提条件。规范实施内部控制将有助于监控保险公司目标和要求明确地传达到各个层级和各个方面。

风险评估：健康保险公司对目标设定、风险辨识、风险评估、风险应对提出要求，为满足持续运营和发展需要，考虑各利益相关方的利益诉求，设定业务和管理目标并作适当分解；按照风险结构及分类进行排查、辨识风险；开展评估分析工作，对风险进行排序，选择重点和优先控制的风险；选择风险应对策略，制定风险应对措施。

控制活动：健康保险公司根据风险评估结果，采用相应的控制措施，将风险控制在可承受度之内。根据控制活动的特殊含义，并结合各类业务流程的分类，规定了主要业务应遵循的内部控制要求。健康保险公司遵循《企业内部控制基本规范》及应用指引，结合公司主要业务活动及流程分类，对主要业务活动及流程进行描述，针对业务流程关键环节，提出内部控制标准和要求，旨在引导各级责任主体规范有序开展业务活动，使业务活动符合内部控制要求，合理控制风险。

信息与沟通：健康保险公司及时、准确地收集、传递与内部控制相关的信息，确保信息在企业内部、企业与外部之间进行有效沟通。公司对信息的及时性、完整性和可靠性提出要求，对信息的收集、处理、传递程序做出一般性规定；对信息分类、分级提出要求；要求积极稳妥利用信息技术；要求对舞弊行为的投诉与举报保持渠道畅通。

内部监督：健康保险公司对内部控制建立与实施情况进行监督检查，评价内部控制的有效性，发现内部控制缺陷，应当及时加以改进。具体内容包括监督的基本方式、监督机构的职责和权限、内部控制评价的程序和控制标准，旨在通过建立健全内部监督机制，进一步提高内部控制的执行力。

三、健康保险公司内部控制体系的构建

健康保险公司构建内部控制体系，主要为了解决四个问题，即健康保险公司面对的风险有哪些？是否针对这些风险设置内部控制？内部控制有效吗？哪些内部控制必须改进？针对这四个问题，健康保险公司内部控制体系的构建主要分为公司和业务两个层面。公司层面的内部控制通常是在较高层面运行，而业务层面的内部控制属于更低、更详细的层面，通常与控制活动、监督控制相关。在实际应用与管理中，公司在业务流程梳理的基础上，借鉴同业先进经验，识别与分析公司已发现的内部控制缺陷，提出改进及优化建议，不断完善、健全内部控制体系（见图2.2）。

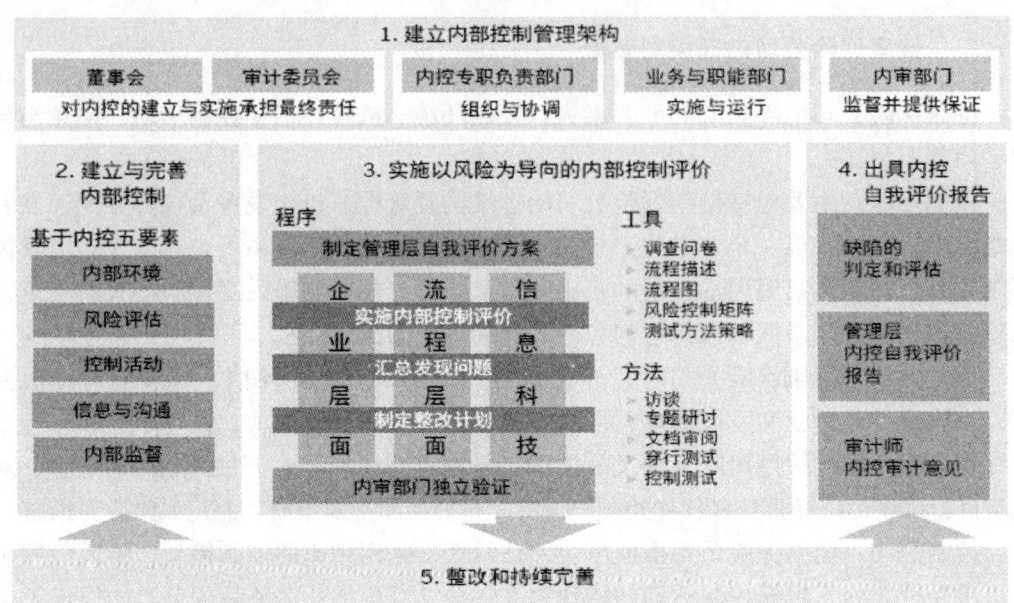

图 2.2　内部控制框架体系

（一）公司层面的内部控制体系

公司层面的内部控制体系主要是指内部环境。对于健康保险公司而言，包括公司治理的部分问题、组织架构、发展战略、社会责任、企业文化；除此以外，通常还包括人力资源管理。这是从公司整体层面上的制度体系构建（见图 2.3）。

内部控制要素	需要评价的内容	
内部环境	▸ 高管层的诚信、道德和行为及主导作用 ▸ 风险意识、经营风格和法制观念 ▸ 胜任能力的承诺 ▸ 人力资源政策和程序	▸ 董事会的内控建立和实施职责 ▸ 审计委员会的职责和运作 ▸ 内审机构的监督检查 ▸ 组织结构、权限和责任
风险评估	▸ 风险识别程序 ▸ 风险评估程序	▸ 风险应对策略的选择
控制活动	▸ 必要的政策和程序 ▸ 合理的职责分离、授权审批 ▸ 会计系统的控制 ▸ 定期开展运营情况分析、科学的绩效考核	▸ 文件、记录和财产的适当保管 ▸ 预算与实际情况的定期比较 ▸ 对重要事件的预测、识别和反映机制
信息与沟通	▸ 明确内控信息的收集、处理和传递程序 ▸ 便于职员履行职责而建立的沟通渠道	▸ 持续开发、测试和监控计算机系统和程序 ▸ 充分的内部、外部信息 ▸ 反舞弊机制的建立
内部监督	▸ 明确内部审计机构以实施监控 ▸ 实施改进方案	▸ 对内部控制的定期评价

图 2.3　公司层面内部控制内容

具体来看，在公司治理方面，主要赋予健康保险公司董事会、监事会、法务、合规等部门权限，制定公司制度、股东权利义务、董事会建设及运作、监事会建设及管理层运作等内容，进而建立规范的健康保险公司治理结构，明确决策、执行、监督等方面的职责权限。

在组织架构方面，公司通过给人力资源部门和法务、合规等部门赋权，制定公司组织结构、岗位职责、组织架构评估与调整、审批授权机制等内容，以明确各机构的职责权限，保证公司内部机构设置的合理性和运行的高效性。

在发展战略方面，公司股东大会、董事会、战略发展部门等有权利制定并实施公司的长远发展目标与战略规划，具体包括发展战略分析与制定、战略审批决策、战略实施与评估和战略调整。

在社会责任方面，通常由公司办公室、工会、人力资源和战略发展部门负责，依法保护员工的合法权益，积极促进充分就业，切实履行社会责任，涉及服务民生、消费者权益保护、促进就业和员工权益保护等内容。

在企业文化方面，主要由公司办公室部门负责，培育具有自身特色的企业文化，引导和规范员工行为，打造企业品牌。内容包括管理层的基调、员工行为守则、企业文化宣传、企业文化评估、品牌宣传和公司的品牌形象管理等。

人力资源管理也是公司层面内控体系的重要组成，主要由人力资源部门负责，包括人员招聘、人员离职、培训管理、机构设置、薪酬福利管理、绩效考核等内容。

（二）流程层面的内部控制体系

相比公司层面，健康保险公司业务层面是更低、更微观的层面，主要由职能部门负责实施，涉及风险评估、控制活动、信息与沟通、内部监督四个要素的相关内容。

风险评估包括风险管理机构设置和制度建设、风险信息收集与报告、风险评估、风险应对与控制、风险监测与预警、风险管理的监督与改进等；控制活动与公司业务最为紧密，带有业务内容鲜明特征；信息与沟通需要公司全体部门共同参与，以获得包括内外部所有与公司利益相关者的信息，所以其流程包括内部信息沟通、外部信息沟通、信息披露、信息保密管理等；内部监督主要由审计委员会、审计、人力资源、检查部门等负责，通过制度建立，明确审计职责权限，定期实施，编写报告，责任追究等，提升内控执行力。

其中，健康保险公司的控制活动主要包括以下几项：

1. 个险管理

包括承保管理、保全管理、人员管理、续期管理、培训管理、企划管理等主要流程。

2. 团险管理

涵盖承保管理、保全管理、薪资管理、人员管理等。

3. 健康管理

可设立健康管理部进行负责,包括健康咨询服务、健康通讯服务等流程。

4. 精算管理

主要由精算部门负责,内容包括准备金评估制度建设、重大保险风险测试制度建设、分红保险红利分配制度建设、准备金评估处理、重大保险风险测试、分红险红利分配等。

5. 产品管理

包括制定产品计划、产品开发请示、产品开发、产品报批(备)、产品定义、产品下发、产品跟踪评估、产品停售等主要流程。

6. 理赔管理

设理赔部门,涉及理赔管理,包括理赔综合管理、医疗服务监督、联合办公、医疗网络的管理、报案受理、案件作业处理、理赔查勘、档案管理等。

7. 中介管理

作为健康保险公司内控的重要内容,主要涉及中介资质管理、手续费管理、协议管理等。

8. 保险资金运用

主要由董事会、资金运用管理委员会、投资管理、法律合规、战略发展、产品开发、市场等部门负责,通过制度建设、投资模式确认等,开展保险资金的战略配置,并涉及三方托管、投资监督、绩效评估等内容。

除上述控制活动内容外,还可以包括采购管理、单证管理、电话中心管理、费用管理、行政管理、合同管理、交叉销售管理、客服管理、预算管理、融资管理、网销管理、再保险管理、资产管理等等。

第二节 健康保险公司风险管理的分析框架

随着内部控制和风险管理理论与技术的发展,企业风险管理理论也得到了快速的发展。实践中,企业或组织也以更加综合、全面的视角和方法来应对企业经营和发展中面临的各类风险,确保企业的健康和可持续发展。COSO 在 2004 年 9 月发布《Enterprise Risk Management – Integrated Framework》;2016 年进行完善和修订,发布新版《Enterprise Risk Management – Aligning Risk with Strategy and Performance》(征求意见稿),成为健康保险公司风险管理框架构建的重要指引。

一、2004 版 COSO 企业风险管理框架

2001 年后,安然、世通、施乐等公司财务舞弊案的爆发,对美国资本市场和经济造成严重伤害,也集中暴露出企业在内部控制和风险管理上存在的问题。COSO 于

第二章
健康保险公司风险管理的分析框架

2004 年 9 月颁布《Enterprise Risk Management – Integrated Framework》，提出全面风险管理的框架，意在从决策层面、操作层面、报告层面、合规性层面 4 个方面帮助企业实现风险管理的目标。企业风险管理的框架由 8 个相互关联的部分组成，即内部环境、目标设定、事项识别、风险评估、风险应对、控制活动、信息与沟通、监控。

内部环境（Internal Environment）：包涵企业组织基调和总体氛围，奠定主体如何认识和对待风险，包括风险管理理念、风险容量、诚信和道德价值观以及经营环境。

目标设定（Objective Setting）：企业明确发展目标，管理者才能识别影响目标实现的潜在事项，采取合适程序设定目标，确保目标符合企业发展并符合风险容量。

事项识别（Event Identification）：甄别影响目标实现的各种内部和外部事件，区分风险和机会。

风险评估（Risk Assessment）：对风险发生的可能性以及影响程度加以分析，综合考量风险的具体内容，明确风险管理方法和途径。

风险应对（Risk Response）：企业管理者选择相应的风险应对策略和态度：回避、承受、降低、分担，采取相应行动把风险控制在风险容量内。

控制活动（Control Activities）：企业制定和执行各种政策与程序，确保风险管理活动的高效实施。

信息与沟通（Information & Communication）：明晰员工权责并确保其使命顺利完成，充分识别、获取各种相关信息，实现有效信息共享和有效沟通。包括信息的向上、向下、平行流动。

监控（Monitoring）：对企业风险管理进行全面监控，必要时做出适当的修正。监控可以通过持续的管理活动、个别评价等实现。

相对于内部控制框架而言，COSO 企业风险管理框架更全面，更为详细，明确了企业风险管理定义，强调了企业整体范围内识别和管理风险的重要性，主要突破和创新如下：

一个新观念——风险组合观。要求管理者从整体风险的观点看待，对企业内每个单位而言，风险在该单位的风险容忍度范围，而从企业总体来看，总风险不能超越风险偏好范围。

新增一个目标——战略目标。战略目标纳入企业风险管理报告目标范畴，并且战略目标高于其他目标，对财务目标的范围也进行了扩展。

增加三个要素——目标制定、事件识别和风险对策。目标制定纳入框架；对于事件重新定义，包括正面影响、负面影响或者两者兼具；提出对风险的四种反应方案：规避、减少、共担、接受。

COSO 企业风险管理框架颁布后，迅速成为全球范围内普遍认可和接受的风险管理框架，为众多的管理者提供了企业风险管理的指导，受到了众多企业和学者的关注，并促进了企业风险管理水平的提升。

二、2016 版 COSO 企业风险管理框架

2004 版的 COSO 框架对于企业风险管理的发展起到了重要的推动作用，并得到了广泛应用和推广。但在过去的十多年中，企业所处的经营环境不断变化，风险本身的情况亦发生了很多变化，人们对于全面风险管理的认识在提高，积累了更多的经验，对企业风险管理提出了更高的期望和要求，比如利益方越来越关注风险管理对企业价值创造的影响。为了适应企业风险管理的发展，COSO 在 2014 年启动对 2004 版 ERM 的修订，并于 2016 年 6 月发布了《Enterprise Risk Management – Aligning Risk with Strategy and Performance》（征求意见稿）及《Executive Summary》（执行纲要）。

2016 版企业风险管理框架强调了全面风险管理对战略及绩效的重要性，概括来说，深刻洞察全面风险管理在战略制定和执行中的作用；强调全面风险管理和绩效的一致关系；满足公司治理和监督的期望要求；认识到市场和运营的全球化要求在跨地区的运用中既有普适性又具有本地化特征；展示在更加复杂的商业环境中如何看待影响设定和实现目标的新方式；扩展报告的范围以影响利益相关者对透明化的期望；利用技术进步和数据分析来支持决策过程。

2016 版企业风险管理框架共包括 5 个构成要素 23 条原则，同时重新定义了部分术语，比如风险定义为：事件发生并影响战略和目标实现的可能性；在风险管理的新定义中包括文化和能力，强调了风险和价值的关系；提高风险管理和战略协同作用等（见图 2.4）。

三、健康保险公司风险管理的 ECSS 分析框架

随着全球化的发展和经济技术的进步，企业风险管理在实践上越来越重视企业的偿付能力、风险管理流程等更为复杂的问题，COSO 框架的局限性渐渐显现，归纳如下：

第一，COSO 企业风险管理框架的应用性问题。目前该框架是企业风险管理的核心标准，但是该框架更多的是从流程管理的视角出发来处理企业的风险问题，并没有考虑到企业的偿付能力问题。实际上，企业破产往往是偿付能力不足的直接后果，那么，企业风险管理的分析框架中如何体现企业的偿付能力是一个值得关注的问题。

第二，对金融衍生品及结构性金融工具的使用问题。次贷危机中，AIG、花旗等大型金融机构都是在衍生品交易问题上犯了错误，作为企业风险管理的重要工具，如何正确看待和处理衍生品以及结构性金融工具问题，发挥其避险保值功能而弱化其投机功能，是企业风险管理不能忽视的另一个问题。

第三，企业的社会责任和声誉问题。企业要实现可持续发展，社会责任和声誉风险就是一个无法避开的话题，特别是随着人们的维权意识越来越强烈，对企业的要求也延伸到社会责任和声誉、品牌等领域，那么，一个企业如何通过可持续风险管理来满足利益相关者的要求就是企业风险管理中必须重视的问题。

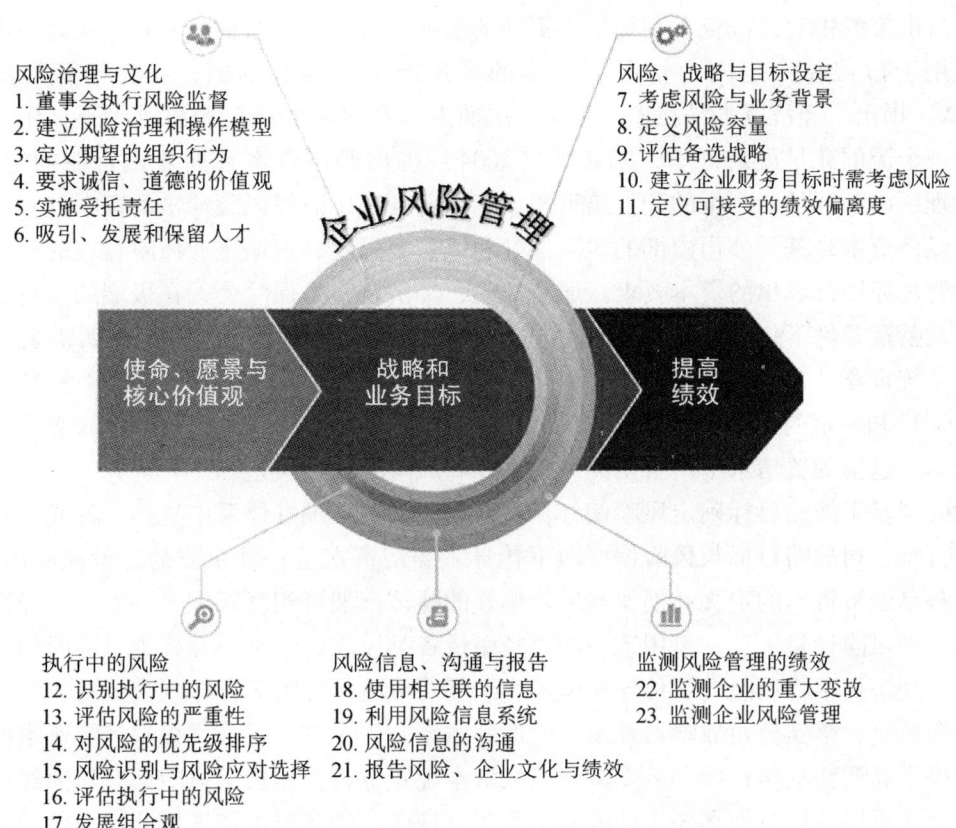

图 2.4　2016 版 COSO 企业风险管理框架

基于现有风险管理框架，可以提出一个新的企业风险管理分析框架理论假说，即 ECSS 分析范式，其中 E 代表经济资本（Economic Capital），C 代表风险管理要素（Component），S 代表结构性工具（Structured Vehicle），S 代表可持续风险管理（Sustainability Risk Management）。该范式将经济资本和结构性金融工具纳入企业风险管理的分析框架中，考虑了可持续发展对风险管理的影响，将风险管理扩展到利益相关者的范围内，从而构建了一套较为全面的企业风险管理分析框架。本书尝试把这个框架运用到健康保险公司风险管理的分析和研究中。

（一）经济资本

经济资本进入企业风险管理的根本目的在于提升公司价值，最早起源于信孚银行。在我国金融机构中最早由中国建设银行于 1999 年开始推行，随后中国工商银行、中国银行、招商银行也在 2005 年前后开始计量经济资本。2007 年，中国保监会也开展了经济资本的研究。随后，广泛应用于金融领域。基于中国保监会的偿付能力监管规定，健康保险公司的全面风险管理体系中，经济资本要素具有基础和核心作用。

1. 经济资本的概念

目前文献中对经济资本存在较多不同的理解，荷兰国际集团（ING）认为经济资本是用于覆盖在一定压力情况下产生的非预期损失的资本额；北美精算师协会（SOA）提出，经济资本是在整个企业的层面上，在给定的风险容忍水平下，用于弥补负现金流的充足盈余资本；刘建德（2004）提出经济资本在商业银行业的定义，是管理层内部评估所产生的配置给资产或某项业务用以减缓风险冲击的资本。

经济资本是基于公司内部的风险偏好和风险容忍度，遵循企业风险管理的一体化风险管理原则计算出的资本要求。通俗地说，经济资本是保险公司在极端的市场、商业以及营运条件下仍旧满足给定的偿付能力标准以及保持业务正常运作所需要的资本。从统计学上说，经济资本是保险公司（承保人）在一定的置信水平上（如99.5%）和一定的期间内（如一年），为防范非预期的偿付能力不足风险而必须持有的资本。这里的置信水平由公司的风险偏好和风险容忍度决定。

公司基于战略目标确定风险偏好，并在建立的风险偏好体系中选择一种或多种风险语言将公司战略目标与风险偏好向下传导。经济资本是一种主要的定量风险语言，其优势是经济资本的定义和框架与风险偏好的整体框架可相互匹配。一方面，经济资本是一种风险计量工具，可用统一的口径衡量各类风险，明确阐释各类风险间的相互关系。经济资本将风险向下传导至风险容忍度及风险指标限额，体现公司对各类风险的权衡机制，落实公司战略目标及风险偏好体系。另一方面，公司根据经济资本的计量结果重新调整战略目标、风险偏好以及资本配置方案，体现了风险偏好作为经济资本的一个重要应用贯彻在公司的战略和业务管理中。经济资本是连接公司战略管理与风险管理的重要桥梁，根据国际保险行业经验以及监管趋势，经济资本日益成为监管机构、外部利益方所关注的重点。对于健康保险公司而言，经济资本实质上是一定时间内在一定的置信度下保持健康保险公司偿债能力不变所需要的资本水平。

2. 健康保险公司风险经济资本管理的作用

ECSS分析范式将经济资本与COSO企业风险管理框架结合，并将其视为企业风险管理的基础与核心。一方面，源于ECSS范式克服了传统风险管理模式建立在风险独立性假设之上的缺陷，将企业视为一个整体进行研究，这是经济资本的计量过程；另一方面，由于经济资本注重风险的模型化和定量计算，以严密模型为依托，使风险计量更为科学，不仅能够直观反映整体风险状况，还可以较容易地在各业务线、不同管理层级之间进行分解、调整与比较分析。

对于健康保险公司而言，经济资本的使用有助于公司更精准地度量和管理风险，在风险管理过程中发挥着重要作用。第一，经济资本可用于衡量破产风险，它是实现企业风险管理战略的最直接工具；第二，经济资本是实行风险限额管理的基础，可以作为参照，动态监测公司各风险敞口的运行情况，实时保证公司风险容量的有效性，从而避免公司超预期风险的集中爆发；第三，经济资本强化了RAROC和EVA的作用，突出了经济资本占用的资金成本，从而将风险与利润有机结合起来，有利于提升员工的风险管理理念,并将风险考核落到实处,有效地实行企业风险管理。对于健康保险公司的经济资本管理来说,关键在于对公司所面临的市场风险、信用风险、保险风险、操作风险、战略风险、声誉风险和流动性风险等的定量描述。本书将在第五章中进行详细阐述。

(二) 结构性工具

结构性工具是 ECSS 分析范式的另一个构成要件。结构性金融理论和实践的发展为企业风险管理的策略实施提供了更多的工具选择,各种复杂的金融衍生品可以帮助公司极大地提升风险管理的水平。

健康保险公司在使用结构性工具时需考虑以下两个问题:第一,什么样的业务领域应该使用金融衍生品作为风险管理工具?健康保险公司的负债端,如健康保险产品的开发是否可以以结构性保险产品为主?健康保险公司的资产端,即资产管理业务,如何运用结构性金融工具对冲风险?从次贷危机来看,很多公司在不具备交易条件的情况下,盲目参与衍生品交易,结果因为投资能力不足而成为危机的牺牲品。因此,在选择风险管理工具的时候,公司首先要解决的问题是是否应该运用结构性金融或保险工具进行风险管理。第二,选择金融衍生品作为风险管理工具后,公司应该采取什么样的使用策略?需要遵循三条原则:(1)保值性原则,即公司使用金融衍生品的目的是为了实现对公司面临风险的覆盖和控制,是为了公司资产保值的需要,而不是为了获取投机性利润的需要;(2)谨慎性原则,公司应该选择适合公司业务经营特点、密切覆盖企业风险敞口的衍生品交易策略,且应该对金融衍生品交易设定保守的策略,避免因为衍生品交易累及公司经营;(3)透明性原则,公司选择金融衍生品时,应该以产品的透明度为重要标准,避免因金融产品过于复杂、透明度不足,造成公司面临更多的不确定性。

(三) 可持续风险管理

可持续发展是企业的目标所在,应用到风险管理领域就是可持续风险管理(Sustainability Risk Management,SRM)。可持续风险包括环境风险、经济风险和社会公正风险,其中环境风险包括生态服务系统、海洋渔业资源、水资源、森林滥伐、荒漠化、生物多样性、人造化学物质等;经济风险则是企业由于可持续问题而遭受的财务损失和价值损失;社会公正风险,包括企业的社会责任、社会、环境和伦理、社会资本、人力资本、多样性、性别平等、工人的工作环境和保障、反歧视政策和隐私保护。

健康保险公司的可持续风险,由于其准公共性的特征,要特别重视社会公正风险的管理,包括公司员工的工作环境、工资待遇、多元文化等,利益相关者的诉求,社会责任以及道德行为。对于此类风险的有效管理不仅可以在长期内为公司节约资金并提升其财务绩效,而且可以提升企业的声誉和品牌价值,特别是在降低由责任诉讼、消费者抵制、股东行为、声誉损害和监管引起的风险成本方面将更加显著。

> **专栏 2.2**
>
> **风险管理标准**
>
> 1992年,澳大利亚标准委员会和新西兰标准委员会成立联合技术委员会,于1995年制定和发布世界第一个"国家"风险管理标准:澳大利亚/新西兰风险管理标准(AS/NZS4360:1995)。该标准分别于1999年和2004年进行修订,现行的为 AS/NZS4360:2004 及附带文档《风险管理指引(HB436:2004)》。
>
> 1946年成立的国际标准化组织(International Organization for Standardization,ISO)于2009年下半年发布《风险管理:标准及指导方针》的 ISO 31000 标准。
>
> 1901年成立的英国标准协会(BSI)于2011年6月出版《英国标准 BS31100(2011)风险管理:BS 31100 的施行操守准则及指导原则》。
>
> 资料来源:〔英〕保罗·霍普金著:《风险管理》,蔡荣右译,中国铁道出版社2014年版。

第三节 健康保险公司风险管理的流程

在健康保险公司风险管理的分析框架中,风险管理流程是确保企业风险管理有效性的关键要素。基于整合的、一体化的风险管理思维,风险管理流程不仅决定着健康保险公司实际的风险控制和执行能力,而且也是本书所遵循的基本逻辑。在实际的风险管理过程中,健康保险公司基于 COSO 企业风险管理框架的8个功能性要素,分别布置和安排不同要素的次序或顺序,即构成风险管理的基本流程。

一、风险管理流程的含义

根据《牛津词典》的定义,流程是指一个或一系列连续有规律的行动,这些行动以确定的方式发生或执行,促使特定结果的实现。因此,企业风险管理流程是一组将资源输入或活动转化为输出或结果的相互关联或相互作用的过程。一般地,流程有6个要素,即输入资源、流程中的若干活动、流程中的相互作用或结构、输出结果、顾客、最终流程创造的价值。

企业风险管理流程一般包括以下几个环节:收集风险管理信息、进行风险评估、制定风险管理策略、实施风险管理以及风险管理的监督与改进等等。其主要特点是:目标性:有明确的目标或规划;内在性:包含于企业的经营活动中;整体性:多个环节组成一个体系;动态性:从一个活动到另一个活动,按照一定的时序关系展开;层次性:流程是一个嵌套的概念,流程中的若干活动也可以看作是"子流程",可以细分为若干活动；结构性：流程的不同环节或活动相互影响。

二、健康保险公司风险管理流程

健康保险公司的风险管理流程是一个循环的动态过程，形成科学的风险管理流程需要持续不断地根据经济、政治、社会环境的外部变化，对风险管理进行适应企业自身的定位，在经营中及时地识别新的潜在风险因素，采用新的、科学合理的风险评估和计量技术，在实施风险应对措施中通过持续的监督和改进，完善风险管理流程，切实地促进公司整体风险管理水平的提升。

（一）企业风险管理的定位

健康保险公司风险管理的有效进行，需要对公司所处的内外环境有明晰的了解，并在初期与内外部利益相关者进行沟通和协商，确保在风险管理中获得其认可和支持，避免来自利益相关者尤其是重要股东对公司风险管理的质疑。健康保险公司在此基础上建立风险管理偏好、风险容量和风险容限，制定合理的风险管理战略和合规目标，运营，报告，确立风险管理的具体参数和操作体系，以确保后续风险管理各流程环节的落实。

（二）健康保险公司风险识别

健康保险公司风险识别，是从健康保险公司的主要风险源、受损标的、危害及危险因素入手，对健康保险公司面临的各类风险进行全面的普查和认识。首先，要广泛、持续地收集与公司风险有关的各种初始信息，健康保险公司的风险来源于公司内外不同方面，而且随时随地都有可能发生。收集风险管理初始信息应该贯穿于公司所有的业务单位，并且作为一项经常性工作。它要求公司有效地建立风险信息收集与管理系统。信息的收集和整理可以从两个角度展开：一是按种类分，包括保险风险、市场风险、信用风险、战略风险、操作风险、声誉风险、流动性风险；二是按照风险和现状及变化、风险文化、风险管理现状及变化、风险管理成本和收益等进行划分。收集时注意不同类别收集的范围、方法、频率有所不同，同时注重信息的系统、完整、真实、及时。

其次，可以运用风险列表、风险图谱等方法，对于来自保险风险等各方面和风险文化等各维度的信息进行筛选、提炼、对比、分类、组合，为进一步的风险评估和计量提供依据。

需要注意的是，健康保险公司产品责任主要是覆盖医疗费用的支出，因此其风险来源具有一些特殊的方面，比如投保方的风险、医疗服务提供方的风险、健康保险政策的影响等都对健康保险公司潜在风险的积累影响极大，另外核保、核赔责任核定、损失审核及处理方面带来的不确定风险也对健康保险公司风险识别提出了更高的要求。比如国家政策对于税收优惠健康产品的支持，既是保险公司的机会，同时由于此类产品的经营数据和经验的空白及产品责任的特殊性（可以带病投保），对于保险公司识别风险能力也是个考验。

（三）健康保险公司风险评估和计量

健康保险公司对已经识别的风险进行评估和计量，并按规定向风险管理委员会等机构提交风险评估报告，作为一项专业性和组织性很强的管理工作，应由公司组织相关职能部门和业务单位进行，也可以聘请外部专家乃至有资质、信誉好、专业能力强的中介机构协助进行。

健康保险公司风险评估主要从风险发生的可能性和程度两个角度分别对固有风险和剩余风险进行评估。其目的在于全面了解公司整体的风险现状，评估公司目前的风险水平；找出公司在现有内外部环境、发展态势和管理水平下对目标实现影响最大的风险，并进行管理优先排序；统一公司各个层面对风险的认识，形成一套通用的风险语言。

根据公司的自身业务性质、规模等建立计量模型，采取合适的方法进行风险计量，要确保实际的风险数据指标在风险容量范围内，如经济资本计量要符合监管要求。企业风险的计量方法主要为定性定量分析、风险评估问卷调查、访谈研讨、公司内外部资料分析、方差-协方差、历史模拟法和蒙特卡洛法等。

为了提高风险评估的质量与效率，公司要统一制定各种风险度量单位和风险评估模型，保证风险评估的前提假设、数据来源和评估程序的合理性与准确性。对各类风险之间的相互关系，也需进行相关分析，以便对各种风险进行集中管理。

（四）健康保险公司的风险应对与控制

健康保险公司风险应对方案主要包括应对该项风险所要达到的具体目标所涉及的管理及业务流程、所需的条件和资源、所采取的具体措施及风险应对工具等内容，同时要采取和建立相应的风险控制措施，保证风险应对方案的实施。

健康保险公司制定风险管理策略，是围绕公司经营战略制定的全面风险管理的整体策略，根据内外条件，对所识别出的各种风险，按照所给出的优先次序，确定风险偏好、风险承受度和风险应对策略。其实是解决了公司愿意承担什么风险、公司能够承担多大风险和公司如何管理风险这三个问题。风险管理策略在整个风险管理体系中起着统领全局的作用，并在公司战略管理的过程中起着承上启下的作用。

健康保险公司平衡风险和收益的关系，针对不同的风险主动采取不同的应对措施：风险规避、风险控制、风险转移、风险承担等基本应对策略。需要注意的是，要确保将管理和应对后的剩余风险控制在可接受范围。对于重大的风险事件，要建立重大风险应急机制，并定期开展重大风险应急演练，根据在演练中发现的问题完善相关风险管理制度。因此，公司应该定期总结和分析所制定的风险管理策略的合理性和有效性，对不适当的风险管理策略进行及时的修正或调整。

（五）风险管理监控和改进

健康保险公司风险管理的重点应是对事关公司生存与发展的重大风险的识别、分析与控制。因此，公司应该以重大风险、重大事件、重大决策和重要管理与业务流程为重点，对上述各项风险管理工作实施情况进行监督，并且采取有效的方法对其有效性进行检验。根据监督和检验结果，对所存在的问题或缺陷进行持续的监控与改进，分析和汲取经验教训，获得风险管理改善的信息。重复上述过程进入下一个风险管理流程，从而提升风险管理的有效性。

保险公司的风险监控可以有三个层次：职能部门和业务条线自查；风险管理部门施行风险管理检查；公司层面对整体进行健全性、合理性和有效性的监督。公司实施监控通常按照收集外界信息、阅读分析报告、内部测验检验、内部过程审计的步骤循环往复，期间需要公司各管理主体定期监督检查风险和风险管理情况，形成工作自查制度、监督评价制度（包括外部评价制度）等，并持续改进风险管理体系和基本流程以及各种相关制度。

健康保险公司的风险管理部门要牵头建立风险预警体系，建立适合自己的预警标准，针对每个关键风险指标的预警标准对风险的严重程度进行揭示，并动态地维护预警标准，采用多种形式及时发出预警提示，各部门接到风险提示后及时采取改进措施并及时总结经验。报告制度和信息反馈系统是监督和改进的依据，公司各部门应定期提交风险监控、改进报告以及评价建议报告，内审部门或外部机构每年至少进行一次审核评价。在风险监控和改进过程中要形成长效机制，发现薄弱环节，如对风险监控的最新变化和风险变化趋势进行分析并汇总整理报告提交风险管理委员会等部门；检查审计部门对风险管理进行独立的评估和检查。

专栏 2.3

风险管理流程

《中央企业全面风险管理指引》第五条："本指引所称风险管理基本流程包括以下主要工作：（一）收集风险管理初始信息；（二）进行风险评估；（三）制定风险管理策略；（四）提出和实施风险管理解决方案；（五）风险管理的监督与改进。"

资料来源：国务院国有资产监督管理委员会：《中央企业全面风险管理指引》（国资发改革［2006］108号），2006年6月6日发布。

思考题

1. 健康保险公司的内部控制要素有哪些？
2. 健康保险公司的控制活动有哪几种主要形式？
3. 健康保险公司风险管理的分析框架在哪些方面需要改进？
4. 健康保险公司风险管理流程包括哪几部分？

第三章

健康保险公司风险管理的内部环境和目标

在健康保险公司风险管理流程中，首要环节是企业最高决策层对风险管理的定位，即明确不同层级的权责分工、设定风险管理的目标，由此构建公司的风险管理和控制体系。因此，内部环境是健康保险公司开展全面风险管理的基础，而目标设定是公司风险管理的前提。内部环境要素包含：公司的风险管理理念、风险管理的内部治理结构、风险管理的文化和价值观。目标设定要素则包括：战略目标、运营目标、报告目标和合规目标。

第一节 健康保险公司风险治理结构

健康保险公司风险治理结构奠定了全面风险管理的组织基调。风险治理结构的设计主要涵盖三方面内容：第一，从最高决策层到经营管理层的不同管理层次及管理机构所构成的风险管理的组织架构；第二，包括风险管理理念、政策纲要等有关内容的文件和规定、操作流程以及监督条例等所组成的风险管理制度体系；第三，通过技术和非技术手段对信息进行收集、识别、沟通而建立的涉及业务各流程环节的风险管理信息系统。

专栏3.1

公司治理结构（Corporate Governance Structure）

公司治理结构也译作"公司治理""公司治理机制"。英国牛津大学管理学院院长柯林·梅耶（Mayer. Colin）对公司治理结构定义为："公司赖以代表和服务于它的投资者利益的一种制度安排。它包括从公司董事会到执行人员激励计划的一切东西……公司治理的需求随市场经济中现代股份公司所有权与控制权

> 分离而产生。"柯克伦（PhilipL. Cochran）和沃特克（Steven L. Wartick）在《公司治理——文献回顾》（1998）中提出："公司治理问题包括高级管理层、股东、董事会和公司其他的有关利益人的相互作用中产生的具体问题。构成公司治理的核心是：一是谁从公司决策和高级管理层的行动中受益？二是谁应该从公司决策和高级管理层的行动中受益？当在'是什么'和'应该是什么'之间不一致时，一个公司治理问题就会出现。"国内学者吴敬琏指出："所谓公司治理结构，是指由所有者、董事会和高级执行人员即高级经理人员组成的一种组织结构。在这种结构中，上述三者形成一定的制衡关系。"
>
> 资料来源：费方域："什么是公司治理"，《上海经济研究》1996年第6期；费方域：《企业的产权分析》，上海三联书店1998年版；吴敬琏：《现代公司与企业改革》，天津人民出版社1994年版。

一、风险管理组织架构

健康保险公司的风险管理组织架构（Organization Structure）主要包括：董事会、专门委员会、独立的风险管理机构、其他职能部门和业务单位等治理主体。风险管理组织架构的构建就是要确定这些不同层次的风险管理组织在全面风险管理活动中作用、地位、权责以及授权汇报之间的关系，从而为健康保险公司开展全面风险管理活动提供组织保障。

健康保险公司的风险管理组织架构构成全面风险管理体系的四道防线：第一道防线为各职能部门和业务单位，在业务前端识别、评估、应对、监控与报告风险；第二道防线由风险管理委员会和风险管理部门组成，综合协调制定各类风险管理的目标、架构、制度、标准和限额以及对重大风险事件的解决方案等；第三道防线由审计委员会和内部审计部门组成，针对公司已经建立的风险管理流程和各项风险的控制程序及活动进行监督；第四道防线由董事会组成，负责企业风险管理制度的顶层设计，并指导和决策各项风险管理政策。

（一）董事会

董事会是现代公司制企业发展中产生的组织机构，其作为股东代表，受股东大会的委托，在授权范围内对健康保险公司重大事项进行决策，对公司风险管理的监督负有首要责任，是风险管理最终责任的承担者。2002年美国国会和政府通过了《2002年公众公司会计改革和投资者保护法案》，即《萨班斯-奥克斯利法案》（Sarbanes-Oxley Act）（简称"SOX法案"），第302节"公司对财务报告的责任"，第404节"管理层对内部控制的评价"等，将公司高级管理人员对于信息披露的责任以法文的形式进行明确规定。2004年COSO公布的《企业风险管理框架》提出，有效的董事会能确保管理当局保持有效的风险管理。2010年2月28日生效的美国证券交易委员会规则 33-9089（US. SEC Rule 33-9089）要求披露董事会在风险监督方面的职责。2010年10月，巴塞尔银行业监督管理委员会发布了改善企业风险治理的原则，其中涉及董事会职责、董事会成员资质以及独立的风险管理职能部门的重要性等问题。美国《多德-弗兰克华尔街改革和消费者保护法》（简称《多德-弗兰克法案》）要求上市银行控股的总资产在100亿美元或以上的公司以及具有系统重要性的非银行上市金融公司，设立董事会下属的风险委员会。

在国内，国有资产监督管理委员会于2006年颁布的《中央企业全面风险管理指引》，中国保监会于2007年印发的《保险公司风险管理指引（试行）》，于2010年印发的《人身保险公司全面风险管理实施指引》，均强化了董事会作为开展全面风险管理的核心组织，应承担积极、主动的风险管理责任，真正地建立起以风险为导向的全面风险管理体系。董事会在健康保险公司全面风险管理体系中的主要职责有：

1. 为实施全面风险管理营造良好的环境

健康保险公司拥有内外部良好的控制环境是其进行全面风险管理活动首要的条件，而董事会在公司经营中的地位和职责是被股东和法律所赋予的。一方面，董事会应以身作则，成为全面风险管理的倡导者和推动者，建立有效的风险治理结构，将全面风险管理的经营哲学和文化理念传达到公司的管理层，由管理层传达到分支机构和各业务职能部门；另一方面，董事会要立足于社会经济整体发展的大环境，着重加深对保险业发展宏观战略的研判，并就公司的风险管理状况与股东、政府、监管机构、社会公众等利益相关者建立起融洽有效的沟通机制，为健康保险公司的全面风险管理赢得良好的外部环境。

2. 明晰全面风险管理的总体目标和策略，确认风险偏好和容量体系

风险管理的总体目标和策略是健康保险公司开展全面风险管理的关键坐标，其核心是确认健康保险公司在经营中的风险偏好，并建立与之一致的风险容忍度体系。需要注意的是，健康保险公司的经营环境伴随着社会和经济的发展在不断变化，因此董事会在确认全面风险管理的总体目标和策略时要根据不同发展阶段和市场环境进行适当调整，以实现全面风险管理与公司发展的与时俱进。

3. 完善全面风险管理的组织架构以提供体制保障

健康保险公司要建立董事会最终负责、风险管理委员会监控、管理层直接领导、以风险管理机构为依托、相关职能部门密切配合的风险管理架构。董事会通过发挥风险管理委员会的作用来制定风险管理战略并核准其提交的风险管理策略、管理程序、风险评估报告、重大风险事件应对等，同时对管理层的活动进行风险监督。风险管理机构负责实施风险管理委员会制定的各项风险管理战略，制定权责明确、路径清晰的组织结构，建立识别、计量、评估和控制风险的管理程序，推动风险管理技术和信息系统的建设，并向公司董事会和风险管理委员会报告。此外，在公司风险管理架构中，要建立覆盖全部业务单元的风险管理基层架构，确保风险管理相关政策、制度的

落实和传达，包括建立与业务条线匹配的风险管理条线，在分支机构设立相对应的风险管理岗位，总公司向机构派驻风险管理团队或者人员等。

4. 全面风险管理信息的有效沟通和反馈，发挥首要的监督职责

董事会对健康保险公司的全面风险管理的有效性承担最终责任。全面风险管理的相关信息需要在健康保险公司内部和外部进行有效的沟通。董事会是股东利益的代表者，其对股东会负责，要就公司全面风险管理的工作向股东会提交工作报告，也要保证及时向保险监管机构提交全面风险管理的信息并按规定向社会进行披露。董事会要全面参与风险管理的监督，不仅要通过信息的收集和反馈，对公司重大决策、重大风险事件进行审核和批准，还需要审查管理部门的活动并提出问题，以发现和纠正偏离全面风险管理目标、违反风险管理制度的任何行为。董事会可以通过外部审计机构提供的审计报告进行全面风险管理的监督。

(二) 风险管理委员会（Risk Management Committee）

风险管理委员会是董事会下设的专门工作机构，由董事会授权并对董事会负责和报告。风险管理委员会主要负责对公司的整体风险状况进行评估，对全面风险管理活动进行监督，确保公司经营中各种风险控制在合理的范围内。风险管理委员会一般由3—5名董事组成，风险管理委员会主任可由具有风险管理经验的董事担任。风险管理委员会成员由董事会过半数选举产生，其应当熟悉健康保险公司业务和管理流程，具有丰富的风险管理经验并具备相关专业能力。

风险管理委员会在董事会授权下的主要职责有：审议公司风险管理的总体目标、基本政策和工作制度；审议公司风险偏好和风险容忍度；审议公司风险管理机构设置及其职责；评估公司重大经营事项的风险，审议重大风险事件的解决方案；审议公司年度全面风险管理报告；其他相关职责。公司风险管理委员会的工作受董事会的领导，相关报告或事项应当提交董事会审议和表决。

董事会可以下设审计委员会，主要从保证财务信息的准确、提高健康保险公司发布的财务报表质量和增强可靠性方面提升健康保险公司的全面风险管理质量。

专栏 3.2

审计委员会（Audit Committee）

审计委员会，根据《萨班斯-奥克斯利法案》定义为：由发行证券公司的董事会设立，隶属董事会，其目的在于监控公司的会计制度和财务报告过程以及公司财务报表的审计；若发行证券的公司没有这样的委员会，则其整个董事会就是公司的审计委员会。美国注册会计师协会将其定义为：审计委员会是董事会里的一个主要由非执行董事组成的专业委员会。1977年，美国国会制定的《外国公司贿赂惯例法》（FCPA）、1987年负责全国舞弊财务报告的崔德威委员

的《全美虚假财务报告委员会的报告》、1993年公众监督委员会（POB）分别对审计委员会的职责进行了规范和定义。1999年2月，成立的蓝带委员会（BRC）发布的《对改进公司审计委员会有效性的报告与建议》（简称"蓝带报告"）推动了审计委员会制度的发展。

资料来源：杨忠莲："审计委员会国际研究综述"，《审计研究》2003年第2期。

（三）风险管理部门

健康保险公司在全面风险管理组织体系中应该设置独立的风险管理部门，配备相应数量和符合风险控制工作年数要求，具有风险管理、财会、精算、投资或相关知识背景的风险管理人员。风险管理部门对各职能部门和业务单位的风险管理工作进行检查，提出改进建议和措施，定期向董事会和管理层提交风险评估报告。风险管理部门有权参与公司战略、业务、投资等委员会的重大决策。主要职责有：在董事会和风险管理委员的指导下，贯彻和实施公司的风险管理制度规定和策略；对健康保险公司的风险进行定性和定量评估，改进风险管理方法、技术和模型；合理确定健康保险公司的各类风险限额，协助和监督各业务部门及分支机构在风险限额内开展业务；协调组织资产负债管理工作，提出相应风险应对建议，包括制定相关制度，确定技术方法，有效平衡资产方与负债方的风险与收益；组织推动建立风险管理信息系统和风险文化建设；组织协调风险管理的日常工作。

健康保险公司风险管理工作的重要性与日俱增，设置首席风险官（Chief Risk Officer）负责风险管理部门成为一个趋势。首席风险官可以帮助阐明风险管理举措的问责机制，可提供独立于管理层观点的有关主要风险管理问题的观点，为董事会提供帮助。"保险公司偿付能力监管报告第16号——偿付能力报告"认为，首席风险官是指分管风险管理工作的公司高级管理人员。2010年中国保监会印发《人身保险公司全面风险管理实施指引》，指出保险公司应当指定一名高级管理人员作为首席风险官负责风险管理工作，首席风险官不得同时负责销售、投资管理、产品精算等与风险管理有利益冲突的工作。其主要职责包括制定风险管理政策和制度，协调公司层面全面风险管理等。首席风险官有权了解公司重大决策、重大风险、重大事件、重要系统及重要业务流程，并参与相关决策的评估。

（四）其他职能部门和业务单位

健康保险公司的其他职能部门和业务单位，例如财务部、合规部、法律部、产品精算部、理赔部、核保部、投资部、客服部等职能部门以及各分支机构，承担本职能板块、本业务条线首要的、第一位的风险管理责任。主要职能有：（1）建立健全本职能板块、本业务条线制度流程、工作机制与操作规范，满足监管机构、集团公司和公司内部对各类风险管控的各项具体要求，并对其有效性负责；（2）建立完善的信息平台，固化风险管控需求，有效支撑制度流程、工作机制和操作规范的执行与落地；(3) 执行各项关键风险管控措施；(4) 检查分支机构各项关键风险管控措施的执行情况，并对风险管控措施不履行或者未履行到位的机构进行评价和考核；(5) 识别和评估本职能板块、本业务条线的各类风险，及时向风险管理部及牵头管理各类风险的职能部门报送本职能板块、本业务线风险状况，定期开展自我风险评估并向风险管理部提交风险评估报告；(6) 监控评价各类关键风险指标，定期向风险管理部报送风险监测指标数据和其他监管机构、集团公司或者公司内部管理要求的各项风险数据；(7) 提出风险解决方案，制定落实风险应对举措，堵塞管控漏洞，控制风险。

某健康保险公司的组织架构如图 3.1 所示。

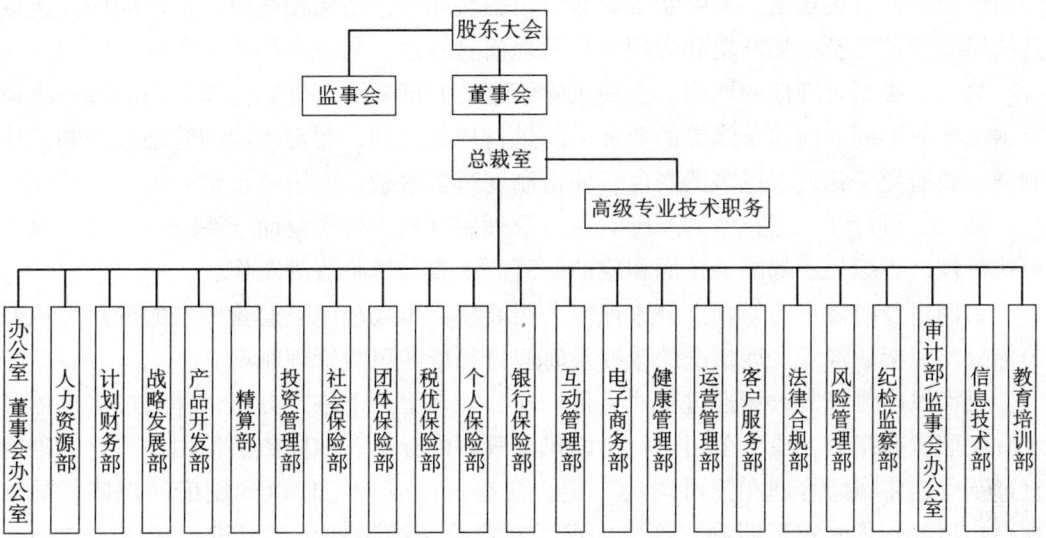

图 3.1　某健康保险公司组织架构图

二、风险管理制度体系

健康保险公司的全面风险管理要做到"有法可依"，即制度化管理，要制定科学合理、符合实际的约束风险管理活动的规则。风险管理制度要实现文件化，虽然内容结构有不同的表达方式，但全面风险管理制度的文件对公司部门和员工的传达执行效力是一样的。绝大多数的风险管理制度文件包含了风险管理制度的名称、必要性、执行标准、职责和职权、具体的解释条款，主要分为以下三类：

第一类，全面风险管理工作的纲领性文件。主要涵盖了公司全面风险管理文化、风险管理目标、风险偏好和容忍度、风险组织体系及工作程序等刚性要求，如《×××公司全面风险管理办法》《×××公司合规管理办法》等。

第二类，全面风险管理工作操作层面的制度。主要明确风险管理的工作流程、风险管理报告的内容及路径，并针对常规性的风险管理工作制定具体的工作模板。根据健康保险公司不同风险来源，建立各类风险的管理制度体系，制度应该涵盖针对不同风险的识别、评估计量、应对等方法。如《保险风险管理办法》《市场风险管理办法》《重大风险事件应急管理办法》《理赔业务管理办法》等。

第三类，全面风险管理工作的指导性文件。涉及公司内部环境、控制活动、信息与沟通、内部监督评价等工作的规范性要求。如《×××公司绩效考核办法》《×××公司合规管理工作规程》《×××公司员工培训制度》《×××公司风险报告制度》《×××公司新闻管理制度》等。

健康保险公司在建立和完善全面风险管理制度时，需要把握几个原则：

第一，合法科学性的原则。健康保险公司制定风险管理制度要符合法律法规以及中国保监会的有关规定，同时制度要和公司的实际经营结构相适应，推广应用先进成熟的风险管理经验，如开发和应用风险管理信息技术。

第二，必要合理性的原则。全面风险管理的制度要覆盖健康保险公司的每一类风险，也要对不同部门和条线等的业务风险进行规范管理，制定相应的管理流程和工作制度。要避免一味追求过多的制度，使得制度过多繁杂从而影响正常管理。

第三，可行性、完整性的原则。风险管理制度的内容要全面、系统、配套，具有可执行性，各级员工都能够按照相应的制度要求参与风险管理工作。

第四，及时修订的原则。健康保险公司要根据市场环境、监管要求的变化，以及公司战略目标、经营发展情况的改变及时修订相应的风险管理制度。

全面风险管理的政策通过正式文件，在公司自上而下进行分解，并通过对全体员工分配职责和指令，成为公司进行全面风险管理的标准。如同依法治国，建立明晰的管理制度，将风险管理在公司"法"定，使得风险管理工作得到制度的保障，员工在参与风险管理时权责明确，这也确保了在产生风险事件后可以进行相应的"追根溯源"。

三、风险管理信息系统

健康保险公司开展全面风险管理离不开公司经营的相关信息，比如年度的医疗费用理赔数额、重大理赔事件、政府补充医疗保险业务和其他商业保险的占比、医院和医生的诊疗手段及医疗资源的使用等，否则风险管理将成为"无水之源、无木之本"。风险管理的信息系统是健康保险公司实施全面风险管理的重要基础。全面风险管理信息系统实现了风险信息的采集、输入、存储、加工和输出，将风险管理的信息进行量化；提供了风险信息在各部门和业务单位之间进行集成和共享的平台；实现了对风险事件的快速预警和采取及时的防范措施。健康保险公司的服务链条涉及社会保障、医疗卫生、保健养生等多个领域，因此健康保险公司的风险管理系统还要充分考虑与社会医疗体系、医疗机构、健康管理机构等第三方的信息共享。健康保险公司的风险管理信息系统主要有两个支持系统，即非技术的支持系统和信息技术系统。

（一）非技术的支持系统

非技术支持系统主要指对风险信息进行管理的组织系统，包括对不同来源的风险信息进行收集、评估、应对、报告、反馈以及重大风险事件的应急机制，一般风险管理信息的传递沟通都在对应的风险管理制度文件中进行规范。比如，职能部门向风险管理部门定期的风险评估汇报、风险管理部门向风险管理委员会定期的风险工作汇报、公司向中国保监会提交的定期风险管理报告。非技术的支持系统最重要的是保证传递沟通的路径清晰、风险信息的传递及时准确，这样才能保证风险管理信息在系统中的高速流转。

（二）信息技术的支持系统

伴随着计算机技术的发展，以计算机为信息处理手段，以现代化的通信设备为基本传输工具，将风险管理信息化，使风险管理工作处于信息灵敏、管理科学、决策准确的良性循环之中，从而构建风险管理信息重要的技术支持系统。健康保险公司要充分利用先进的信息技术逐步建立起涵盖风险管理流程和各控制环节的风险管理信息技术支持系统，在信息平台的运行过程，实现对风险信息、风险管理工具、方法的标准化管理。信息技术系统的开发是一项资本和时间投入巨大的工程，所以健康保险公司根据自身业务和风险管理的实际情况，从技术和经济的可行性角度出发，确定是在公司现有的信息系统上进行整合嵌入风险管理信息系统还是独立开发单独的风险管理信息系统。风险管理信息技术系统主要由风险数据源、风险管理信息的数据中心、风险管理信息应用三部分组成。

1. 风险数据源

风险管理信息技术系统要与职能部门的相关系统衔接，包括人事、财务、精算、销售、核保、客户服务、理赔、健康管理等，实现各业务部条线和职能部门对风险管理信息的采集和输入，在此过程中要保证相关风险信息数据的完整、准确和及时性。

2. 风险管理信息的数据中心

健康保险公司要根据设定的各项风险指标实现对各类风险数据的存贮、加工、导出、查询，形成对风险管理工作的量化展现。《保险公司偿付能力监管规则第9号：压力测试》规定，健康保险公司要开展风险管理的压力测试，信息技术系统要能够支持其进行压力测试和情景模拟。

3. 风险管理信息应用

通过风险管理信息报表和报告的生成和传递，实现对公司全面风险管理工作的全面和实时监控。对于公司内部，监测风险指标数据的变动，掌握公司风险来源的变化和采取不同的风险应对措施，实现有效快速预警；对于公司外部，提供了公司与监管部门、客户、竞争者等相关利益者有效的沟通和联系。如《保险公司偿付能力监管规则第9号：压力测试》规定：保险公司于每年5月31日前向中国保监会报送偿付能力压力测试报告；根据《人身保险公司年度全面风险管理报告框架》，健康保险公司撰写年度全面风险管理报告,于每年 4 月 30 日前提交中国保监会;在公司网站披露风险管理信息。

健康保险公司在信息技术系统的构建中,也要加强第三方共享信息平台的建设。健康保险公司参与社会基本医疗保险体系的构建,因此其信息系统中要充分考虑和国家医疗保障信息系统的融合路径。2014 年 10 月 27 日出台的《加快发展商业健康保险的若干意见》提出,要建立和完善医疗保险信息共享机制,支持商业健康保险信息系统与基本医疗保险信息系统、医疗机构信息系统进行必要的信息共享。健康保险公司深入参与健康产业的发展,在信息系统的构建上要充分利用现代信息技术和移动互联网技术,整合优质资源,基于大数据的收集、分析、应用,提升健康保险公司的风险管理能力。如 2016 年 1 月 20 日,人民网与中国人民健康保险股份有限公司签订了《战略合作协议》。双方将共享医疗健康、网站流量、用户行为等数据资源,研究共同建立和管理相关数据库,积极开展数据分析研究,共享研究成果,用于相关领域,为双方业务发展提供大数据支持。

健康保险公司要实现风险管理信息系统的高效流畅的运转,必须软件和硬件一起抓,技术和管理并重,避免过分依赖信息技术或者制度流程。在人、管理、技术的相互协调中,建设与公司相适应的风险管理信息系统。

专栏 3.3

国内保险公司"偿二代"二支柱建设进展调查

普华永道在 2016 年 5—6 月期间向国内 99 家保险公司(需要完全满足"偿二代"11 号指引要求)发出问卷,共收回有效问卷 76 份。该 76 家公司 2015 年保费总收入共计 19 100 亿元人民币,占中国保险市场超过 80% 的份额。通过对 76 家保险公司反馈问卷的分析,总体发现:

1. 超过 80% 的保险公司已经初步建立了风险管理框架,但行业整体离精细化风险管理还有很大差距。

2. 超过一半保险公司已经任命了独立的 CRO,超过 60% 保险公司设立了独立的风险管理部门,而且这两项的占比仍在不断上升。

3. 现阶段风险管理专业人才缺乏,体现在风险管理专业人员的配备以及风险管理人员的经验和资历上。由于保险行业的高速发展以及风险管理专业人才的储备不足,这一因素在一定时期内还将持续存在。

4. 保险机构在努力推进建立完善的风险偏好体系,但受制于公司内部董事会和高管层的理解和接受程度,以及"偿二代"规则下的风险偏好技术难度较大,仍有部分公司尚未建立符合"偿二代"要求的风险偏好体系。

资产负债管理、流动性风险管理和操作性风险管理领域总体还处于初期阶段，大部分公司主要按照监管最低要求完成合规事项和监管报表报送，只有少数公司根据自身特点和管理需要在分析方法、模型、技术、工具和决策支持应用上处于领先地位（见图专3.1、图专3.2、图专3.3、图专3.4）。

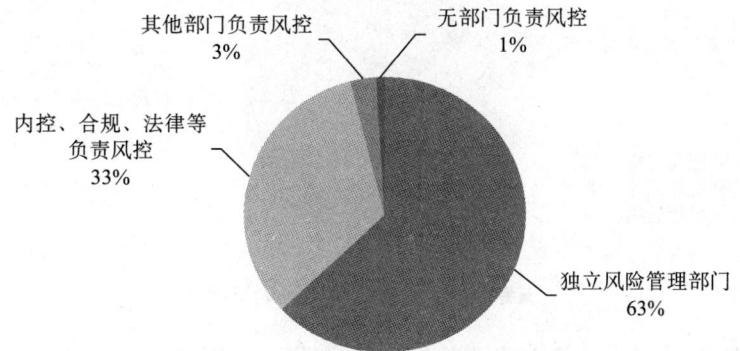

图专3.1 设立独立风险管理部门情况

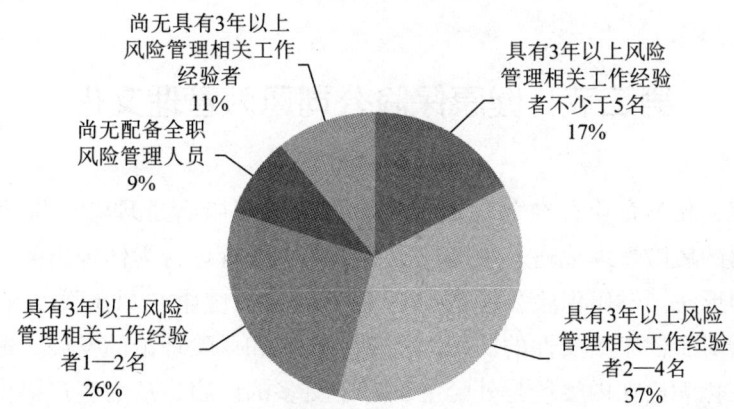

图专3.2 全职风险管理人员资质和经验情况

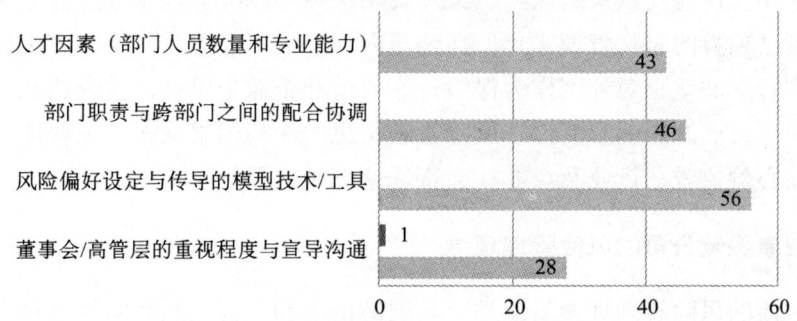

图专3.3 建设风险偏好体系的最大挑战情况

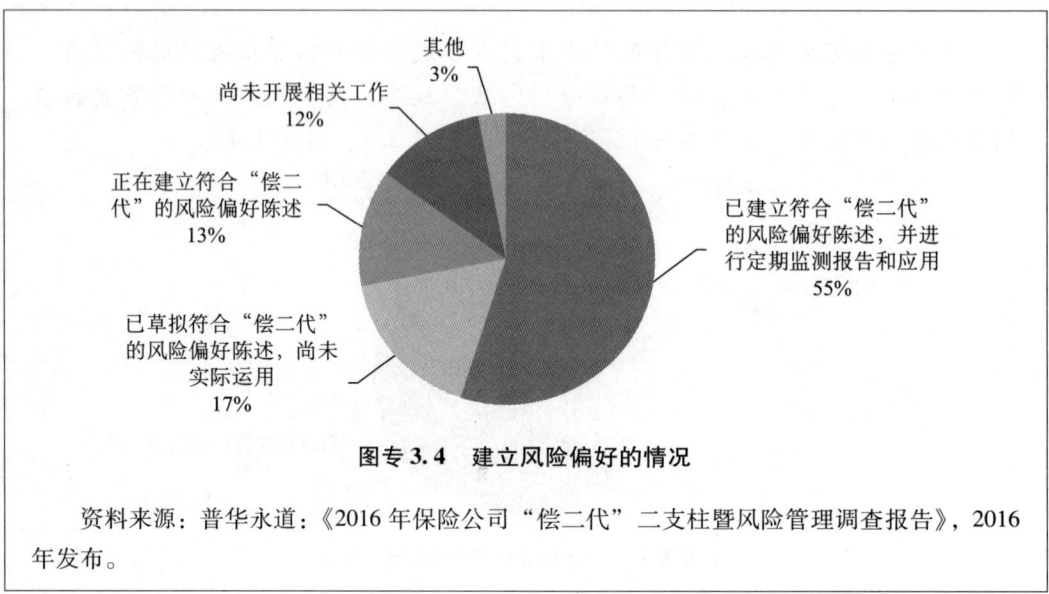

图专 3.4　建立风险偏好的情况

资料来源：普华永道：《2016 年保险公司"偿二代"二支柱暨风险管理调查报告》，2016 年发布。

第二节　健康保险公司风险管理文化

风险管理文化是企业在经营发展中逐步形成的风险管理理念、价值观和行为规范，通过公司的风险管理战略、制度以及员工的风险管理行为体现出的一种风险管理的物质或精神形态。健康保险公司的主营业务以人的健康"风险"为业务标的，随着社会和民众对于健康重要性的认识以及健康产业和风险理论的发展，健康保险公司的风险管理文化无论在内涵还是外延上都有了更多的内容，从为客户提供高品质的风险管理服务到提高自身的风险管理能力，再到积极参与社会公共管理承担应有的社会风险管理职能。作为提供疾病保障、医疗费用保障等风险管理服务的健康保险公司要着力培养自己独特的风险管理文化，在公司内部形成以理念为先导、思想统一、全员合规的风险管理文化，对外则作为保险行业成员和企业公民，树立合法经营、诚实守信、维护社会发展的品牌影响力。风险管理文化的影响因素众多，主要体现在风险管理理念、核心价值观、行业及企业社会责任这三个方面。

一、健康保险公司的风险管理理念

一个主体的风险管理理念是一整套共同的信念和态度，当风险管理理念被公司的各层级很好地确立和理解，并且为员工所信奉时，就能有效地识别和管理风险。

（一）健康保险公司的风险管理理念

风险管理理念是公司风险管理文化的核心内容，是健康保险公司从战略制定到日常经营中对于风险管理的共同信念和态度。风险管理理念反映在公司经营中的每一件事情上，可以从政策表述、口头和书面沟通以及决策中体现出来，而且通过日常行动来不断强化这种风险管理理念。比如为了增强全体员工的风险管理意识，加强宣导并建立员工风险管理培训工作，对主要的风险管理责任人，把风险管理与绩效考核挂钩，在公司各个层面营造风险管理的氛围。

国内专业健康保险公司的发展时间较短，风险管理理念的建立又与其业务特色有着不可分割的联系。多家健康保险公司在经营中坚持以市场为导向、以客户为中心，构建政府委托业务、商业健康保险业务和健康管理业务三大业务板块。其中在政府委托业务的承办中，健康保险公司一方面承担了完善医疗服务体系和创新公共服务提供方式的责任，另一方面面临着此类业务区域差别大、利润低以及国家相关政策的制约，比如税收优惠政策的完善，典型地表现为健康保险公司赔付率居高，实现盈利困难。这就意味着健康保险公司在确定风险管理理念的时候要平衡政策风险和商业盈利。

以人保健康保险公司为例，其坚持"预防为先、主动管理，审慎处置、总体可控"的风险管理理念，牢固树立了风险管理的思想，增强风险管理意识。2010 年开始参与广东省湛江市统一的城乡居民医保一体化管理，开创了"统一政策、统一核算、统一管理"的商保、社保合作的"湛江模式"，是健康保险业服务国家医疗保障体系建设的成功实践和典型样本。2014 年 5 月，人保健康与北京大学肿瘤医院签署战略协议，在保险产品开发、健康管理服务、医疗风险管控、医疗机构资本合作等方面展开深层次长期合作，同时联合推出"防癌"保险产品。无论是"湛江模式"，还是"防癌"产品，都体现了人保健康作为专业的健康保险公司在经营发展过程中坚持"主动管理"的风险管理理念。

健康保险公司的风险管理理念要在公司发展过程中，在业务增长和创新中体现先进、科学、优化的特点，并且能够融合国家政策以及医疗结构等第三方协同发展的风险管理思想，从而实现业务增长、经营创新、风险管理能力持续提升的良性发展。

（二）风险管理理念的特征

健康保险风险管理理念是在长期的经营活动中形成的一整套关于风险管理的共同信念和态度，先进的风险管理理念具有以下特征：

一致性。健康保险公司的风险管理目标要与公司的战略目标一致，公司的经营发展不能忽略风险管理，开展风险管理也不会阻碍公司的业务发展。如人保健康提出新时期的战略目标是：把公司建成专业技术领先、盈利能力突出、治理机构完善、风险管控有力的一流专业健康保险公司。其将风险管理的理念从公司战略的角度进行了定位，充分体现了两者的一致性，也体现了公司坚持合规创造价值的理念。

全面性。风险管理的理念要渗透到公司的每一个业务活动和每一个人员，树立全员参与风险管理的意识。比如健康保险新产品的开发不但需要加强市场调研，还需要精算部门、核保部门、销售部门等的协调配合，才能强化产品开发的事前、事中、事后的风险管控，做好产品开发的风险防范。

独立性。风险管理的独立不仅仅指风险管理部门独立于销售、财务、投资、精算等职能部门，更是指风险管理部门和人员在识别风险、评估风险、制定和执行风险管理政策时要有独立的态度，确保风险管理的客观性。

匹配性。风险管理要考虑公司的资本水平和所承担的风险的匹配性，采取定性和定量方法相结合。如根据《中国第二代偿付能力监管制度体系整体框架》的要求，健康保险公司第一支柱——定量资本要求保险公司具备与其风险相适应的资本，保险公司在定量资本要求的基础上，对于不利于量化的风险进行定性监管，不断优化。风险管理是一门不断发展的学科，社会发展、行业和公司的发展都会带来新的环境和挑战，对风险管理会有实质的影响，这需要不断调整和优化公司的风险管理理念。2003年建立的保险公司第一代偿付能力监管标准，以规模为导向，要求保险公司资本和业务规模相适应。2016年正式实施的保险公司第二代偿付能力监管标准，则以风险为导向，建立了定量资本要求、定性资本要求、市场约束三大监管支柱，对核心偿付能力充足率、综合偿付能力充足率和风险综合评级均提出了要求。监管标准的变化充分体现了监管层根据保险市场的发展，优化风险管理理念。

二、核心价值观

加拿大著名学者克里斯托弗·霍金森在《领导哲学》（The Philosophy of Leadership）中就管理与价值的联系指出："管理的技术形式的真正本质就是价值……一般说来，价值的出现，通过合作行动的价值实现，管理过程中价值冲突的消除，以及在组织结构的政治舞台上关于价值之间的争论与它们之间的阻遏牵制——所有这些都是每日每时管理所经历的一部分。"

健康保险公司风险管理的有效性离不开创造、管理和监督公司经营活动的人的价值判断、态度和风格，尤其是诚信（Integrity）与道德（Ethic）的价值观（Value），影响着全面风险管理其他要素的设计、管理和监控。道德的价值观不仅必须沟通，而且必须辅以关于是非对错的明确指南。诸如建立关于利益冲突、不恰当的财务行为、反竞争的协议等书面的行为守则。健康保险公司的管理层所表现出来的价值观和态度会影响全体员工对于公司价值理念的认同感，管理层要为践行价值观树立榜样，员工在工作中对自己的行为加以价值的自我约束并更为积极地执行公司的各项管理规定，在践行公司的价值观过程中，不断地完善规章制度、服务标准、岗位规范等制度，使其真正成为全体员工共同遵守的行为规范。

在公司价值体系的建设中，可以围绕"我们是谁？""我们追求什么？""我们的价值是什么？"等问题开展价值观讨论活动，提炼形成具有自身特点的价值理念体系，充分地激发员工对于公司价值理念的认同感并大力弘扬价值理念。健康保险公司的专业性强，开发的一系列医疗、疾病及失能收入损失保险产品，为减轻个人医疗负担提供了商业解决路径；通过健康保险公司的精算技术，可以介入医患纠纷，在一定程度上对快速上涨的医疗费用和过度医疗行为起到缓解作用；在客户服务上，提供诊疗绿色通道、慢性病管理、家庭医生、异地转诊；在创新健康管理模式方面，开展健康主题活动，提供涵盖饮食、生活、身体等的健康管理平台，使客户不得病、少得病、得病后有控制，当好客户的家庭医生，为客户提供最好的医疗健康服务。这些基于健康和保险两个维度的努力，正是健康保险公司追求公司价值的具体化诠释。共同的价值观是风险管理文化的重要组成部分，能够产生凝聚力和竞争力，降低违规的风险，维护企业的发展，实现价值观在风险管理中的创造力。

以中国人民健康保险股份有限公司为例，通过一系列的价值观讨论活动，公司提出核心价值观是"创新、实干、诚信、责任"。其中，诚信的价值观是保险行业最基本的道德规范和行为准则，是健康保险公司的生存之本。在保险经营活动中要信守承诺，讲求信誉，诚信服务，树立健康保险公司的良好社会形象，赢得客户的信任。在公司价值观的讨论、提出、传导中，形成影响全体员工的良好的风险管理文化氛围。

三、行业及企业社会责任

保险，以信而立，因责而重。从"互助共济"的传统保险文化，到"守信用、担风险、重服务、合规范"的行业核心价值观，都在保险的"契约精神"中体现了以人为本的关怀和责任。2014年7月8日，中国保监会发布《中国保险业社会责任白皮书》，首次向社会公众全面介绍了保险业履行企业社会责任（Corporate Social Responsibility）的做法、事例和经验成效。2015年底，中国保监会发布了《关于保险业履行社会责任的指导意见》（以下简称《意见》），引导保险企业树立社会责任理念、履行社会责任、制定社会责任规划。《意见》对于保险企业如何全面地履行社会责任，更好地服务民生期盼，服务经济发展和国家战略给出了指导性意见，提出保险企业要在经营管理中提升透明度、优化服务；要在创新融合中参与公共服务，让员工分享发展成果；要坚持绿色环保思维，开发环境责任保险和科技保险；要加强行业内外协作，树立行业形象；加强社会责任研究等。

从履行社会责任的角度出发，健康保险公司风险管理文化不但要关注"小我"即公司，还要认识"大我"即行业成员和企业公民的社会身份，体现出两者的结合。健康保险公司应当在发展战略、经营管理、市场行为中履行社会责任，努力实现经济、环境和社会综合效益的统一。健康保险公司要积极服务于国民经济的转型发展，参与构建多层次的社会保障体系，完善经济补偿机制，在灾害救助和可持续发展中发挥更大作用，发挥保险的风险管理功能，提高社会治理水平。党的十八大以来，党和国家更加重视民生保障，健康保险公司承担着探索我国健康保险专业化经营道路、服务国家医疗保障体系建设的使命和责任，必须在社会经济发展的大格局中谋事定位、主动作为，为增进中国百姓的健康福祉不懈努力。

2016年10月25日，中共中央国务院印发《"健康中国2030"规划纲要》，这是健康保险的发展机遇，专业性的健康保险公司通过发展健康险业务，进行产品创新，开发适合中国健康市场需求的产品，满足客户对医疗费用、重大疾病、护理等方面的需求是参与"健康中国"的路径。在精准扶贫中，通过提供医疗救助服务、实施精准扶贫等方面的有益探索积极参与扶贫事业。例如，人保健康自2010年起，在云南昭通等地与当地政府合作，利用民政医疗救助基金，为城乡低保、农村"五保"、重点优抚对象提供补充医疗保险服务，放大了救助基金的保障效应，提高了贫困人员的医疗保障水平，为国家扶贫战略贡献了力量。

从风险管理的角度出发，健康保险公司制定社会责任规划，发布社会责任报告，披露公司在经济、社会、环境等方面的履责理念、措施和绩效，有助于改善公司治理，提升和改善公司在行业和社会的声誉和形象，降低可持续发展的风险。健康保险公司的发展离不开保险行业，更离不开社会，将可持续发展的意识扎根于公司的风险管理文化，提高开展风险管理的责任感，促使全体员工树立发展的危机意识，"居安思危"才能"长治久安"。风险管理文化的培育、发展和运用，为健康保险公司全面风险管理提供了文化背景支持，将风险管理的抽象理论内化为员工的意识和自觉行为，使风险管理的思想贯穿公司的经营活动，在践行公司价值观、担当行业和社会责任中，发挥全面风险管理机制作用，为实现全面风险管理的目标提供软实力，促进公司的可持续发展。

专栏3.4

企业社会责任（Corporate Social Responsibility，CSR）

企业社会责任是企业伦理学的重要部分，1924年英国学者欧立文·谢尔顿（Oliver Sheldon）提出"企业社会责任"，把企业社会责任与公司经营和满足企业内外各种人类需要的责任联系起来，并认为企业社会责任含有道德因素在内。对于"企业社会责任"的概念，国内外学术界给予了广泛的关注和争论，到目前为止并没有一个统一的定义，不同学者从不同视角和方面提出了不同的定义。关于企业是否应该承担企业责任的争论主要有两个代表性观点：第一类观点：企业唯一的社会责任是获取利润。诺贝尔奖获得者米尔顿·弗里德曼（Milton Friedman）于1970年9月13日在《纽约时报》上发表《企业的社会责任就是增加利润》的文章，以此为代表的学者反对企业承担股东责任之外的其他社会责任。第二类观点：企业在利润之外还应该承担社会责任，以一种外延式的方法（Extensional Approach）对企业社会责任作了界定。美国经济开发委员会在1971年6月发表的一篇题为《商事公司的社会责任》报告中，列举了58种涉及10个方面的意在促进社会进步的行为，并要求公司付诸实施：经济增长与效率；

> 教育；用工与培训；公民权与机会均等；城市改建与开发；污染防治；资源保护与再生；文化与艺术；医疗服务；对政府的支持。
>
> 资料来源：卢代福："国外企业社会责任界说述评",《现代法学》2001年6月第23卷第3期。

第三节 健康保险公司风险管理目标

风险管理目标是指健康保险公司风险管理和经营活动的未来期望。风险管理目标设定是风险识别、评估和风险应对的前提，同时设定的目标需与公司的使命相协调，并能够在公司风险容量范围内达成。通过对商业环境的分析，可以得到对内在和外在因素的评估及其对风险的影响，在战略制定中确定风险偏好，并依托日常经营中具体相关的一系列业务目标的达成来实现战略目标。健康保险公司的管理层在董事会的监督下设定战略目标，进行战略规划，并确定公司相关的经营目标、合规目标、报告目标，使其可以进行识别并评估影响目标的风险，组织选择应对风险的方法，采取风险管理绩效手段进行监控并调整，建立一个风险量管理的组合观和相互支撑的风险管理目标体系。

一、战略目标

战略目标是高层次的目标，它与主体的使命、愿景相协调，并为之提供支持。在考虑战略目标时，必须要识别不同战略的意义，评估与其相关联的风险状况的影响，为相关利益者提供价值时要与相关风险进行优化平衡，即战略目标和风险偏好相结合，并依据不同阶段和情况进行调整，高效率地配置资源，以达到公司价值最大化。

确定公司的风险偏好是董事会和管理层对不同风险偏好的利害进行取舍，是战略目标的指向标，是全面风险管理体系中战略层面的重要组成部分。一般地，风险偏好是指主体在追求战略和业务目标的过程中愿意承受的风险量。在国际上，英杰华（Aviva）、德国安联（Allianz）、英国保诚（Prudential）、美国国际集团（AIG）、法国安盛（AXA）和慕尼黑再保险公司（Munich Re）都建立了比较清晰的风险偏好框架体系。风险偏好体系设置的一般主要考虑因素有：战略一致性、股东利益、能力匹配、风险预算、监管考虑、客户利益等。对于战略目标与风险偏好选择的结合主要考虑两个方面：利益相关者（Stakeholders）与公司发展阶段。健康保险公司经历了发展期、成长期、成熟期、衰退期，在每一个阶段所制定的战略目标和选择的风险偏好应当符合此阶段公司的特点。例如健康保险公司发展越快，偿付能力资本的消耗速度也越快，未来业务的增长目标面临的直接的风险就是偿付能力充足性的问题，在制定发展战略时，就需要在风险偏好的选择上与战略方案进行匹配。因此，随着风险偏好体系的变化，全面风险管理体系也会相应地进行调整，以更好地保证战略目标的实现（见表3.1）。

表 3.1 风险偏好考虑事项

利益相关方		关注主题
内部利益相关者	董事会 高级管理层 风险管理部门 业务部门 内部审计部门 分支机构和员工 ……	集团和业务目标、公司战略、市场地位和份额、预算目标、资本筹集和管理、目标可行性、绩效考核方案……
外部利益相关者	监管机构 股东 评级机构 债权人 客户（保单持有者） 投行分析师 交易对手 ……	监管限制和经营许可、股东期望、评级目标、投资市场、估值意见、客户要求、市场声誉、公司品牌……

在战略目标动态管理过程中，健康保险公司对健康管理服务的相关产业融合风险进行识别、评估、应对，对战略的风险进行管理和调整。健康保险与传统寿险业务有很大不同，特别是随着生活水平的提高以及国家社会保障体系的不断深化与完善，人们对健康保险的认识在加深，对健康管理的需求越来越多，健康管理与健康服务逐渐成为健康业务经营的核心和本质。健康服务的范围是非常广泛的，比如通过整合医、养、药、护等上下游产业资源，打造功能完善、服务优质、线上线下相结合的服务链，提高健康管理服务实施能力。因此，对健康产业的布局也成为健康保险公司在发展中需要调整的战略层次目标。

健康保险公司可由其战略发展部重点对影响公司整体和长期发展的基本问题进行研究，细化各个领域的竞争战略，提出中长期的战略规划，通过落实阶段性的总体目标，比如三年或者五年目标，逐步实现战略目标。以人保健康制定的 2015~2020 年新时期发展战略为例，战略目标体系中体现了清晰的发展经营目标、发展模式、实施路径。分为两个阶段推进：2015~2017 年，大力改革创新，坚持打基础、创特色、促发展，构建新型业务结构，实现扭亏为盈；2018~2020 年，加快优化升级，坚持提质量、增效益、树品牌，内涵价值、盈利能力显著提升，达到行业水平。公司要对

第三章
健康保险公司风险管理的内部环境和目标

标政策要求,遵循市场规律,进一步细化业务发展,从产品开发、运营管理、信息化建设、财务管理、机构管理、风险管理、企业文化、价值管理、人才发展等多方面入手,不断培育、巩固和扩大专业化优势,将公司建设成为专业技术领先、盈利能力突出、治理结构完善、风险管控有力的专业健康保险公司。

专栏 3.5

风险偏好

风险偏好(Risk Appetite),其基本内涵尚没有统一的标准,在不同的组织中对风险偏好的定义是有所不同的。COSO 在 Enterprise Risk Management – Integrated Framework 中提出,风险偏好是一个主体在追求价值的过程中所愿意承担的广泛意义上的风险的数量,主体运用类似高、适中或低等类别,从质的角度考虑风险偏好,或者运用数量化的方法来反映和平衡增长、报酬和风险方面的目标。国际标准化组织 ISO 认为,风险偏好是"一个组织愿意追求或保留风险的数量和类型"。国际金融协会(Institute of International Finance)于 2009 年 12 月发布报告,对风险偏好进行了明确定义,并将其与风险容量进行区分;2010 年,IIF 专门成立了风险偏好工作小组(Working Group on Risk Appetite),加强风险偏好的建设实践与研究,是"一个公司在追求经营目标的过程中愿意且能够接受的风险类型及风险大小"。高级金融监管集团资深监管者小组(The Senior Supervisors Group)于 2009 年发布报告《2008 年全球银行危机对风险管理的教训》,强调董事会和高管层参与风险偏好制定与执行的重要性。2010 年 12 月,SSG 与 12 家监管机构联合发布报告《关于风险偏好框架与 IT 基础建设的观察》,描述了国际金融机构在风险偏好框架建设方面取得的阶段性成果以及未来的建设方向,将风险偏好定义为"考虑到业务目标和对利益相关者的义务,一个公司能够并且愿意在经营活动中承担的风险水平和风险类型,一般通过定性和定量的方法来表达,并考虑极端条件、事件和结果,该指标反映出对收入、资本和提供资金或流动性的潜在影响"。

资料来源:COSO 发布:《企业风险管理——整合框架》,方红星、王宏译,东北财经大学出版社 2005 年版;ISO:《风险管理——原则与实施指南》,2009 年发布;曾铮:"关于构建商业银行风险偏好框架的思考",《商业银行风险管理》2016 年第 3 期。

二、经营目标

通过全面的风险管理来保证公司战略目标的实现,反映到具体业务中表现为公司根据经营中面临的风险建立并达成的不同层次的经营目标。经营目标关系到公司经营的有效性和效率,为高效率的配置资源提供了标识。

健康保险公司的经营目标要反映公司的发展和健康保险市场的需求，主要包含科学的人事管理、优质的客户服务、稳定的保费增长、健康的财务指标、充足的偿付能力、良好的品牌形象等。公司要根据制定的业务目标以及目标的相对重要性，确定与目标相协调的风险容量和风险管理的度量指标，以此保证在实际经营中可以有效地执行全面风险管理。

风险容量（Risk Tolerance）是公司可以接受的绩效变动区间，通过定量模型和定性调整运用到新产品的开发与定价、预算管理、资本规划、资产负债管理等业务中。风险容量主要基于四个维度指标来衡量：法定最低资本水平或资本溢额；信用评级水平；经济资本；法定（通用）会计准则盈余。一般分为在风险容量内、稍微超出风险容量、在风险容量之外三种情况。

在日常风险管理中设定关键的风险管理度量指标，如偿付能力充足率、理赔率、投诉率、退保率、续期继续率等，实现对风险监测预警，确保企业风险管理的即时有效性。例如，2016年某健康保险公司的总保费增长目标为15%，可接受的偏离范围为12%—17%，续期继续率目标为98%，可接受的业务达成率最少是80%。在业务经营中，基于经营目标之间的相互影响，各个业务条线对不同风险进行定量和定性结合的管理，会影响到风险容量和度量指标的设定。比如，业务规模即保费总规模的变化对总体偿付能力的影响，这就需要公司围绕战略目标的实现，设定合理的经营目标，使之能够通过全面风险管理得到实现。

专栏3.6

风险容量

风险容量（Risk Tolerance），在COSO新版的企业风险管理框架中，定义为可接受的绩效变动区间（Accepted Variation in Performance），度量绩效的完成可以使用定量指标，也可以使用定性指标。

资料来源：COSO发布：Enterprise Risk Management Aligning Risk With Strategy and Performance，June 2016 edition。

三、合规目标

中国保监会于2016年12月30日印发的《保险公司合规管理办法》规定："本办法所称的合规风险是指保险公司及其保险从业人员因不合规的保险经营管理行为引发法律责任、财务损失或者声誉损失的风险。"在风险管理过程中通过设置合规部门、合规岗位，配备符合规定的合规人员，建立合规管理机制，制定和执行合规政策，开展合规审核、检查、考核以及合规培训等实现合规管理、合规经营的目标。

健康保险公司的经营管理行为应当符合法律法规、监管规定、公司内部管理规定以及社会规范、诚实守信的道德准则（Code of Ethics）。风险管理需要确保公司遵守法律法规、符合监管规定，确保公司经营的有效性，为公司内部和外部提供可靠的报告，并保证信息的真实性。健康保险公司合规合法经营能够对行业、市场和其社会声誉产生积极的正面影响。健康保险公司的合规经营是以"法"治为目标。"法"首先体现在法律法规及监管规定，其次体现在公司规章制度。公司和全体员工守"法"，就是在贯彻以风险为导向的全面风险管理理念。

健康保险公司在制定合规目标时要考虑定价、税收、员工福利、环境、监管、资产交易等。如，按照《劳动法》为员工提供相应的福利；按时交纳各项企业税费；资金投资活动符合相关的比例要求；在规定时间向监管机构提交年度报告、审计报告等；在网站上及时披露各种信息，包括重大关联交易、重大事项、临时信息、公司治理概况；高级管理人员需要符合相应的任职能力；业务的开展符合法律规定等。

四、报告目标

健康保险公司实施全面风险管理体系，要确保在经营中生成的涵盖公司财务和非财务信息的各种报告的可靠性，即报告内容的真实、客观、科学、全面，杜绝虚假信息的出现。健康保险公司的经营表现要通过一系列内部和外部的报告与公司管理层、监管者、社会公众等利益相关主体进行沟通和互动，可靠的报告才能提供全面而正确的公司信息。比如产品销售报表、客户满意度调查、核保理赔信息、公司资金运用信息、偿付能力信息、相关交易信息、年度经营报告等。健康保险公司的风险管理活动保证报告的可靠性，而可靠的报告又支持管理当局做出有效决策对公司经营活动和业绩进行控制，促进投资者对公司的认可和战略支持，提升客户对公司服务的评价和选择，提升监管者对公司在市场和行业监管政策执行上的评价。因此健康保险公司全面风险管理实现可靠报告的目标，可以有效提升公司整体竞争力和品牌影响力。

思考题

1. 健康保险公司风险管理的内部环境包括哪些内容？
2. 请简述健康保险公司的风险管理组织体系及各自作用？
3. 什么是风险偏好和风险容量？
4. 请结合本公司说明风险管理文化的作用？

第四章

健康保险公司风险识别与评估

企业风险识别与评估是风险管理的首要环节。与其他保险公司相比,健康保险公司所面临的风险更为复杂,隐蔽性更强,逆选择和道德风险更为严重。在健康保险公司风险管理流程中,基于最高管理层的定调,接下来必须准确度量企业风险发生的可能性和影响程度。只有全面地发现和识别风险,才能选择相应的风险应对方法,提高风险管理效率。风险识别和评估的方法很多,在健康保险公司风险管理实际操作中,需要综合运用各种识别和评估技术,确保整合化的企业风险管理的有效实施。

第一节 健康保险公司的风险识别

风险识别(Risk Identification)是对公司面临的各种潜在事项的认知和确认,是风险管理的基础,是整个风险管理流程中的第一步。健康保险公司如果不能准确、全面地识别公司面临的所有风险,就不能选择恰当的风险管理技术,所谓的规避风险事故、免遭损失就是无源之水、无本之木。

一、风险识别的定义及内涵

风险识别是指公司认识和发现在经营活动中所面临的风险的过程[①]。在风险识别过程中,公司风险管理人员运用相关知识和技术,全面收集有关风险因素和风险事故等方面的信息,系统发现公司当前或未来所面临的潜在风险,并将识别出的风险归入相应的类别。风险识别主要有两个任务:一是感知风险因素;二是分析风险事项。感知风险因素是分析风险事项的前提,分析风险事项是感知风险因素的目的,两者相辅相成,互相联系。

---

① 资料来源:中国保监会:《人身保险公司全面风险管理实施指引》第三十六条,2012 年发布。

第四章
健康保险公司风险识别与评估

风险识别是一个输入转化为输出的过程，可以用图 4.1 来描述。首先，在输入端输入所有影响风险形成的因素。有无数内外部因素造成影响健康保险公司战略执行和目标实现的风险，其中外部因素包括政治因素、经济因素、文化和社会因素、技术发展因素等；内部因素包括公司基础组织结构、人力资本、业务流程等。其次，风险管理人员利用各种风险识别技术对健康保险公司面临的所有风险进行预测、推断和归纳，从而识别出公司所面临的各类风险。输出的风险结果将会进一步被评估和分析，为风险应对提供信息准备。

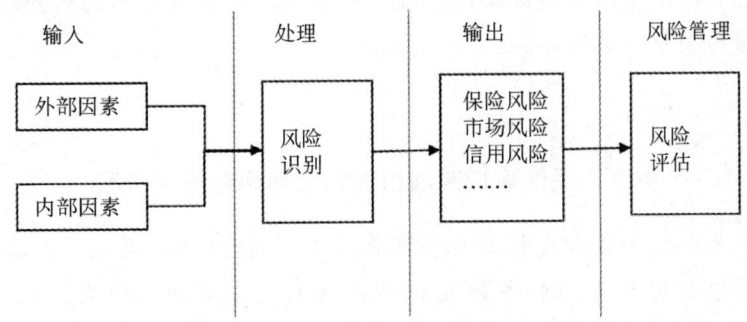

图 4.1　全面风险识别和评估流程图

风险识别的特点有以下几点：一是风险识别是一个持续、反复和系统的动态过程。我国的商业健康保险还处于初级发展阶段，在保险业务中的占比低，发展空间大。可以预见，随着经济的发展，未来人们对健康保险的需求会越来越高，关于健康保险公司经营的调控政策也会越来越多，健康保险行业将呈现快速发展的趋势。健康保险公司的经营活动及所处环境都在不断变化之中，这可能使得之前比较重要的风险因素变得不太重要，也可能不断产生新的风险因素成为关注重点。另外，风险是客观存在的，风险事故的发生是风险因素逐渐累加的结果，是一个从量变到质变的过程。只有长期跟踪调查，才能发现健康保险公司的潜在风险。因此，风险识别是一个动态的循环过程，需要风险管理人员持续、不间断地识别各种风险因素，全面分析健康保险公司面临的风险。

二是风险识别应用于健康保险公司的风险管理时，必须贯穿于整个公司。风险管理人员不仅要识别公司主体层次的风险，还要识别各种活动层次的风险，即不仅要考虑战略规划和资源配置等公司层次的风险，还要考虑产品设计和资金运用等职能部门的风险。风险管理人员只有充分考虑到公司全部层面的活动，发现各种潜在风险，才能为公司的经营提供可靠保障。

三是风险识别的结果应用于公司的战略制定。健康保险公司设定公司使命和愿景，并制定战略计划和目标以及相关经营目标。在制定公司战略时，风险管理人员识别各个备选战略的相关风险，并分析其可能造成的结果，以帮助公司管理者评价和选择合适的战略和相关目标。如健康保险公司面临的一个选择是通过销售万能险等理财型保险来提高保费收入,实现盈利;另一个选择是发展健康管理业务,降低赔付率。这两个战略选择都会带来不同风险,对于前者而言,如果公司不能兑现向投保人保证的高收益率,投保人就会减少投保资金,有可能陷入资金困境;如果保险公司选择第二个策略,则需要投入大量成本资金,有可能面临流动性风险。

四是风险识别时要分析风险之间的关系。风险通常不是孤立发生的,一个风险可能引发另一个风险,或者几个风险同时发生。风险管理人员要了解风险是如何相互联系的,并对这种关系进行评估,从而在整体上把握风险,确定风险管理活动的指向。如健康保险公司在遭受重大负面事件、发生声誉风险时,客户因为对公司的不信任而纷纷集中退保,引发流动性风险。

专栏 4.1

中国人民健康保险股份有限公司风险识别流程

总公司各部门和各分支机构根据风险管理原则和总体策略,在各自职责范围内,通过总公司各部门和各分支机构内部自查、调研、检查、监测与跟踪,对公司内外部风险进行识别,形成风险清单。

在对风险进行识别时,以相关监管法规为依据,结合保险业和公司自身特点,总体把握公司面临的内外部风险,同时借鉴其他监管部门的分析思路,对有关风险点进行识别。

公司根据近年风险评估的情况,经过汇总、整理后形成公司风险分类。公司除从整体上把握偿付能力风险和资产负债风险外,还对战略风险、保险风险、市场风险、信用风险、流动性风险、操作风险和声誉风险等各类风险进行具体分析和评估。

资料来源:中国人民健康保险股份有限公司:《中国人民健康保险股份有限公司内部控制手册》,2015 年发布。

二、风险识别技术

健康保险公司面临着不同类型和不同性质的风险,某一种独立的风险识别方法难以识别全部风险。保险、会计等不同领域的专业人士开发了多种风险识别技术,这些方法各有优势和不足。在风险识别过程中,风险管理人员应根据不同的管理阶段,选取合适的技术。

专栏 4.2

UNAC 公司的破产

在许多情况下,公司方案的实际结果与预期目标之间总会有一定的差异,往往是由于未充分考虑外部环境的影响或参数估计错误造成的。引起这些差异的原因主要是我们未能对来自外部的不确定性因素给予充分的认识,这些不确定的因素即为"风险"。识别风险将有助于问题的解决。以 UNAC 公司为例,说明风险识别和风险控制的重要性。

UNAC 是美国的一家小型保险公司,从 20 世纪 70 年代起开始推出一种失能收入保障保险,并选择飞行员这一类特殊的目标客户群。产品的主要特征如下:

(1) 采用了较为宽松的"失能"定义:当被保险人无法从事原来的工作时,即被认为"失能"。

(2) 费率保证,且公司必须无条件续保。

(3) 如果连续十年,保单的累积赔付金额不超过累积所交保费的 20% 时,公司将返还 80% 的保费(扣除赔付成本)。每隔十个保单年度确认保单的返还资格。若保单连续两年的累积赔付超过累积所交保费时,十年的累积期重新计算。

(4) 10 年之内失效或退保的保单没有退保金。

(5) 公司根据被保险人的收入、其他失能保障收入和公司的风险承受能力确定被保险人的最高赔付金额。

(6) 由于对健康险产品尚未实施严格的风险资本管理制度,责任准备金用两年完全调整法计算,第一个和第二个保单年年末的责任准备金可以为零。

由于目标客户的特殊性和诸多的优惠条款,产品在市场上很快热销,其中大部分投保人是加拿大航空公司的飞行员。公司收入的快速增长得到了资本市场的吹捧,公司股价随之飙升。然而好景不长,美国出现了经济停滞,失业率从 1963—1973 年的 4.5% 上升到 1974—1979 年的 6.7%。与此同时,人们的就业态度也发生了转变,那些自认为"怀才不遇"的人越来越多,他们宁愿失业也不愿意屈就一份不合适的职业,从而使销售失能收入保障的保险公司利润水平急剧下降。1977 年末,审计师认为 UNAC 公司准备金严重不足,并发生了巨额亏损。紧接着 UNAC 公司被州属保险监管机构实施监管措施。

从表面看,该示例表现为 UNAC 公司的破产,且破产的主要原因是经济和经营环境的变化。但实际上,UNAC 公司的风险选择和规模控制不当,也是破产的主要原因之一:公司的目标客户仅限于加拿大的飞行员,造成被保险人过于集中风险;公司规模小,却销售了大量的同类产品,面临业务集中风险;核保是公司承保业务中主要的风险控制环节,但 UNAC 公司的核保标准过于简单,仅仅强调财务核保,并未考虑其他因素;飞行员的工作压力很大,发病率高,实际赔付率难以估计。如果在最初的产品开发和随后的产品管理中能够进行有效的风险识别和管理,将会有助于防止 UNAC 公司走到最终破产的境地。

资料来源:中国精算师协会编:《精算管理》,中国财政经济出版社 2010 年版。

(一) 风险目录 (Risk Inventories)

风险目录（如果不区分风险和机会，也可称为事项目录）是一个特定行业内的公司所共通的或不同行业之间所共通的特定过程或活动的潜在风险事项清单[①]。这份目录上的项目是人们已经识别的、最基本的风险，对于不同公司识别具有共性的风险是普遍适用的，可以由公司内部人员编制，也可以来自外部。中国保监会颁布的《保险公司偿付能力监管规则（1—17号）》，列出了保险公司普遍面临的七大类风险：保险风险、市场风险、信用风险、操作风险、战略风险、声誉风险和操作风险，并列出了各大类风险中的具体风险。为满足监管要求（最低资本要求和风险综合评级类别），健康保险公司必须合理管控这七大类风险，前提即充分识别这些风险。运用风险目录识别风险的方法较为简单，大多数公司都可使用该方法，在一定程度上可以降低风险管理成本，避免遗漏重要风险。但是风险目录不能覆盖某一个公司所面临的特殊风险，这也是风险目录的固有缺陷。健康保险公司可根据公司的经营状况和发展阶段，调整、补充已有的风险目录，避免遗漏公司固有的重要风险。

(二) 访谈 (Interview)、内部分析 (Internal Analysis) 和推进式的研讨 (Facilitated Workshops)

访谈是通过一对一或二对一的方式，获得被访问者对过去风险和潜在风险的客观认识。如某健康保险公司的风险管理人员想进行集中关注业务单元目标的访谈，访谈员要事先了解被访问者工作职位和当前职责，并向其提供访谈背景材料。经过访谈，风险管理人员将识别到产品开发部门的目标是"提供满足人们多样化需求的产品"，影响该目标实现的风险因素包括专业人才的缺乏、落后的信息系统、不断变化的监管环境等，进而发现公司面临的保险风险、操作风险等。

内部分析是指公司内部人员利用自己的知识，识别某过程或活动的潜在风险。该方法是制定经营策略的一部分，多通过一个业务单元的员工会议完成。会议可以使用公司内部的数据，也可以利用来自其他利益相关者（如客户、其他业务单位）的信息，还可以使用外部专家的意见。如当健康保险公司准备推出一个新产品时，可充分利用自己的历史数据和外部市场调研信息，组织产品开发部门的所有员工，识别经营新产品时可能遇到的潜在风险。

当风险事项与公司的战略和业务单元有关时，需要把不同职能或不同层级的员工聚集在一起，利用经过设计的讨论，通过管理者、员工和其他利益相关者的知识和经验来识别具体风险，利用团队的集体知识设计一个风险清单。这就是推进式的研讨。在研讨之前，组织者需要识别不同参与者的风格，制定研讨的基本规则，并选择有经验的推进者来领导会议。研讨中，通过所有参与者反馈的信息，集体确定

[①] COSO 制定发布：《企业风险管理：整合框架》，王宏，方红星译，东北财经大学出版社 2005 年版。

驱动风险的内外部因素，识别潜在风险，并考虑不同风险之间的联系。访谈、内部分析和推进式研讨能够集合健康险公司各层级人员的智慧，充分认识风险的各个方面，打破常规思维，碰撞出尽可能多的火花，实施起来较为方便，是风险识别的常用方法。

（三）现场调查（Field Investigation）和问卷调查（Questionnaires）

现场调查指对于可能存在风险的各项活动，风险识别人员深入到其所涉及的各个职能部门、业务单位和分支机构现场，直接观察公司的各种设施和各项操作程序，进行风险判断和分析的风险识别方法。如健康保险公司要识别财务部门在财务管理过程中可能存在的风险：首先，风险管理人员在充分了解背景资料的基础上，设计现场调查清单，确定调查内容，以防在调查过程中遗漏重要事项；其次，调查人员到达财务部门，通过座谈、查阅相关文件档案、观察业务操作流程等，完成调查清单上的项目。该方法简单实用，可以获得风险识别的第一手资料，易于发现潜在风险，也能加强风险管理人员和各部门人员的沟通。但现场调查法的成功与否取决于调查人员的观察力、沟通能力和灵活性，在某些情况下需要花费大量的人力和物力，这对调查人员是一个巨大的挑战。

调查问卷在一定程度上可以看作是现场调查的替代，其成功的关键是合理编制调查问卷。在设计调查问卷时，要提出被调查者需要考虑的一系列问题，把他们的思维集中在影响风险形成的内外部因素上。风险管理人员可以对一个或少数几个人发放调查问卷，也可以向更广泛的人群发放，如在一个公司或业务部门内使用，或指向消费者等其他外部团体。该技术可以节省大量的人力物力，降低风险管理成本，但对问卷调查表的编制要求较高。

（四）流程分析法（Process Flow Analysis）

流程分析法将公司的各项经营活动过程按照其内在逻辑绘制成流程图，以更好地了解该过程的输入、任务、输出和职责之间的相互关系。该方法通过考虑一个过程输入的内外部因素，针对流程图中每一环节进行调查分析，识别可能影响目标实现的风险。如健康保险公司的理赔勘察过程流程图如图 4.2 所示，包括提起理赔调查、调查实施、调查复合、审批审定、查勘费报销等过程。通过流程分析，可以发现该过程存在案件调查不真实和不及时、调查不充分、调查报告不满足审核要求的风险。流程分析法强调健康保险公司中某项业务活动的流程，可以清楚显示流程的风险，有一定的优越性，但是不能识别公司面临的一切风险，并且准确性取决于风险管理部门识别风险的准确性，需要的时间成本、人力成本都较高，但仍是健康保险公司识别风险的常用方法。

（五）首要事项指标和扩大或底线触发器（Leading Event Indicators and Escalation or Threshold Triggers）

首要事项指首要风险指标，公司通过监控与风险相关的数据，来识别可能导致风

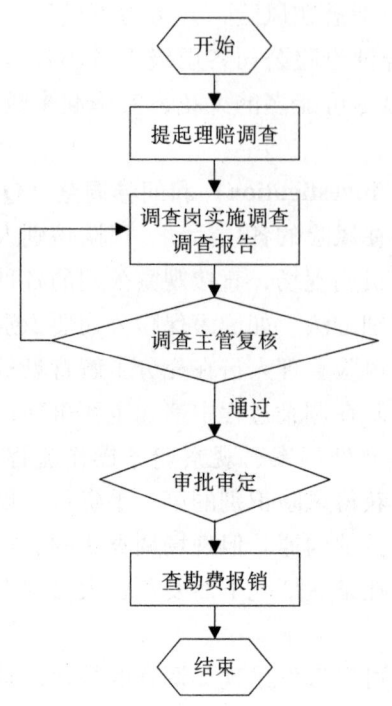

图 4.2　流程分析法

险发生的一个情形是否存在。如为识别公司的声誉风险，可以把对公司的负面新闻数当作首要指标，当公司的负面新闻较多时，公司可以及早进行干预。为了最大限度地发挥作用，首要风险指标必须能够及时供风险管理人员使用，可以是每日、每周、每月或实时的信息①。

扩大或底线触发器集中关注于日常经营，将现在的状况与预先设定的标准进行比较，提醒风险管理人员关注的领域。如果超过了一个预先设定的底线，即被触发，就需要在例外基础上进行报告，对风险进行进一步的评估或立即应对。公司常常在各业务单元或部门内设有扩大触发器，如关于公司的负面新闻数超过多少时，就会被触发。另外，扩大触发器需要确定在什么时间内通知风险管理人员，这取决于风险管理人员采取进一步措施所需要花费的时间长短②。

公司应根据整体风险情况，建立关键风险指标体系监控风险变化和开展风险管理③。

---

① COSO 制定发布：《企业风险管理——应用技术》，张宜霞译，东北财经大学出版社 2006 年版。
② COSO 制定发布：《企业风险管理——应用技术》，张宜霞译．东北财经大学出版社 2006 年版。
③ 中国保监会：《人身保险公司全面风险管理实施指引》。

> **专栏 4.3**
>
> **中国人民健康保险股份有限公司风险监测与预警**
>
> 总公司各职能部门和各分支机构按照各自职责，根据监管要求和风险管理需要，对包括分类监管指标在内的财务、业务、投资等重要风险指标实行动态监测，了解其最新变化。
>
> 公司构建一套包括总公司各部门和分支机构在内的风险预警指标体系。总公司各职能部门和各分支机构对风险预警指标体系进行实时监测并及时发布风险预警。
>
> 总公司各职能部门和各分支机构在实时监测过程中发现重大风险事项及时上报公司风险管理委员会，如风险事项属于特别紧急、重大的，不受汇报层级的限制。
>
> 资料来源：中国人民健康保险股份有限公司：《中国人民健康保险股份有限公司内部控制手册》，2015年发布。

（六）损失事项数据追踪（Loss Event Data Tracking）

通过监控关于某个损失风险的相关数据，可以帮助公司识别过去风险，并量化损失，以预测未来可能发生的风险。虽然数据库主要应用于风险评估（基于实际经验数据获得风险发生的可能性和影响），但它们能为基于事实的讨论提供依据，使过去的经验知识系统化和知识化，是充分识别风险趋势和根本原因的有用信息。损失事项数据追踪提供直观信息，是健康保险公司识别风险的重要方法。健康保险公司可根据过去的保费收入、赔付支出、费用成本，识别公司的保险风险；可通过分析过去现金流的变化，识别公司的信用风险；可分析过去利率、汇率及权益价格变化给公司带来的影响，识别公司的市场风险。损失事项数据不仅包括公司内部的历史数据，还包括第三方的外部数据。如健康保险公司如果将医院的数据和公司的客户数据相结合，就能更准确地评估疾病、残疾发生率等，充分识别保险风险。

（七）财务报表分析（Financial Statement Analysis）

财务报表分析是指通过资产负债表、利润表和现金流量表等财务信息的分析来识别风险。公司的各类活动最终都会涉及财产的变化，财产状况会反映在财务报表上。风险管理人员可以比较健康保险公司多期利润表和资产负债表的各个项目，发现指标变动方向和幅度，揭示公司经营状况；也可以根据财务报表的项目计算比率指标，作为识别风险的重要依据。如通过流动性比率、融资回购比率等识别流动性风险发生的可能性。财务报表分析可以准确、客观、可靠地提供信息，易于接受，但不能反映公司风险的全貌。

> **专栏 4.4**
>
> **风险辨认衡量原则**
>
> 1. Accurate and timely risk information reduces risk, in any of itself.
>
> 正确和及时之风险信息有助于降低风险。
>
> 2. Review financial statements to help identify and measure risks.
>
> 评估财务报表有助于辨认和衡量风险。
>
> 3. Use flow charts to identify sole source suppliers or other contingent business interruption exposures.
>
> 使用流程图分析有助于辨认一个供货商所引发之风险或其他连带营业中断风险。
>
> 4. To more fully identify and assess risks, you must visit the plants and relate to operations people.
>
> 如果要能更完整地辨认和评估风险,风险管理人员应亲身访问工厂和有关操作人员。
>
> 资料来源:风险和保险管理国际协会:《101 条风险管理准则》,1983 年发布。

三、影响健康保险公司风险的内外部因素

风险因素指可能导致健康保险公司保险金给付或管理成本增加的原因或条件。健康保险公司在经营过程中,可能由于各种内外部因素,如投资市场波动、法律法规变更、产品定价等的影响,使实际经营成果与预期发生偏差。识别影响风险形成的内外部因素是很有用的,确定了起主要作用的风险因素后,风险管理人员可以集中关注相关风险。

(一)外部因素

外部因素指在健康保险公司的经营环境中所发生的、不受其控制的变化或事件,且这些变化或事件将增加公司的风险,导致其经营成本增加。健康保险公司的外部经营环境发生改变,可能会给健康保险公司带来新的问题,如增加某类保险的需求,也可能会限制公司解决方案的选择范围,如原保险产品因不再符合法律要求而必须停止销售。风险管理人员必须了解这些外部风险因素,识别由此可能产生的风险。影响健康保险公司风险的外部因素主要来源于政策环境、经济环境、技术环境以及社会和文化环境。

1. 政策环境

政策环境指政府的政策、法规及行为的不确定性对健康保险公司所产生的影响。由于健康险的复杂性和专业性,商业健康保险的发展很大程度上取决于国家政策的支

持力度，政策的改变会对健康保险公司的经营产生决定性影响，因此，政策环境是尤为重要的风险因素。以下从政策法规和社会医疗保险两方面分析健康保险公司所面临的政策环境。

（1）政策法规滞后。2006年6月，中国保监会颁布了《健康保险管理办法》，标志着健康保险在专业化经营的道路上迈出了实质性一步，健康保险市场得到快速发展。党的十八大以来，国家出台了一大批支持健康保险发展的政策①。从《关于加快发展现代保险服务业的若干意见》（"新国十条"）到《关于加快发展商业健康保险的若干意见》，从《关于开展商业健康保险个人所得税政策试点工作的通知》到《个人税收优惠型健康保险业务管理暂行办法》，表明了政府对健康保险的极高重视和极大支持，为商业健康保险规划了发展方向，并为其注入了强大的发展动力。重大政策利好密集出台，商业健康保险正面临着历史性的发展机遇。

虽然健康保险行业的政策环境在不断改善，但对处于初级发展阶段的专业健康保险公司来说，我国的政策法规环境依然相对滞后。首先，对健康保险公司的税收优惠政策不足。税收优惠是商业健康保险的助推器，许多发达国家都对商业健康保险实行税收减免政策。虽然我国已经出台了支持健康保险的税收优惠政策，但力度不足：企业投保补充医疗保险的保费支出可以在工资总额5%的范围内税前列支；个人购买健康保险的保费支出实行税前列支的额度为每年2400元②；对保险公司开办的一年期以上的健康保险取得的保费收入免征营业税③。健康保险业务涉及多方面，无论是对供给方还是需求方，这种激励是远远不够的。其次，健康保险公司缺乏有效的监管机制。商业健康保险业务经营有一定的特殊性，更加复杂，对其的监管要求应更高。我国对专业健康保险公司实施监管的主体是中国保监会，根据基本的保险监管体系框架，依据现行法律、法规监督、管理经营保险业务的保险人和健康保险市场。目前还没有针对健康保险公司监管的专门规定，专业健康保险公司的成立依据是《中华人民共和国保险法》和《保险公司管理规定》。另外，健康保险公司的经营监管依据是《健康保险管理办法》，这是我国第一部规范健康险市场的部门规章。虽然《健康保险管理办法》针对健康保险的产品、销售、精算等都作了规定，但是在很多方面都还存在不足之处，如健康保险资金的运用，也没有形成科学的商业健康保险监管框架和思路。因此，构建符合我国国情的专业健康保险监管体系是十分必要的。

（2）与社会医疗保险的衔接存在问题。长期以来，商业健康保险都被看作是基本医疗保险的补充，新医改拓展了商业健康保险的发展空间。2009年公布的《国务院关于深化医药卫生体制改革意见》提出"加快建立和完善基本医疗保障为主体、其他多种形式的补充医疗保险和商业医疗保险为补充，覆盖城乡的多层次医疗保障体

---

① 刘美岑："加快发展健康险积极服务医疗保障体系"，《中国保险报》2016年5月4日。
② 王方琪："2015健康险：保费与赔付'双增'"，《中国保险报》2016年2月3日。
③ 财政部：《关于一年期以上返还性人身保险产品营业税免税政策的通知》（财税 [2015] 86号）。

系",改善了商业健康保险的业务环境和业务范围,为其发展提供了机会。2011年国务院通过的《〈医药卫生体制改革近期重点实施方案(2009—2011年)〉实施中期评估报告》和《"十二五"期间深化医药卫生体制改革规划(2012—2015)》等文件,肯定了商业健康保险在我国多层次医疗保障体系中起到的补充作用,为我国健康保险的发展提供了空间和契机。2014年发布的"新国十条"、《深化医药卫生体制改革2014年工作总结和2015年重点工作任务》及《关于全面实施城乡居民大病保险的意见》,都大力支持发展与基本医疗保险有机结合的商业健康保险,明确了政府与市场结合推动健康保险发展的方向。

　　社会医疗保险覆盖范围广,但保障水平不高,只是满足了人们的基本医疗需求。现实中,消费者的经济状况、个人偏好和健康水平等都存在差异,对医疗健康服务的需求是多样的,只有商业健康保险才能满足消费者的差异化需求。商业健康保险在各国的医疗保障体系中都占据着重要位置,必须协调好社会医疗保险和商业健康保险的发展。目前,我国商业健康保险在和社会医疗保险的衔接中还存在一些问题。

　　一是商业健康保险和社会医疗保险之间的边界模糊不清,两者的关系没有理顺。我国现行的社会医疗保险与商业健康保险在保险责任方面存在一定的重复,从经济学来说,两者其实互为替代品,但商业健康保险应成为社会医疗保险的补充,而非替代品。国家虽然已经出台了一系列政策明确商业健康保险在医疗保障体系中的地位,但保险公司参与社会基本医疗保障制度建设进程很缓慢。例如,作为政策性保险的大病医保,实际保费收入与预估的市场规模存在巨大差距。原因可以概括为两方面:一方面,大病医保采取平均保费的方式,保险公司不能采用差别费率的方式承保,其保费收入与保险责任并不匹配,存在着巨大的保险风险;另一方面,作为投保人的政府部门,凭借独特的地位和拥有资源的稀缺性,保费较低,并提出附加条件,增加保险公司的经营成本,严重挤压了健康保险公司的生存空间。健康保险公司在参与政府委托业务时,保费及补偿水平往往都是由地方政府决定的,难以实现盈利,这也是商业健康保险公司的营利性特点与社会医疗保险的公平性存在的冲突。

　　二是医疗保险改革的不确定性风险也阻碍了商业健康保险的发展。传统公费医疗制度正在消亡,新型医疗保障体系尚未完全建立,各部门之间出现利益博弈,医疗保险改革中存在着巨大的制度风险。另外,不同地区经济发展水平参差不齐,其医改方案的差异和不同步使得参与政府业务的商业健康保险公司必须因地制宜,开展适合当地情况的保险业务,这在一定程度上也加大了商业健康保险公司的经营难度和风险。

2. 经济环境

　　经济环境指健康保险公司赖以生存和发展的行业、市场运行状况,不仅包括健康险行业的发展情况,还包括与健康险紧密相关产业的经济状况,如医疗、保健行业。从一定角度来看,经济环境可以从政策环境中延伸出来,政策对经济环境有一定影响,但政府并不能控制经济环境。以下将从健康保险行业的专业化经营和医疗保健市场两方面来分析。

（1）健康保险行业专业化经营水平较低。近年来，虽然我国的商业健康保险呈现快速发展的趋势，但发展水平仍较低，存在着各种各样的问题。健康保险的服务链条较长，涉及领域广，需要较高的技术水平和服务能力，专业化经营是健康保险发展的必然趋势。虽然我国已有100多家保险公司开展商业健康保险业务，但却只有6家专业健康保险公司[①]。专业健康保险公司经保险监管部门批准设立，依法登记注册，专门经营健康保险业务。这类公司仍处于探索之中，缺乏专门的经营领域，没有形成成熟的经营模式，业务水平较低，持续亏损几乎成为常态，面临夹缝中求生存的困境。造成此种现象的原因主要有以下两个：

一是健康保险产品差异小，险种单一。由于缺乏大量的数据支持和专业的精算技术，健康保险公司产品开发往往不足，而保险合同条款的低复制成本也会产生"搭便车"效应，使保险产品趋同，难以满足人们的多样化需求。目前，除了政府经办业务外，我国的健康保险产品主要集中于医疗保险和疾病保险这两类，主要保障范围是重大疾病、住院医疗费用等，险种单一，在长期护理保险和收入保障保险业务上几乎空缺。然而，未来随着我国人口老龄化趋势的加重，人们对护理保险和失能收入保险的需求将会大大提高，如果专业健康保险公司能及时提供此类产品，就能掌握核心竞争力，在健康保险市场上脱颖而出。

二是行业竞争无序。根据现行法规，寿险公司、财险公司和专业健康险公司均可经营商业健康保险产品。这意味着专业健康保险公司成立之初，就要与资金雄厚、经营规模大和销售渠道比较成熟的寿险公司和财险公司竞争，经营压力较大，生存空间有限，无法体现自身的专业性优势，甚至出现恶性竞争的情况。如为了占有市场，部分公司不惜压低费率，亏本销售，盲目扩张，使得短期经营行为增多，影响市场稳定。不同公司之间的非理性竞争，不利于行业数据收集，不利于精算技术和产品研发，影响了健康保险行业的效率，不利于长期发展。

（2）医疗保健市场不规范。广义的医疗保健市场包括医疗保健品、医疗保健器械及医疗保健服务，企业及机构类型包括医院（公立医院和民营医院）、互联网医疗企业、药企等。目前，我国现行的医疗体制使保险公司在与公立医疗机构的合作中处于完全不对等的地位。健康保险公司与医疗卫生服务机构的谈判能力有限，很难建立起能够影响医院医疗行为和医药费用的深层次合作机制[②]。民营医院虽然与保险公司合作的意愿较强，但力量薄弱，占有率较低，而互联网医疗健康兴起不久，影响力较小。因此，医疗保健市场的健全与否很大程度上决定了健康保险的风险控制能力。医疗保健市场历来就是"风险聚焦的场所"，信息不对称性形成了医疗保健市场的委托

---

① 人保健康、平安健康、和谐健康、昆仑健康、太保安联健康和复兴联合，已获审批的瑞华健康尚未开业。

② 温杰："关于当前健康保险市场存在问题和健康保险发展机遇的浅析"，《中国经贸》2011年第12期。

代理关系：处于信息不对称弱势一方的被保险人，作为委托人将治疗的权力委托给处于信息优势地位的医疗机构。被保险人由于缺少专业知识，没有判断医疗费用合理性的能力，难以控制不合理的医疗费用支出；当掌握主动权的医疗服务机构以收入最大化为目标时，就会使病人对于医疗保健的需求引致需求[①]，产生"小病大医"的现象。医疗技术的进步和发展本身就使得医疗费用有所上涨，医疗服务提供者的逐利行为更使得费用大幅飙升，甚至有医生和病人合谋骗取保险理赔的现象。医疗保健市场的不规范行为，大大增加了商业健康保险的赔付成本，不利于健康保险产品的创新。

3. 技术环境

技术环境指与本行业有关的科学技术水平和发展趋势，互联网和大数据技术将对健康保险市场产生深刻影响。在"互联网+商业健康保险"的合作模式下，移动互联、可穿戴设备、便携式检测设备等的新发展，推动一系列新兴保险运作方式和产品的发展。如小米运动、乐动力与众安保险的"步步保"，将健康保险产品与可穿戴设备及运动大数据相结合，以被保险人的运动量作为定价依据，运动步数还可抵扣保费。可穿戴设备使得全方位监控人体生理指标和行为的模式得以实现，将推动对健康风险的事前预防和实时响应，使健康保险的精确定价成为可能，有望大大提高商业健康保险的风险控制能力和运行效率。而以互联网技术为基础的综合健康保险平台，实现了医疗资源的网络化和市场化配置。如"平安好医生"，线上打造自己的医生团队，改变服务模式，为保险客户提供优质医疗服务，线下整合实体医疗资源与线上对接，如医药公司和连锁药房，提供送药上门服务，打造优质客户体验。综合健康服务平台连接了保险人、被保险人和医疗机构，是健康资源高效整合和利用的平台，将大大提高健康保险公司在产业链中的地位，有利于健康保险市场的繁荣发展。

4. 社会和文化环境

社会和文化环境指健康保险公司所处的社会结构、生活方式、人口规模及价值观念等因素的形成和变动。社会文化环境是最复杂、最深刻的风险因素，影响人们的消费观念和购买行为，对公司的经营发展产生直接影响。以下将从人口、疾病谱和消费意识三方面来分析。

（1）人口老龄化。人口老龄化是我国社会医疗保险体系面临的严峻考验，加剧了社保体系可持续发展的压力，为商业健康保险的发展提供了空间。《国家人口发展规划（2016—2030年）》提到，"十二五"时期60岁及以上老年人口占比达到16.1%，并预计到2030年占比达到25%左右。随着人口老龄化的加快，健康保险需求将得到进一步激发。老年人患病情况一般更为严重，医疗费用更高，疾病负担较重。而人们寿命的延长使得老年期也延长，因疾病、伤残等原因失去生活能力的老年人，带病生

[①] 引致需求是指卫生保健提供者们拥有并且利用他们的信息优势去影响需求为己谋取利益。维克托·福克斯（健康经济学的奠基者之一）认为以医生的收入最大化目标所导致的病人对于医疗保健的需求引致需求，是造成医疗保健费用支出急剧上升的根本原因。

存甚至卧床不起，给家庭带来沉重经济负担。同时，我国的家庭人口数量正在减少，传统的"养儿防老"观念受到挑战，仅靠家庭承担老年人的疾病费用和护理责任，难度会越来越大，人们开始考虑将这种风险通过保险的方式转移，对健康保险的需求也逐渐提高。

（2）疾病谱发生变化。疾病谱指在整个疾病构成中，按照其危害程度（发病率或死亡率）所排列的顺序。当前，健康的主要威胁正在由传染病向慢性病转变。慢性病的成因与人们的生活方式和饮食习惯息息相关，如高血压、高血糖等。这类疾病的患病人数多，治疗时间较长，医疗费用也较高，人们通过购买商业健康保险以减轻医疗费用负担的意愿将不断增强。如果商业健康保险公司能够将健康保险与健康管理服务相结合，成功降低赔付成本，将会有更广阔的发展空间，这也是将来健康保险的转型之路。

（3）人们健康保险意识逐渐增强。自古以来，"安身立命"一直是人们的最终追求。"安身"即安顿身体，生活有着落，减少疾病，追求健康。随着我国经济水平的不断提高，人们的生活水平得到极大改善，这加速了人们对健康医疗保健服务的购买。社会医疗保险的改革激发了人们的保险意识；医疗费用的持续上升，使得人们对基本医疗保险以外的商业健康保险关注度上升，保障意识显著增强。商业健康保险公司应抓住时机，提供丰富多样的健康保险商品，满足多样化需求，从而扩大经营规模，加快发展。

（二）内部因素

除了经营环境中的风险因素外，健康保险公司内部也存在着可能导致公司保险金给付或管理成本增加的条件或原因，即内部因素。健康保险公司内部所做出的各种决策，每个都有可能产生风险。公司的经营现状不仅反映了管理者先前的决策，也是管理者未来做出选择的重要依据，从而影响公司所面临的风险。健康保险公司内部因素分析是全面识别风险的前提。目前，我国的商业健康保险公司没有完全掌握专业化的经营技术，科学管理能力欠缺，在技术、基础结构、人员和流程方面都存在一定的问题。

1. 技术因素

技术因素指健康保险公司人员用来设计、销售产品和服务的技术条件。健康风险的损失频率高，损失程度难以准确估计，影响因素复杂，逆选择和道德风险更为严重，这对保险技术提出了更高的要求。我国的健康保险行业发展程度较低，技术较为落后，导致公司成本较高，盈利能力较低。

（1）精算技术落后。健康保险精算是以应用数学和数理统计学为手段，对健康保险业务经营和健康保险计划管理活动的各个环节进行数量分析并解决相关实际问题的工具[①]。精算技术是保险产品开发的决定性因素，决定了保险公司的竞争优势。健

---

① 陈滔：《健康保险》，中国财政经济出版社 2011 年版。

康风险的原因复杂多变，既包括年龄增长造成人体机能自然衰退，也包括环境污染导致人们身体健康受损，还包括压力过大造成精神负担等，且越来越难以预测。与其他人身风险相比，健康风险的损失频率更高，损失程度很难准确估计。这使得健康保险的精算技术更加复杂。健康保险的费率精算技术不仅要考虑死亡率、费用率和利率，要考虑疾病、伤残发生率和医疗费用率等，还与被投保人所处的地域、生活习惯和医疗技术的发展等有关。健康保险精算属于非寿险精算范畴，不能像寿险那样依靠稳定的生命表完成定价，需要根据以往的经验数据和统计资料，结合专业的医学知识，充分考虑患病率和医疗费用的合理性来完成。目前，我国健康保险开办较晚，专业健康保险公司发展最久的也仅有十多年，健康保险精算技术发展水平较低，相关数据基础严重缺乏，专业人才稀缺，费率厘定缺乏科学性，无法体现其专业化的经营优势。

（2）核保核赔力量薄弱。核保核赔是健康保险公司控制风险的重要环节。与其他人身保险相比，健康保险在承保和理赔环节面临的道德风险和逆选择问题更为严重。包括疾病发生率高、医疗健康服务需求大的人更愿意投保商业健康保险，甚至存在带病投保的情况；被保险人因为没有过重的医疗费用负担，往往存在过度医疗的倾向，一人投保全家受益的现象也时有存在；医疗服务提供者的收益最大化行为也是理赔风险的驱动因素。因此，为降低逆选择和道德风险，商业健康保险的核保理赔要更为严格。目前，专业健康保险公司没有建立专门的核保手册，技术上存在局限，无法一一核定。理赔多沿用传统的审核给付制，没有与医疗服务机构形成利益共享、风险共担的合作机制，不能有效控制医疗费用的支出，影响商业健康保险的盈利能力。

2. 基础结构

基础结构主要指办公场所、信息化系统等基础设施。健康保险涉及面广，实时性强，业务更加复杂，社会影响更大。这决定了健康保险公司信息系统的复杂性和综合性。健康保险公司比寿险公司更依赖于强大及时的信息系统，数据的统计分析和核保理赔管理系统直接对健康保险产品的开发、风险的评估及信息沟通产生重要影响。但是，我国专业健康保险公司的信息系统建设还存在问题，信息系统不完善：信息系统的建设是一个庞大的工程，需要较高投入，造成了健康保险公司的成本压力；公司的信息系统涉及部门较为单一，没有和医院、社保机构和卫生行政部门建立有效联系，数据共享不足；各健康保险公司直接的信息系统独立性强，缺乏沟通。健康保险公司应不断完善信息系统的建设，整合各方信息，利用信息技术对数据加工处理，将其转化为核心竞争力。

3. 人员因素

专业人才匮乏。健康保险学是一个跨学科的专业，是保险学与医学的结合。专业健康保险公司不仅要提供丰富多样的健康保险产品，还要提供健康管理等服务，不仅需要精算、核保核赔、信息系统开发等人才，还需要医生、药剂师等专业人员。社会医疗保险的改革和专业健康保险公司的发展，使得对健康保险人才的需求越来越旺盛。但是，专业人才供给远远不足。一方面是现行高校的教育体制问题，高校多是培养单一学科的人才，且学历教育与专业技能之间存在差距；另一方面是我国专业健康保险公司发展处于探索期，其对人才的培养也处于初级阶段，缺乏一定的系统性和计划性，使人才匮乏的现象更为严重。

4. 流程因素

流程是公司运作的基础，公司的经营需要流程驱动。流程包括管理流程和业务流程。管理流程是指为了公司未来进行规划的流程，如战略制定、风险控制；业务流程是直接面向客户产生价值增值的流程。健康保险公司的业务流程水平主要由保险技术决定，前面已作分析，这里从盈利模式和风险管控机制两方面分析管理流程存在的风险因素。

（1）盈利模式模糊。商业健康保险与社会医疗保险共同为居民的医疗卫生费用提供保障，社会医疗保险的公平属性，使其存在着效率问题，而商业健康保险的核心竞争力就应是其专业化的经营技术和资源使用的高效率性。专业健康保险公司应通过专业化经营，使健康保险产品的定价、销售、核保和理赔等环节更加科学，更易被客户接受和信赖。目前健康保险公司盈利压力仍然非常大，"专业"二字徒有虚名，没有找到合适的盈利模式。盈利模式实质上是通过对公司经营要素进行价值识别和管理，探索公司利润来源和经营过程。大多数健康保险公司主要按寿险的思路来开发和经营产品，甚至有的健康保险公司更加推崇万能险，依靠万能险增加保费收入，占有市场，偏离了健康保险的主业。面对健康保险的高赔付率和高管理费用，如何找到新的出路，既能满足人们多样化的健康保险需求，又能实现可持续发展，是专业健康保险公司值得思考的问题。

（2）健康保险的风险管控机制存在缺陷。健康保险公司的风险管控注重过程管理，即"事前健康管理、事中诊疗监控、事后赔付核查"，但具体实施情况不尽如人意。更多情况下，风险管控机制还是传统的"买单式"：被保险人向保险人缴纳保费后，到医疗服务机构接受服务，付费后凭借医疗单据索赔，这一过程分离了保险服务和医疗服务，使之成为两个独立的过程。目前存在的问题有：事前的健康管理服务水平较低，形如虚设；与医疗机构的合作不畅，使事中的诊疗监控难以介入；人才匮乏和技术落后，导致事后的赔付核查难以避免道德风险。风险管控机制的低效率，使健康保险公司赔付率居高不下，盈利压力大，发展受到限制。

第二节 健康保险公司的风险评估技术

企业风险评估过程在风险识别之后、风险应对之前。风险评估的目的是评估各类风险及其企业整体风险的影响程度和损失大小，并着力集中在最重要的风险上，根据风险评估结果选取风险的应对方法，实施企业全面风险管理。

一、风险评估的定义及步骤

风险评估是指在风险识别的基础上，结合公司实际情况，运用定量或定性评估技术，分析风险发生的可能性和影响程度，并对公司的风险状况进行综合评价，同时分析风险的相对重要性。风险评估的结果为风险应对措施的选择提供依据，直接决定风险管理的效果。风险评估必须遵循相关步骤，保证评估结果的可靠性。风险评估的主要步骤可用图4.3来表示。

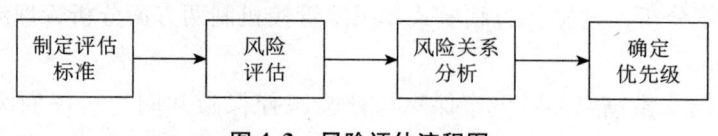

图 4.3　风险评估流程图

（一）制定评估标准

风险评估第一步是制定可以在不同业务单元使用的标准。一般情况下从两个维度来评估：一是估计风险发生的可能性，二是分析风险发生后产生的影响程度。可能性指公司不采取任何影响经营管理的措施时，给定风险将会发生的概率。可能性可以用定性描述表示，如几乎确定、很可能、可能、不太可能、罕见，也可以用百分比概率或频率表示。当使用百分比概率或频率这类定量测度表示可能性时，必须说明风险评估的时间长度。影响程度指当风险发生后，对公司声誉、财务、监管、客户和运营等造成的影响。不同风险造成的影响是不同的，某一风险可能对公司财务影响较大，其他风险可能对公司运营有更大影响。一般将风险影响程度分为五级：灾难性、较大、中等、较小、无关紧要。

风险管理人员既要考虑固有风险，也要考虑剩余风险。固有风险是管理层没有采取任何措施来改变风险的可能性或影响的情况下，一个主体所面临的风险；剩余风险是在管理层采取风险应对措施之后所残余的风险，反映的是风险管理人员在有效实施用来减轻固有风险的预定措施后，仍然存留的风险①。如果剩余风险仍然超过了公司的风险容忍限度，那么公司应重新选择应对风险的措施，使剩余风险在公司的可承受范围之内。

（二）运用评估技术进行风险评估

风险评估即运用定性和定量技术，确定各类风险的可能性和影响程度。《保险公司综合管理指引》规定："评估应当采用定性与定量相结合的方法。"在不要求定量的情况下，或者定量评估所需要的数据无法获得，或者数据不充分可靠，或者获取和分析数据成本过高时，风险管理人员通常采用定性评估的方法；当对精确度和严密性

---

① COSO制定发布：《企业风险管理——应用技术》，张宜霞译，东北财经大学出版社2006年版。

要求较高时，可采用定量评估技术。风险管理人员不需要对所有的业务单元使用同一种评估技术，而应根据其特征和对精确度的要求进行选择，且应保证所采用的技术应对公司的整体风险评估有帮助。如果要使用定性评估技术，风险管理人员可以使用与它们在识别风险时相同的技术。如果对在所有业务部门的某类风险评估时都采用了定量技术，那么就可以获得该风险在公司整体内的定量指标。如果既有定性评估指标也有定量评估指标，那么风险管理人员应开发一种跨越定性和定量指标的定性评估，并用相应的定性术语表示综合评估。

（三）分析风险之间的关系

风险评估是对公司所面临风险的综合性评估。风险是相互联系的，看似无关紧要的风险也有可能因为与其余风险的相互作用而被放大，造成严重损害。公司所面临的整体风险水平不是各类风险的简单加总，在风险评估的过程中，风险管理人员必须整体、系统地考虑各种风险因素的影响及其组合效应，发现各风险之间的自然对冲或放大作用，对可能引起损失的所有风险事件进行综合评价。

（四）确定风险优先级

在对各风险及其相互关系进行综合评估后，应把风险看作一个有机组合，以确定风险的相对重要性和轻重缓急。根据《中央企业全面风险管理指引》第二十四条："企业在评估多项风险时，应根据对风险发生可能性的高低和对目标的影响程度的评估，绘制风险坐标图，对各项风险进行比较，初步确定对各项风险的管理优先顺序和策略。"在分析哪些风险是重要的（可能性和/或影响程度较高），哪些风险是不重要的（可能性和/或风险程度较低）时，风险坐标图是最常用的工具。它把风险发生可能性和风险发生后的影响程度作为两个维度，绘制在同一个平面上（即绘制成直角坐标系），是多个风险的可能性和影响程度的图形表示方法。风险坐标图的优势是使风险管理人员能够对多个风险进行直观的比较，简单明了。

专栏 4.5

风险坐标图示例

某公司绘制了风险坐标图（见图专 4.1），并将该图划分为 A、B、C 三个区域，优先级依次增加。公司承担 A 区域（风险 1）中的各项风险且不再增加控制措施；严格控制 B 区域（风险 2、3、4、5、7、9）中的各项风险且专门补充制定各项控制措施；确保规避和转移 C 区域（风险 6 和风险 8）中的各项风险且优先安排实施各项防范措施。

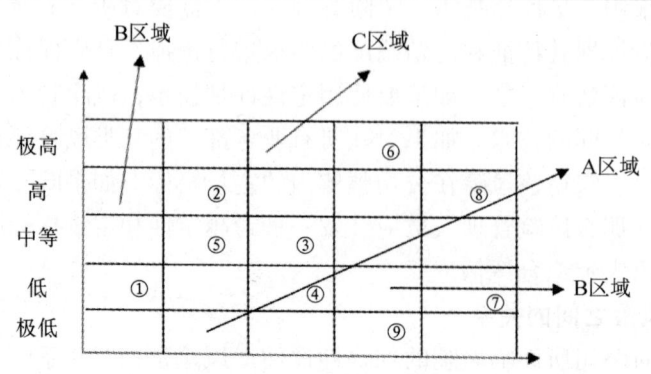

图专 4.1　风险坐标图

资料来源：国务院国有资产监督管理委员会：《中央企业全面风险管理指引》附录《风险管理常用技术方法简介》，2006年发布。

二、风险评估技术

风险评估技术多种多样，各有千秋。健康保险公司的风险管理人员必须全面掌握评估技术，遵循客观性和可操作性原则，根据各类风险特征灵活选择风险评估技术，既能使评价结果尽可能地反映客观存在的风险，又能避免不必要的繁琐，使其具有通用性。

（一）定性评估技术

定性评估技术需要凭借风险管理人员的经验或直觉，或根据惯例，对风险发生的可能性及影响程度做出定性描述。定性评估具有很强的主观性，评估质量主要取决于风险管理人员的背景知识和判断能力。定性评估技术包括很多种，如专家咨询、案例分析等，这里介绍两种：访谈和跨职能研讨会、调查。

1. 访谈和跨职能研讨会

风险评估可以通过一对一的访谈或推进式的研讨会进行。一般情况下，跨职能部门研讨会优于访谈，因为研讨会能够聚集多样化的观点，打破思维定式，提高对风险的认识和理解，有助于研究风险相互作用。比如，当考虑健康保险公司的操作风险时，来自信息技术部门、法律合规部门、客户服务部门、精算部、财务部、理赔部等不同部门的研讨会参与者，就风险因素、可能性、影响程度及与其他风险的关系发表不同的看法，使每个研讨会参与者都从中受益。对于高级管理人员或董事会成员，由于他们的时间限制，访谈可能更合适。

2. 调查

调查包括实地调查和问卷调查，对于组织结构复杂、地理位置分散的公司很有用。健康保险公司业务单元较多，职能各不相同，且在全国各地都设有分公司，经营现状也存在很大差异，适合采用调查方法。进一步的风险评估可以使用调查结果，并按照风险类别或业务单位分类，供公司各层级人员参考。调查也存在缺陷：首先，其响应率可能很低；其次，如果调查采用匿名方式，就很可能不能识别对方的信息差（即信息不对称性），不能完成信息交流；最后，如果受访者仅仅急于完成调查问题，或者对某问题有疑惑却没有机会询问，那么调查结果的质量和可靠性都较低；另外，调查不能像研讨会一样增强人们的风险意识和理解，不能帮助相关人员研究风险的相互作用。因此，调查不能作为深入分析关键风险的技术。

虽然与定量风险评估技术相比，定性评估的精确度较低，但仍在保险公司得到了广泛应用。定性风险评估操作简单，没有繁多的计算负担，评估结果直观易理解，对于发展年限短、数据积累不足的健康保险公司来说，是评估风险过程中不可或缺的技术。

（二）定量评估技术

定量评估技术需要风险管理人员更高程度的努力，有时会运用到数学模型。定量技术对获得的数据和做出的假设有很高的依赖性。只有公司内部经验数据和外部补充数据都充分有效时，才能得到具有可靠性的评估结果。

1. 设定基准

设定基准是一组主体之间的协作过程，专注于特定事项或流程，采用共通的标准比较计量指标和结果，并识别改进的机会[①]。健康保险公司可以使用设定基准技术从可能性和影响程度两方面来评价某一风险，从而寻找合理的应对措施以控制风险。基准数据包括三类：一是公司内部的基准，如把某健康保险公司某分公司的赔付率与另外一个分公司的赔付率进行比较，或把某一部门的结果与同一公司其他部门比较；二是竞争对手或行业基准，如把本公司的赔付率与其他健康保险公司或者整个健康保险行业的赔付率进行比较；三是同类最佳（best practice）基准，如把公司赔付率与其余所有健康保险公司的最低赔付率比较。通过了解基准数据，风险管理人员了解其他风险发生的可能性及影响程度，对该风险有一个正确的认识和把握。

设定基准的评估方法是一种经验分析，重点是基准数据的收集。健康保险公司在运用该技术时不需要付出很多精力和资源，只需要通过多种途径收集相关信息，找到公司当前状况与特定标准之间的差距，估计风险事件发生的可能性和影响程度。该方法虽然准确度较低，但其直观性和简便性的特征，可以在健康保险公司得到广泛应用。

2. 概率模型

根据风险行为分布的特定假设，概率模型技术将一系列风险及造成的后果与风险的可能性联系起来，在历史数据和对未来行为模拟结果的假设上，对风险发生的可能性和影响程度进行评估[②]。概率模型技术包括风险损失分布和"风险"模型，"风险"模型包括风险价值、风险现金流量和风险收益，三者具有一定的相似性。

[①][②] COSO 制定发布：《企业风险管理——整合框架》，王宏，方红星译，东北财经大学出版社 2005 年版。

（1）风险损失分布。在对风险发生频率和损失程度进行定量分析时，健康保险公司可运用概率统计分析技术，使用离散随机变量分布和连续随机变量分布，分别对损失次数（如伤病发生次数）/索赔次数和损失金额（如医疗费用）/索赔金额建立模型。这是精确度最高的风险评估技术，将风险评估的过程和结果都量化成数字或货币金额，对数据的数量和质量要求较高。由于发展局限，我国健康保险公司的定量风险评估技术尚不成熟，但可以预见，随着健康保险行业的快速发展和数据积累，风险的定量评估将会成为风险管理的关键部分。

首先，我们对于常用的损失分布进行简单介绍，帮助大家有一个基础的了解。需要注意的是，在使用该技术时，必须掌握更多的随机变量分布知识。

①泊松分布（Poisson Distribution）。当随机变量 X 取值为 0，1，2，…时，可选择泊松分布。参数为 λ 的泊松分布概率函数为：

$$p_x = \frac{e^{-\lambda}\lambda^x}{x!}, \quad x = 0, 1, 2, \cdots$$

泊松分布的均值和方差相等，都等于泊松分布的参数 λ，即：

$$E(X) = Var(X) = \lambda$$

泊松分布具有可加性，即如果随机变量 N_1 和 N_2 分别是参数为 λ_1 和 λ_2 的泊松随机变量，则 $(X_1 + X_2)$ 是参数为 $(\lambda_1 + \lambda_2)$ 的泊松随机变量。

②二项分布（Binomial Distribution）。二项分布的模型为：在 n 次独立的重复试验中，每次试验仅有两种结果，记为 S（成功）和 F（失败），每次试验中成功的概率为 p，且保持不变。令 X 为 n 次试验中成功的次数，则随机变量 X 的概率分布为：

$$p_x = C_n^x p^x (1-p)^{n-x}, x = 0,1,2,\cdots,n, 0 < p < 1$$

二项分布的均值和方差为：

$$E(X) = np$$
$$Vap(X) = np(1-p)$$

二项分布的方差小于均值。

当 n 很大而成功概率很小时，可令 $\lambda = np$，用泊松分布近似二项分布。

③负二项分布（Negative Binomial Distribution）。负二项分布模型为：仍然是只有两种结果的独立重复随机试验序列，每次成功的概率为 p，则第 k 次成功恰好出现在第 x+k 次试验的概率为：

$$p_x = C_{x+k-1}^{k-1} p^k (1-p)^x, x = 0,1,2\cdots$$

负二项分布的均值和方差为：

$$E(X) = \frac{kq}{p}$$

$$Var(X) = \frac{kq}{p^2}$$

负二项分布的方差大于均值，这是与泊松分布、二项分布的根本区别。对于一组数据，如果方差等于均值，可选取泊松分布拟合；如果方差小于均值，应选择二项分布，否则选择负二项分布拟合。

④指数分布（Exponential Distribution）。随机变量 x 服从指数分布，概率密度函数和分布函数分别为：

$$f(x) = \frac{1}{\theta}e^{-\frac{x}{\theta}}$$

$$F(x) = 1 - e^{-\frac{x}{\theta}}$$

其中，$x>0$，$\theta>0$，均值和方差分别为：

$$E(X) = \theta$$

$$Var(X) = \theta^2$$

指数分布具有无记忆性。如果用指数分布描述赔付额的分布，则免赔额不会影响每次索赔的期望赔付额，只会减少赔付次数。指数分布是 Gamma 分布和 Weibull 分布的特例，当 Gamma 分布和 Weibull 分布参数 $\alpha = 1$ 时，就得到了指数分布。

⑤伽马分布（Gamma Distribution）。随机变量 x 服从 Gamma 分布时，概率密度函数和分布函数分别为：

$$f(x) = \frac{(x/\theta)^\alpha e^{-x/\theta}}{x\Gamma(\alpha)}$$

$$F(x) = \Gamma(\alpha; x/\theta)$$

其中，$x>0$，$\alpha>0$，$\theta>0$，均值和方差分别为：

$$E(X) = \alpha\theta$$

$$Var(X) = \theta^2(\alpha+1)\alpha$$

α 称为形状参数，θ 为尺度参数，当 θ 不变，改变 α 会改变 Gamma 密度函数的形状。α 趋于无穷大时，Gamma 分布近似于正态分布，$\alpha = 1$ 时，Gamma 分布就是指数分布。另外，当尺度参数 θ 相同时，Gamma 分布具有可加性，即如果 X_1 服从参数为 $X_1(\alpha_1, \theta)$ 的 Gamma 分布，X_2 服从参数为 (α_2, θ) 的 Gamma 分布，则 $(X_1 + X_2)$ 服从参数为 $(\alpha_1 + \alpha_2, \theta)$ 的 Gamma 分布。

⑥帕累托分布（Pareto Distribution）。服从 Pareto 分布的随机变量 x，其概率密度函数和分布函数为：

$$f(x) = \frac{\alpha\theta^\alpha}{(x+\theta)^{\alpha+1}}$$

$$F(x) = 1 - \left(\frac{\theta}{x+\theta}\right)^\alpha$$

其中 $\alpha>0$，$\theta>0$。

Pareto 分布总是右偏的，且众数恒为 0。

⑦对数正态分布（Lognormal Distribution）。如果随机变量 x 的对数函数 $Y = \ln X \sim N(\mu, \sigma^2)$，则称 X 服从对数正态分布，概率密度函数和分布函数分别为：

$$f(x) = \frac{1}{x\sigma\sqrt{2\pi}} e^{-\frac{1}{2}\left(\frac{\ln x - \mu}{\sigma}\right)}$$

$$F(x) = \phi\left(\frac{\ln x - \mu}{\sigma}\right)$$

其中，$x>0$，$\sigma>0$。

对数正态分布总是右偏的。正态分布经指数变换后即为对数正态分布；对数正态分布经对数变化后为正态分布。

⑧威布尔分布（Weibull Distribution）。服从 Weibull（θ, τ）分布的随机变量 x，其概率密度函数和分布函数分别为：

$$f(x) = \frac{\tau}{\theta^\tau} x^{\tau-1} e^{-\left(\frac{x}{\theta}\right)^\tau}$$

$$F(x) = 1 - e^{-\left(\frac{x}{\theta}\right)^\tau}$$

其中，$\tau>0$，$\theta>0$。

$\tau=1$ 时，就得到了指数分布。在 $\tau=3.6$ 附近，Weibull 分布呈现大致对称的分布，小于此值时，呈现右偏形状，反之呈现左偏。

对数据收集整理后，需要选择合适的分布进行拟合。获得损失分布的方法有三种：经典统计推断方法、贝叶斯统计方法和随机模拟。下面将依次简要介绍三种方法。

①经典统计推断方法。经典统计推断方法指在数据充分有效的情况下，基于总体信息和样本信息来确定损失的概率分布，并估计未知参数。该方法把数据样本看作是来自具有特定概率分布的总体，总体分布虽然未知但是确定的，从数据样本推断总体的特征。具体步骤包括：绘制频率直方图、确定分布类型、估计分布参数、拟合分布并进行检验。首先，风险管理人员将数据样本按照一定的标准分组后，绘制成频率直方图，并绘制概率折线，即得到密度函数的近似形式。风险管理人员可以从中获得损失分布的大体轮廓的直观感受，再结合各类变量分布的特征和性质，如偏态等，从理论上确定数据样本可能属于的分布族。其次，通过矩估计、极大似然估计等方法估计分布参数，这里不再详细展开。最后，风险管理人员可利用卡方检验等方法检查分布的拟合程度。

经典统计推断方法逻辑严谨，使用广泛，但也有一定的不足：该方法要求数据样本必须有代表性，能够代表整体特征，并且对样本个体之间的独立性也有要求，有时样本很难满足要求；另外，在获得分布的过程中，风险管理人员应有充足的知识和经验，正确推断数据所属的分布类型，否则，就有可能误差过大，造成严重后果。

②贝叶斯统计方法（Bayesian Statistics）。当样本数据中没有包含足够的信息，不能采用经典统计推断方法时，就需要加入人的主观判断，这就是贝叶斯方法。贝叶斯方法中人的主观判断被称为先验信息，是在抽样之前关于所要研究问题的信息，一般

来源于个人经验或历史资料的总结。先验信息是现实活动中的有用信息,经典统计方法并没有考虑,贝叶斯方法充分利用先验信息,进行统计推断,在经济管理等领域获得了极大成功。

设连续随机变量 X 的分布函数为 $F(x,\theta)$,概率密度函数为 $f(x,\theta)$,贝叶斯统计方法的具体步骤为:

a. 选择参数 θ 的先验分布:贝叶斯统计方法与经典统计推断方法的一个重要区别就是,贝叶斯方法将参数 θ 看作是随机变量。在得到数据样本前,可以肯定,任一风险管理人员都可以凭借自身的知识和经验形成对于参数的认识,即先验分布,用 $\pi(\theta)$ 表示。

b. 得到似然函数(Likelihood Function):模型分布是当参数为特定值时样本数据的概率分布,其概率密度函数为:$f_{x|\theta}(x|\theta)$,x 为向量形式,包括所有样本。设随机变量 X 的样本数据为:$x_1, x_2, \cdots, x_n$,则:

$$f_{x|\theta}(x|\theta) = f_{x|\theta}(x_1|\theta) \cdot f_{x|\theta}(x_2|\theta) \cdots f_{x|\theta}(x_n|\theta) = L(x_1, x_2, \cdots, \theta)$$

这与似然函数形式相同,经常采用似然函数的形式。

c. 确定参数 θ 的后验分布:后验分布是对于给定样本数据的参数 θ 的条件概率分布,说明随着样本观测值的变化参数 θ 的变化情况,记为 $\pi_{x|\theta}(x|\theta)$。由贝叶斯公式,参数 θ 的后验分布计算公式为:

$$\pi_{x|\theta}(x|\theta) = \frac{f_{x|\theta}(x|\theta)\pi(\theta)}{\int f_{x|\theta}(x|\theta)\pi(\theta)d\theta}$$

预测分布是给定样本观测值 x 时一个新的观测值 y 的条件概率分布,即根据数据的信息和先验观点,下一个观测的分布情况。计算公式如下:

$$f_{y|x}(y|x) = \int f_{y|\theta}(y|\theta)\pi_{\theta|x}(\theta|x)d\theta$$

d. 选择损失函数,得到参数估计值:前面的步骤仅仅得到了后验分布,还需要给出某个误差范围内的具体参数估计值。参数 θ 是一个随机变量,可以通过估计值与真实值之间的差距的严重程度评价估计结果,这需要依靠损失函数来完成。损失函数 $L(\hat{\theta}, \theta)$ 指采用估计量 $\hat{\theta}$ 作为 θ 的真值所产生的损失量。损失函数有三种类型:平方差损失,即 $L(\hat{\theta}, \theta) = (\hat{\theta} - \theta)^2$;绝对损失,即 $L(\hat{\theta}, \theta) = |\hat{\theta} - \theta|$;0-1 损失,即当 $\hat{\theta} = \theta$ 时,$L(\hat{\theta}, \theta) = 0$,其他情况等于1。

贝叶斯估计应使得期望损失最小。根据所选择的损失函数的不同,贝叶斯估计结果也不同:当损失函数为平方误差损失时,贝叶斯估计是后验分布的均值;当损失函数为绝对损失时,贝叶斯估计是后验分布的中位数;当损失函数为 0-1 损失时,贝叶斯估计是众数。

③随机模拟(Stochastic Simulation)。随机模拟应用计算机程序,利用随机数对实

际过程进行模拟，在模拟结果的基础上评估风险发生的可能性、造成的损失等变量在未来变化的概率分布。对于一个目的是给出随机变量 S 分布的随机模拟，整个过程包括如下 4 个步骤：

a. 为随机变量 X 建立适当的模型。模型依赖于 Y、Z、W 等随机变量，这些随机变量的分布及其之间的关系是已知的。

b. 对 $j=1, 2, \cdots, n$，生成伪随机数 x_j，y_j，w_j，并计算出相对应的 x_j。

c. 根据伪随机样本 $x_1, x_2, \cdots, x_n$，得到经验分布函数 $F_n(x)$，用 $F_n(x)$ 近似随机变量 N 的累积分布函数。

d. 用累积分布函数 $F_n(x)$ 计算其他特征，如均值、方差和分位数等。

这里需要注意第二步中生成的伪随机数。对于一个真实的随机变量 X，如某重大疾病保险的赔付记录，累积分布函数为已知的，如 Pareto 分布：$F_x(x) = 1 - \left(\dfrac{\theta}{x+\theta}\right)^\alpha$，其中参数 α 和 θ 已知。服从同一 Pareto 分布的随机变量 X^*，来自其他过程，则对于两个样本：$x_1, x_2, \cdots, x_n$ 和 $x_1^*, x_2^*, \cdots, x_n^*$，无法区分哪一个是随机变量 X^* 的样本数据，哪一个是随机变量 X^* 的数据。这意味着可以通过收集 X^* 的样本数据进行分析，而不一定要观测重疾险的索赔记录。但是直接生成 Pareto 分布的随机样本数据仍然很难，但可以用数据 $x_1^{**}, x_2^{**}, \cdots, x_n^{**}$ 代替随机变量 X^* 的样本数据，只要这个数据是通过与 X^* 有关的过程得到的。实际操作中，只需生成（0，1）区间均匀分布的随机数，当 U 服从（0，1）区间的均匀分布时，根据 $X = F_X^{-1}(U)$，可得伪随机样本，从而得到经验分布模型。如对于 Pareto 分布，得到了（0，1）区间的伪随机数 $u_1, u_2, \cdots, u_n$ 后，根据 $x = \theta\left[(1-u)^{-1/\alpha} - 1\right]$，可得伪 Pareto 的随机数 $x_1, x_2, \cdots, x_n$。

（2）风险价值（VaR）。根据《保险公司偿付能力监管规则第 2 号：最低资本》第九条：保险风险、市场风险和信用风险等量化风险的最低资本计量采用在险价值（Value at Risk，VaR）法。在险价值也称作风险价值，是重要的风险度量标准，指在对某一项目或某一组项目价值变化的分布做出假设的基础上，在特定的一段时间内和给定的置信水平下，预计它潜在的最大损失金额。VaR 模型是 J. P. Morgan 公司在 1993 年提出的，该方法把预期未来损失的大小与该损失的可能性结合起来，是一种重要的风险评估技术。其数学表达式为：

$$Pr(L \leqslant VaR) = c$$
$$Pr(L > VaR) = 1 - c$$

L 表示某项目在特定时期内的损失，c 为置信度，VaR 为置信度 c 下的风险价值，即对于该项目或项目组合来说，可以在 c 的可能性下保证其最大预期损失 L 不超过 VaR。比如某保险公司的市场风险一天的 95% VaR 为 2 000 万元，也就是说，因利率、汇率等市场风险而每天发生超过 2 000 万元损失的概率不超过 5%，即该公司有

95%的把握保证其日损失不大于 2 000 万元。

持有期和置信水平是 VaR 的两个重要参数。持有期是 VaR 的时间范围，是风险的时间区间。一般来说，持有期越长，风险越大，VaR 也越大。置信水平说明了估计结果的可信程度，反映了主体的风险偏好。如果置信水平过低，最大预期损失超过 VaR 的概率过高，失去了 VaR 的意义；如果置信水平过高，实际损失超过 VaR 的可能性很小，但过于保守，会影响风险经营效益。这两个参数都可根据公司实际情况和评估目的进行调整。

用 VaR 评估风险有一定的优越性。风险价值评估技术将公司面临的风险概括为一个数字：最大预期损失，这使得我们可以比较主体面临的风险或同一主体面临的不同风险。风险价值 VaR 直观地描述了风险的评估结果，简单明了，易于理解。但是，VaR 本质上是给定置信水平的分位数，但没有描述分位数下部的损失，即左尾分布，也没有给出最坏情形下的损失。这使风险管理人员可能忽略发生可能性小但损失极其严重的风险，甚至给公司造成毁灭性的打击。

VaR 的计算方法包括如下三种：方差－协方差法（Variance – Covariance Method）、历史模拟法（Historical Simulation Method）和蒙特卡洛模拟法（Monte Carlo Simulation）。

方差－协方差法假设风险的收益服从特定分布，根据历史数据求出风险收益的方差或协方差，并估计该分布的参数值，进而确定 VaR 值的方法。一般情况下假设风险收益服从正态分布。对风险收益的分布假设大大简化了 VaR 的计算，但实际收益可能存在的"厚尾"等情况，降低了该方法的准确性。

历史模拟法直接利用历史数据的频率分布计算 VaR，没有任何对风险收益分布的假设，只需将一段时间的风险收益从小到大排序，绘制成收益频率分布的直方图。如果置信水平为95%，只需取第5%的分位数的值即可。历史模拟法根据真实历史数据进行分析，无须构建数学模型，没有模型选择和参数估计的风险，简单易懂。但该方法假定了风险收益未来变化完全与历史变化相同，未来预期最大损失不会比历史数据中的最大损失还大，这与实际是不符的。而且历史模拟法的评价结果对历史数据的时间区间、数据质量较为敏感，数据较少的新兴市场难以采取这种方法。

蒙特卡洛模拟法通过分析历史数据确定合适的分布和相应参数，用随机模拟的方法生成大量数据，再根据这些数据确定某一置信水平下的 VaR。蒙特卡洛模拟不需要大量的历史数据，但计算量很大，因为只有模拟次数足够多时，模拟分布才趋近于真实分布。

风险现金流量和风险收益与风险价值概念类似。风险现金流量是在给定的时间区间和置信水平下，相对于某一主体的目标现金流量，估计预期现金流量的变化。风险收益是在给定的时间区间和置信水平下，估计某一主体的会计收益变化，其计算方法与风险价值相同，不再重复。

> **专栏 4.6**
>
> **中国人民健康保险股份有限公司风险评价流程描述**
>
> 总公司各部门和各分支机构在风险分析的基础上，对公司发展战略和经营目标可能产生的正负面影响以及各种影响发生的可能性等进行评价，根据风险的影响程度和发生的可能性，确定风险程度和级别。
>
> 在对风险进行评价时，公司主要采取定性或定量的方法，定量方法如 VaR、现金流分析、压力测试等，定性方法主要包括风险调研、专题讨论、案例分析等。
>
> 目前，公司主要通过风险管理委员会会议、专业部门的审核与评估等方式对风险进行评价。总公司各部门和各分支机构每季度报送季度风险评估报告和风险监测指标数据，每年报送年度风险评估报告和风险监测指标数据。
>
> 资料来源：中国人民健康保险股份有限公司：《中国人民健康保险股份有限公司内部控制手册》，2015 年发布。

3. 非概率模型（Non – Probabilistic Model）

非概率模型是指利用历史或模拟数据及对未来的假设，量化潜在风险的影响，但没有评估风险发生的可能性。因此，非概率模型往往需要风险管理人员另外确定风险发生的可能性。非概率模型包括敏感性分析、情景分析和压力测试[①]。

（1）敏感性分析。敏感性分析指在保持其他风险因素不变的情况下，分析单个风险要素（如利率、退保率等）的变化对健康保险公司风险暴露、经济价值等的影响。敏感度分析类似于求偏导，只测量一个参数或变量的变动对目标变量的影响。如在为医疗保险产品定价时，通过敏感度分析确定是疾病发生率还是费用率对利润的影响更大，影响更大的参数就是产品的主要风险。

（2）情景分析。情景分析评估一个或多个风险对公司目标的影响[②]。该方法考虑定义一个或多个风险情景，并详细说明每个风险情景中决定风险影响程度的各种因素，并考虑其相关性，估计对目标的影响程度。情景可以是历史情景，即过去发生的重大事件，也可以是假设情景，指可能发生但尚未发生的重大事件。如健康保险公司想要知道大规模流行病将会对公司造成什么影响，在进行情景分析时必须考虑流行病导致死亡、住院及住院费用等统计因素，还要考虑其对金融市场、政府宏观政策的影响等，从而确定影响风险的因素，并获取所需的数据信息，分析风险所造成的后果。

（3）压力测试。压力测试评估具有极端情景的风险影响。极端情景指非正常情况下，发生概率很小、但一旦发生后果十分严重的风险。情景分析关注正常范围内的

[①②] COSO 制定发布：《企业风险管理：整合框架》，王宏，方红星译，东北财经大学出版社 2005 年版。

变化,而压力测试集中于突发的小概率事件①。压力测试往往用作概率度量方法的补充,分析概率技术可能忽略的低可能性、高严重程度的风险后果。如与风险价值结合在一起,评估健康保险公司面临的极端市场风险,以避免对公司产生重大影响的意外和损失。

与概率模型相比,非概率技术对数据要求较低,操作更加简便,在保险公司风险评估中应用更为广泛。健康保险公司在风险评估过程中,非概率技术发挥着重要作用(甚至是主要作用),为风险管理人员提供对某类风险的丰富见解。

> **专栏4.7**
>
> **保险公司自我风险与偿付能力评估**
>
> 自我风险与偿付能力评估(Own Risk Solvency Assessment,ORSA)是指(再)保险公司的一整套对已面对或即将面对的短期和长期风险进行识别、评估、监控、管理和报告的程序,以确定必要的资本水平来保证公司足够的整体偿付能力和资本充裕水平。ORSA旨在将公司面临的重大风险与所需要的内部资本要求进行关联和整合,是以风险和偿付能力动态自我评估为核心的过程,其核心理念是将风险、资本和价值进行平衡统一的管理,并充分体现在公司的业务战略、决策制定、机械考核和利益相关方沟通等方面。
>
> 风险的识别和评估是资本管理的基础,同时也是对公司面临风险类型和风险大小的梳理。一般而言,风险识别和评估包含两个角度:内在风险水平和公司针对该风险的管理水平。内在风险水平即为公司所面临的风险敞口大小,一般以量化指标的形式体现,包括以偿付能力资本要求的形式(如针对市场、信用、保险风险的VaR),也包括如关键风险指标的形式(如针对流动性、战略、声誉和操作风险);风险管理水平包括公司对该风险的管理政策制度、流程的完善性、相关计量、压力测试工作的开展情况等。内在风险水平与管理水平相结合,才能合理评估该风险对公司的重要性。
>
> 资料来源:普华永道会计师事务所:《全面风险管理如何给企业创造价值》,2015年发布。

---

① 《中央企业全面风险管理指引》附录:《风险管理常用技术方法简介》。

第三节　健康保险公司风险分析与评估技术应用

企业风险管理的一个明显的作用和优势是，将识别出的潜在风险归入不同类别，并通过在公司范围内横向地和在业务单元内纵向地将风险汇总，更好地对其进行评估和分析。保险公司风险的分类有不同的方法。如国际精算师协会（International Actuarial Association, IAA）在"保险人偿付能力全球评估框架"中把保险分为承保风险、信用风险、市场风险、操作风险和流动性风险；美国保险监管机构（National Association Of Insurance Commissioners, NAIC）把保险分为资产风险、保险风险、利率风险、业务风险四种。"中国风险导向的偿付能力体系"（China Risk Oriented Solvency System, C‐ROSS）的《保险公司偿付能力监管规则》规定："保险公司的固有风险由可量化为最低资本的风险（简称'量化风险'）和难以量化为最低资本的风险（简称'难以量化风险'）组成。量化风险包括保险风险、市场风险和信用风险，难以量化风险包括操作风险、战略风险、声誉风险和流动性风险。"根据"偿二代"中的风险分级模型，可以把健康保险公司风险分为保险风险、市场风险、信用风险、操作风险、战略风险、声誉风险和流动性风险，并运用风险识别和评估技术依次分析。

一、保险风险评估技术

从健康保险公司自身风险管理角度说，无论是短期健康保险业务还是长期健康保险业务，其表现形式都是由于对疾病率、赔付率、费用率、退保率等判断不正确，导致收入和费用发生不利变动给公司造成损失，影响保险风险的因素、风险评估技术都是类似的。

（一）保险风险内涵和影响因素

《保险公司偿付能力监管规则第4—5号》规定："短期健康险的保险风险是指由于赔付水平、费用水平等的实际经验与预期发生不利偏离，导致保险公司遭受非预期损失的风险，包括保费风险和准备金风险。长期健康险的保险风险是指由于损失发生、费用及退保相关假设的实际经验与预期发生不利偏离，导致保险公司遭受非预期损失的风险，包括损失发生风险、费用风险和退保风险。""偿二代"是从监管角度分别定义短期健康险的保险风险和长期健康险的保险风险，以计算最低资本。

影响保险风险发生的因素包括：产品价格决策、销售渠道管理、竞争者的产品策略、对市场形式和潜在客户的判断、新产品的开发等。首先，疾病是健康保险的主要承保风险，本身就是多种因素复杂作用的结果，健康保险公司往往缺乏大量的疾病发生率等医学数据，定价上有一定的盲目性，而治疗过程的多变性，使得医疗费用更难确定，极有可能在决定产品价格时发生较大偏差。其次，我国商业健康险的营销大多是代理人制度，代理人往往只注重销售保单，而忽视业务质量和后续服务，既容易产生道德风险，出现带病投保、隐瞒既往病史等情况，又难以满足客户需求，退保率较高，增加公司的费用成本。另外，不同健康保险公司之间的产品同质化严重，差异只体现在疾病种类和保额上，往往只通过降价争夺市场，有可能使所收保费不能弥补保险风险，造成恶性竞争。最后，对健康保险市场需求的判断及对应产品的开发，也会影响保险公司的客户需求。我国社会医疗保险制度保障有限，对特色治疗项目、诊疗设备等往往不予保障，健康保险产品的开发可从扩大保障范围和提高保障程度入手，针对高端人群对高效、高质医疗服务的需求，设计产品，补充高端市场。

（二）保险风险评估

保险风险的评估可以运用定性评估技术，如召开研讨会，组织产品开发部、销售部、市场部等部门的相关人员进行讨论；也可以使用概率模型，如健康保险公司可根据公司历史赔付数据或外部医疗数据，选择合适的风险损失分布模型和拟合方法，获得索赔次数和索赔金额（或发病率和医疗费用）的分布，并在一定的置信水平下计算相应的在险价值；还可以使用非概率模型补充分析，如使用敏感性分析测算当医疗健康成本上升10%时现金流的变化。

二、市场风险评估技术

健康保险公司的市场风险可以分为两类：一类是利率变动对资产、负债造成不利影响的风险，即因利率的变动使保险公司认可资产的认可价值减少，或使保险公司需要更高的成本支付承诺给投保人的资金；另一类是由于权益价格、房地产价格、汇率变动等使公司的自有资本金投资遭到损失。

（一）市场风险内涵和影响因素

《保险公司偿付能力监管规则第7号》规定："市场风险，是指由于利率、权益价格、房地产价格、汇率等不利变动，导致保险公司遭受非预期损失的风险。保险公司的市场风险包括利率风险、权益价格风险、房地产价格风险、境外资产价格风险和汇率风险。"

健康保险公司市场风险的影响因素包括宏观经济形势、权益和房地产价格的变动以及投资策略。宏观经济形势影响宏观经济政策，影响利率或汇率的变化。当利率上调或下调时，不仅对健康保险中的长期险种产生影响，还会对销售万能险的健康保险公司产生影响，也会作用于健康保险基金的投资环节，影响健康保险公司的投资收益，导致公司资产与负债价值的变化。另外，我国已有保险公司在海外通过存款、股票等进行投资的行为，这不仅受到利率、权益价格变化的影响，还受到汇率变化的影响。而我国的股票等权益市场相对欠发达，政策改变、宏观经济、利率和汇率都可能在权益市场掀起轩然大波，导致价格有很大幅度波动，保险公司的投资存在较高风险，而且这类风险属于系统性风险，投资者只能承受，除非不参与。保险公司不动产投资，规模虽然不大，但增长速度较快，其中顺周期风险值得关注，如果不动产价格下降，将会降低偿付能力水平。健康保险公司进行投资的最主要目的是获取长期而稳定的收益，因此，在决定投资策略时，必须以满足偿付能力要求为前提，综合考虑各个渠道的风险。

（二）市场风险度量

前面提到的风险评估技术都可用来分析市场风险，其中风险价值（VaR）是评估保险公司所面临市场风险的常用技术。此外，无论是利率风险、权益风险还是汇率风险，健康保险公司在进行市场风险管理时，都应充分考虑资产和负债的特征，加强对资产负债的管理能力。我们将简要介绍几种资产负债管理工具，以帮助健康保险公司更准确地评估利率风险和衍生品风险。

1. 利率风险度量

（1）久期分析（Duration Analysis）。久期是现金流的现值函数的一阶导数或斜率，度量了资产或负债现金流组的价格对利率变化的敏感性[①]。有固定现金流的资产现值函数表示为：

$$P = \sum_{t=1}^{T} CF_t \left(1 + \frac{r}{m}\right)^{-mt}$$

P 为资产价格（现值），r 为名义利率（一年计息 m 次），CF_t 为第 t 年的现金流（一共 T 期）。利用泰勒展开对该式进行一阶展开：

$$P(r + \Delta R) \approx P(r) + (\Delta r) P'(r)$$

通过变形可得：

$$\Delta P\% \approx (\Delta r) \frac{P'(r)}{P(r)}$$

久期分析主要包括修正久期、Macaulay 久期和有效久期。

①修正久期。修正久期是由现值函数（即价格）的一阶导数除以现值函数得到的，公式如下：

$$ModD = -\frac{P'(r)}{P(r)}$$

所以可得：

$$\Delta P\% \approx -(\Delta r) ModD$$

可以看出，利率导致的价格变动率等于负的利率变动乘以修正久期。

②Macaulay 久期。Macaulay 久期是修正久期在连续复利时的特例，公式如下：

$$MacD = -\frac{P'(\delta)}{P(\delta)} = -\left(\frac{dP}{d\delta}\right)\frac{1}{P}$$

---

① 吴岚：《资产负债管理》，中国财政经济出版社 2011 年版。

δ 是瞬间联系利息力①:

$$e^{\delta} = \left(1 + \frac{r}{m}\right)^m$$

有固定现金流入的资产价格为:

$$P = \sum_{t=1}^{T} CF_t e^{-\delta t}$$

可得:

$$MacD = \frac{\sum_{t=1}^{T} t CF_t e^{-\delta t}}{\sum_{t=1}^{T} t^2 CF_t e^{-\delta t}}$$

可以看出,Macaulay 久期是现金流发生时间的加权平均,权重为每期现金流入与资产价格的比重。

③有效久期。当各期现金流入取决于未来利率时,可用有效久期衡量利率风险,公式为:

$$EffD = -\frac{P'(r)}{P(r)} = -\frac{\frac{P_+ - P_-}{2\Delta r}}{P_0} = \frac{P_- - P_+}{P_0 2\Delta r}$$

P_0 为资产现价,P_+ 为利率上升 Δr 后的资产价格,P_- 为利率下降 Δr 后的资产价格。

如果现金流固定,有效久期和修正久期计算的利率微小变动结果很接近。如果现金流对利率很敏感,有效久期可以更准确地衡量利率风险。

(2) 凸性分析(Convexity Analysis)。凸值是现金流价格函数(现值函数)的二阶导数②。久期衡量了当利率微小变动时资产价格的变动幅度,如果利率有较大变动,只考虑久期就有较大误差,此时,凸性就十分重要。利用泰勒展开对资产现值函数二阶展开:

$$P(r + \Delta r) \approx P(r) + (\Delta r) P'(r) + \frac{(\Delta r)^2 P''(r)}{2}$$

可得:

$$\Delta P\% \approx (\Delta r) \frac{P'(r)}{P(r)} + \frac{(\Delta r)^2}{2} \frac{P''(r)}{P(r)}$$

凸值公式为:

$$\text{convexity} = \frac{P''(r)}{P(r)}$$

---

① 利息力衡量某个时点的利率水平:$\delta_t = a'(t)/a(t)$,$a(t)$ 为总量函数。
② 吴岚:《资产负债管理》,中国财政经济出版社 2011 年版。

可以看出，凸值是资产价格关于利率的二阶导数除以资产价格。资产价格变动率可表示为：

$$\Delta P\% = -(\Delta r)\text{Duration} + \frac{(\Delta r)^2}{2}\text{covexity}$$

凸值包括 Macaulay 凸值和有效凸值。

①Macaulay 凸值。Macaulay 凸值适用于连续复利的情形，应用广泛。如前所述，有固定现金流的资产价格为：

$$P = \sum_{t=1}^{t} CF_t e^{-\delta t}$$

则：

$$\frac{dP}{d\delta} = \sum_{t=1}^{T} -tCF_t e^{-\delta t}, \frac{d^2 P}{d\delta^2} = \sum_{t=1}^{T} t^2 CF_t e^{-\delta t}$$

$$MacC = \frac{\dfrac{d^2 P}{d\delta^2}}{P} = \frac{\sum_{t=1}^{T} t^2 CF_t e^{-\delta t}}{P}$$

又：

$$e^{\delta} = \left(1 + \frac{r}{m}\right)^m$$

$$MacC = \frac{\sum_{t=1}^{T} t^2 CF_t e^{-\delta t}}{P} = \frac{\sum_{t=1}^{T} t^2 CF_t \left(1 + \dfrac{r}{m}\right)^{-mt}}{P}$$

可以看出，Macaulay 凸值是凸值公式在一年复利次数 m 趋向于无穷大时的极限。

②有效凸值。与有效久期的计算相似，有效凸值公式为：

$$EffC \approx \left(\frac{d^2 P}{dr^2}\right)\frac{1}{P} = \frac{(P_+ - P_0) - (P_0 - P_-)}{(\Delta r)^2 P_0} = \frac{P_+ + P_- - 2P_0}{(\Delta r)^2 P_0}$$

2. 金融衍生品风险度量

希腊字母 Greeks 是现代金融风险度量的指标，可以衡量衍生金融工具、投资组合等对于标的资产价格变动或模型参数变动的敏感性。下面简要介绍 Delta、Gamma、Vega、Theta 和 Rho 5 个希腊字母。

（1）Delta。Delta 是资产组合价值对标的资产价格的偏导数，度量资产组合价值对标的资产价格的敏感性。其公式如下：

$$\Delta = \frac{\partial \text{资产组合价值}}{\partial S}$$

S 表示标的资产价格。

根据 Black – Scholes 公式①，欧式看涨期权和看跌期权的 Delta 分别为：
$$\Delta_{call} = N(d_1), \Delta_{put} = N(d_1) - 1$$

Delta 的取值在 -1 到 1 之间，这说明标的资产价格变化的速度快于资产组合价值变化的速度。

（2）Gamma。Gamma 度量标的资产组合价值变化对 Delta 的影响，即当资产组合价值变化一个单位时 Delta 的变化值，是资产组合价值对标的资产价格的二阶偏导：

$$\Gamma = \frac{\partial^2 \text{资产组合价值}}{\partial S^2}$$

欧式看涨期权和看跌期权的 Gamma 相等：

$$\Gamma = \frac{N(d_1)}{S\sigma\sqrt{T}}$$

Gamma 取值总是正的，即标的资产价格上涨，使期权的 Delta 变大。

（3）Vega。Vega 度量资产组合价值对标的资产收益率波动率的敏感性，是资产组合价值对于标的资产波动率的一阶偏导：

$$Vega = \frac{\partial \text{资产组合价值}}{\partial \sigma}$$

欧式看涨期权和看跌期权的 Vega 相等：

$$v = S\sqrt{T}N(d_1)$$

Vega 大于 0，即标的资产收益率波动率上升使期权价值更高。

（4）Theta。Theta 度量资产组合价值对未到期时间的敏感性，是资产组合价值对到期时间变化的一阶偏导：

$$Theta = \frac{\partial \text{资产组合价值}}{\partial T}$$

欧式看涨期权和看跌期权的 Theta 分别为：

$$\Theta_{call} = -\frac{SN(d_1)\sigma}{2\sqrt{T}} - rKe^{-rT}N(d_2)$$

$$\Theta_{put} = -\frac{SN(d_1)\sigma}{2\sqrt{T}} + rKe^{-rT}N(d_2)$$

（5）Rho。Rho 度量无风险利率变化对资产组合价值的影响，是资产组合价值对无风险利率的一阶偏导：

$$Rho = \frac{\partial \text{资产组合价值}}{\partial r}$$

---

① $C = SN(d_1) - Ke^{-rT}N(d_2)$，$d_1 = \frac{\ln(S/K) + (r + 0.5\sigma^2)T}{\sigma\sqrt{T}}$，$d_2 = d_1 - \sigma\sqrt{T}$。C 为期权价格，S 为标的资产现价，K 为期权交割价格，T 为期权有效期，r 为无风险利率，σ^2 是标的资产波动率，N 代表正态分布的累积分布函数。

欧式看涨期权和看跌期权的 Rho 为：

$$\rho_{call} = Ke^{-rT}N(d_2)$$

$$\rho_{put} = -Ke^{-rT}N(-d_2)$$

三、信用风险评估技术

自 2012 年以来，中国保监会一步步放开保险资金投资渠道和投资比例的限制，保险公司越来越广泛地参与到金融衍生品的投资中。衍生品一般都或多或少地存在着违约风险，且其杠杆效应很大，风险损失往往十分严重，因此，保险公司必须重视信用违约风险。

（一）信用风险内涵及影响因素

《保险公司偿付能力监管规则第 8 号》规定："信用风险是指由于交易对手不能履行或不能按时履行其合同义务，或者交易对手信用状况的不利变动，导致保险公司遭受非预期损失的风险。保险公司面临的信用风险包括利差风险和交易对手违约风险。"健康保险公司的信用风险表现形式有两种：一是公司资金的投资收益率有不利变动，即信用利差风险；二是交易对手或发行人无法按时还本付息，即违约风险。信用利差是其对于不同信用级别的债券给予的收益率补偿，其本质是向投资者补偿违约风险。健康保险公司可能为了高收益持有一些信用等级低的债券，就产生信用利差风险。如果信用利差变大，说明此类债券风险偏高，保险公司的债券资产市场价值下降，股东价值就减少，可能降低公司的偿付能力。

影响健康保险公司信用风险的主要因素是交易对手的信用状况，当表示信用事件或违约事件的发生概率时，可用违约概率（Probability of Default，PD）表示。保险公司投资的债券、信托等金融产品，其交易对手的信用等级决定了利差风险和履约情况。主体信用等级水平越高，投资者对该主体所要求的风险补偿越低，收益率也较低，利差风险越小，违约可能性也小。信用评级是主体违约风险最直接的表示。除了交易对手的内在因素，宏观经济、行业景气程度、货币环境等外部因素也会影响交易对手的信用状况。

此外，信用敞口（Credit Exposures，CE）和违约损失率（Loss Given Default，LGD）也是决定健康保险公司信用风险大小的决定因素。信用敞口指当信用事件发生时，保险公司暴露在此信用风险下的经济价值；违约损失率指当信用事件发生时，保险公司将遭受的损失比率。信用敞口越大，违约损失率越高，健康保险公司的信用风险也越大。

（二）信用风险度量

健康保险公司在评估信用风险时，除了用上文提到的方法外，还有一些专门的信用风险度量方法。

1. KMV 模型

KMV 模型是由 KMV 公司提出的，该模型把债务人（交易对手公司）股权看作以公司资产价值为标的资产、以公司债务账面价值为执行价格的看涨期权，当债务人资产价值大于负债时，不会违约，反之如果资不抵债，债务人将选择违约。模型假设债务人公司只通过股权价值和一种零息债券融资，且资产价值服从几何布朗运动，以 Black – Scholes – Merton 模型为基础，通过股票信息估计公司资产的价值和波动率：

$$E = V_0 N(d_1) - De^{-rT} N(d_2)$$

$$d_1 = \frac{\ln\left(\frac{V_0}{D}\right) + \left(r + \frac{\sigma_v^2}{2}\right)T}{\sigma_v \sqrt{T}}$$

$$d_2 = d_1 - \sigma_v \sqrt{T}$$

$$\sigma_E = \frac{N(d_1) V_0 \sigma_v}{E}$$

E 为公司股权的市场价值，V_0 为开始时公司资产的市场价值，D 为到期负债的市场价值，σ_v 为公司资产价值的波动率，σ_E 为公司股票的波动率，r 为无风险利率，T 为距到期日的时间。

违约距离（Distance to Default, DD）是公司资产的预期价值和违约点（即到期负债的市场价值）之间标准差个数：

$$DD = \frac{E(V_T) - D}{\sigma_v V_0}$$

$E(V_T)$ 表示公司资产的预期价值，D 表示违约点，即当公司资产市场价值低于 D 这一水平时将会违约。在风险中性概率测度下，违约距离 DD 表示为：

$$DD = \frac{\ln\left(\frac{V_0}{D}\right) + \left(r - \frac{\sigma_v^2}{2}\right)T}{\sigma_v \sqrt{T}}$$

预期违约率（Expected Default Frequency, EDF）的计算有两种方法。一种是基于资产价值分布（几何布朗运动的假设下服从正态分布）计算理论 EDF，即将违约距离 DD 带入累积标准正态分布函数中：

$$EDF = \Phi(-DD)$$

另一种是基于历史违约数据计算 EDF，即经验 EDF，这种方法对经验数据要求较高。

KMV 模型以公司财务理论和期权理论为基础，使用来自股票市场的信息，有一定的前瞻性，能准确、及时地反映公司的信用状况。健康保险公司使用该方法评估交易对手的信用水平时，有一定的优越性。但 KMV 模型也有一定的局限，模型假设公司资产价值服从对数正态分布，实际中往往是非正态的统计特征，有一定偏差。

2. Credit Metrics 模型

Credit Metrics 模型是由美国 J. P. 摩根等金融机构共同开发的信用风险度量模型，该模型认为，一个公司资产组合（投资的信用工具，包括债券、贷款等）的市场价值取决于债务人的信用评级，不同信用评级的信用工具，其市场价值不同，因此，信用风险实际上取决于债务人的信用状况，债务人信用评级的变化将会给公司带来信用风险。Credit Metrics 模型依据债务人在一定时期内（通常是 1 年）违约、信用评级变化、信用利差变化等因素，确定公司资产市场价值及波动，进而构建公司资产的价值分布模型。首先介绍单一资产的 Credit Metrics 模型。

Credit Metrics 模型度量信用风险是以信用评级为基础的，信用评级体系可以是 Credit Metrics 集团提供的，也可以是用户开发的，或者可以从外部独立的信用评级机构获取。因此，运用 Credit Metrics 模型首先要确定评级体系和信用评级转移矩阵，信用评级转移矩阵是从既定信用等级转移到另一个等级的概率矩阵。另外，要确定时间长度，时间长度要与信用评级体系一致，一般为 1 年。

Credit Metrics 模型的关键是计算资产在一年末的价值。假设某项资产（债务）到期期限为 n 年，债务人信用评级分为 m 级，当期末债务人信用评级为 j 时，该债务的现值为：

$$V_j = \sum_{i=1}^{n} \frac{C_{ji}}{(1 + f_{ji})}$$

V_j 为出现信用评级为 j 时资产的现值，C_{ji} 为信用评级为 j 时第 i 年的净现金流，f_{ji} 为信用评级为 j 时的第 i 年收益率，可作如下分解：$f_{ji} = r_i + s_{ji}$，其中 r_i 为无风险利率，s_{ji} 为信用评级为 j 时信用风险价差，当信用评级下降时，违约风险增大，信用风险价差上升，该资产价值减少，反之则上升。

当债务人在期末违约时，根据信用敞口 CE 和违约损失率 LGD，计算资产的价值：

$$V_d = CE \cdot (1 - LGD)$$

将各等级的年末资产价值和信用评级转移概率结合，即可得到资产价值在年末的实际分布。进一步地，可以计算出资产在第一年末的期望值和方差：

$$E(V) = \sum_{j=1}^{d} p_j V_j, \sigma^2 = \sum_{j=1}^{d} p_j [V_j - E(V)^2]$$

p_j 和 p_d 分别表示债务人在一年末信用评级转移到 j 级的概率和违约概率。

对于只有两项资产的投资组合，Credit Metrics 模型需要计算不同资产价值变化的相关系数，以得到联合信用评级转移矩阵，再根据前面提到的方法计算信用资产组合的价值，进而求出均值和方差。而大型信用资产组合，Credit Metrics 模型运用蒙特卡罗模拟法全面模拟资产组合价值的分布，这里不再详细展开。

Credit Metrics 模型是一个多状态模型，能更准确地计量信用风险，并率先提出资产组合信用风险的度量框架，适用性较强。但模型也存在一定的局限，如假定信用评级转移概率与过去的转移概率无关,且转移概率在不同时期是稳定的,没有考虑经济周期影响,可能使评价结果出现误差。

3. Credit Portfolio View 模型

Credit Portfolio View 模型简称 CPV 模型,是由麦肯锡开发的多因子模型。该模型认为,主体的信用状况具有同质性,宏观经济、行业因素等会影响整个市场中所有主体的信用风险,只是程度不同。当经济衰退时,各主体的信用评级都会下降,违约概率都会增加,因此,信用风险的周期动态变化和经济周期密切相关。

CPV 模型将违约率与信用评级转移概率和宏观经济与行业因素联系起来,以获得特定经济状态下的条件违约概率和信用评级转移概率,再运用 Credit Metrics 模型的方法建立信用资产组合的损失分布模型。其中,违约概率是通过 logit 函数计算的:

$$p_{j,t} = \frac{1}{1+e^{y_{j,t}}}$$

$p_{j,t}$ 是一个在行业 j 或国家 j、时间 t 的主体的条件违约概率,$y_{j,t}$ 是由宏观经济变量构造的宏观经济指数,代表宏观经济所处的状态,可用如下多因子模型表示:

$$y_{j,t} = \beta_{j,0} + \beta_{j,1}X_{j,1,t} + \beta_{j,2}X_{j,2,t} + \cdots + \beta_{j,m}X_{j,m,t} + v_{j,t}$$

$X_{j,t} = (X_{j,1,t}, X_{j,2,t}, \cdots, X_{j,m,t})$ 是一系列的宏观经济变量,如 GDP 增长率、失业率等。

正如前面提到的,主体在经济衰退时期的违约概率更高,即:

$$\frac{p_{j,t}}{\phi p_j} > 1, 经济衰退$$

$$\frac{p_{j,t}}{\phi p_j} < 1, 经济扩张$$

ϕp_j 是根据历史数据计算的平均数,作为无条件违约概率。CPV 模型建议使用这些比率调整无条件的信用评级转移矩阵(即根据历史数据获得的信用评级转移矩阵),以获得以经济状态为条件的信用评级转移矩阵。

CPV 模型纳入了宏观经济因素,弥补了 Credit Metrics 模型由于假定不同时期信用评级转移概率是静态的而引起的偏差。但是 CPV 模型要求每个国家、每个行业都有充分可靠的违约数据,且信用评级转移矩阵的调整可能是根据主观判断进行,限制了模型的客观性。

4. Credit Risk + 模型

Credit Risk + 模型是由瑞士信贷银行开发的、基于精算方法的违约模型。该模型只考虑违约或不违约两种状态,没有考虑公司信用评级转移的风险。假设信用资产组合包含 N 项资产(N 个债务人),每个债务人在 1 年内的违约都是随机的,且任何债务人的违约率都很小,不同时期、不同债务人的违约率相互独立,违约概率 p_i($i = 1, \cdots, N$)服从泊松分布。债务人违约后损失的严重性用违约损失表示,违约损失即违约损失率和信用暴露的乘积。

为得到信用资产组合的损失分布，可以将风险暴露归入几个级数。设信用资产组合中有 N 个债务人，风险暴露的范围为 L（即风险暴露频段值），用 N 项资产中最大的一笔风险暴露值除以 L（四舍五入取整数），得到风险暴露的频段总级数 m（即共有 1，2，…，m 个级数），将每项资产的风险暴露值都除以 L（四舍五入取整数），并归到对应的级数。

设 v_i 级数的资产平均违约数为 λ_i，处于 v_i 级数的资产数目为 N_i（$\sum_{i=1}^{m} N_i = N$），则 v_i 级数的 N_i 项风险资产中有 j 项违约的概率 $p_i(j)$ 为：

$$p_i(j) = \frac{\lambda_i^j e^{-\lambda_i}}{j!}$$

预期损失 EL（i, j）：

$$EL(i,j) = j \cdot L_i \cdot \frac{\lambda_i^j e^{-\lambda_i}}{j!}$$

其中 $L_i = L \cdot i$，为 v_i 级数的风险暴露值。这样，就可以得到处于 v_i 级数的违约概率分布及其对应的损失分布。

最后，通过加总 m 个级数的损失，得到信用资产组合的损失分布。设 v_i 级数的资产违约数为 n_i，则信用资产组合的风险暴露值为：

$$L_1 n_1 + L_2 n_2 + \cdots + L_m n_m = L n_1 + 2L n_2 + \cdots + mL n_m = (n_1 + 2n_2 + \cdots + mn_m)L = nL$$

根据独立性和泊松分布假设，信用资产组合的违约概率为：

$$p_n(n_1, n_2, \cdots, n_m) = \prod_{i=1}^{m} \frac{\lambda_i^{n_i} e^{-\lambda_i}}{n_i!}$$

用 G 表示满足 $n_1 + 2n_2 + \cdots + mn_m = n$ 的所有组合，即：

$$G = \{(n_1, n_2, \cdots, n_m) \mid n_1 + 2n_2 + \cdots + mn_m = n\}$$

则信用资产组合的违约损失为 nL 的概率及预期损失为：

$$P(损失 = nL) = \sum_{(n_1, n_2, \cdots, n_m) \in G} p_n(n_1, n_2, \cdots, n_m)$$

$$EL_n = nL \cdot P(损失 = nL)$$

在得到信用资产组合的违约概率和损失分布后，即可得到该资产组合的预期损失和给定置信度下的最大损失。

Credit Risk + 模型没有对违约的原因做出假设，数据要求低，计算简单，容易实施，可以完整地推导出信用资产组合的违约概率和损失分布，具有一定的优势。但该模型的局限性也很明显，如假定利率是确定的，且每项资产的风险暴露值是固定的等等。

四、操作风险评估技术

健康保险行业处于起步阶段，内部控制不健全，操作风险普遍存在，涵盖范围广,既包括销售、承保、理赔、资金运用、财务管理等业务单元的操作风险,也包括信息系统的和案件管理相关风险。

(一) 操作风险内涵及影响因素

《保险公司偿付能力监管规则第10号》规定:"操作风险是由于不完善的内部操作流程、人员、系统或外部事件而导致直接或间接损失的风险,包括法律及监管合规风险(不包括战略风险和声誉风险)。"

影响操作风险的主要因素有:员工职业操守、员工专业能力、业务及管理流程设计、信息安全技术和外部因素。如果员工缺乏道德或诚信,就很有可能产生欺诈、舞弊等道德风险。而且,健康保险公司业务的核保、理赔等都需要员工较强的专业能力,如果员工行为不合理或不规范,就形成操作风险,给公司造成损失。另外,虽然我国健康保险公司已经建立了公司治理结构,但与全面风险管理要求还有很大差距,业务及管理流程存在一定的缺陷。健康保险业务极大地依赖于数据信息系统,系统设计缺陷、信息安全和数据质量等都会造成操作风险。最后,来自健康保险公司外部的因素,如欺诈、盗窃和自然灾害,也会产生操作风险。

(二) 操作风险度量方法

操作风险可以采用定性技术进行评估,如通过调查问卷、一对一的访谈或组织研讨等,利用健康保险公司内部人员的工作经验和外部专家的专业知识评估操作风险;还可以设定基准,根据具体的关键风险指标(Key Risk Indicator, KRI)[①],如客户投诉率、新单回访成功率、系统故障的时间等监测操作风险;还可以建立操作风险的损失分布模型。需要注意的是,"偿二代"体系的量化风险并不包括操作风险。下文简要介绍三个衡量操作风险的方法。

1. 收入基础模型

收入基础模型使用回归模型解释收入的变异程度:

$$R_{it} = \alpha_i + \beta_{1i}I_{1t} + \beta_{2i}I_{2t} + \cdots + \varepsilon_{it}$$

R_{it} 为健康保险公司 i 在时期 t 的收入,I_{jt} 为时期 t 的风险因素 j。

收入基础模型使用残差的方差计量操作风险,但该模型忽视了资本的机会成本和声誉风险,因此,该模型的计量能力有限。

2. 费用基础模型

费用基础模型把经过标准化的历史费用数据作为回归的自变量,简单明了,易于操作。但是模型没有考虑影响收入的风险因素、资本的机会成本和声誉风险,且如果公司为降低操作风险而采取措施使费用增加,该模型将会判断为操作风险变大。

3. 极值理论

操作风险事件可以分成两类:频率高、损失低的事件(高频低损事件)和频率

[①] 关键风险指标即代表某一风险领域变化情况并可定期监控的统计指标。

低、损失高的事件（低频高损事件），给健康保险公司带来影响的往往是低频高损事件，因此，可以运用极值理论衡量操作风险。

极值理论直接处理损失分布的尾部，即用不同的分布描述尾部信息，估计超出 VaR 值的预期损失。一般可以使用广义 Pareto 分布描述尾部信息。但运用极值理论需要处理参数、模型和数据的不确定性，这里不再展开。

五、战略风险评估技术

《保险公司偿付能力监管规则第 10 号》规定："战略风险是由于战略制定和实施的流程无效或经营环境的变化，导致公司战略与市场环境、公司能力不匹配的风险。"虽然我国商业健康保险的市场潜力很大，但健康保险公司业务规模却不大，甚至盈利困难。可以说，目前我国的健康保险公司还没有找到一个正确的经营和发展战略，存在一定的战略风险。

健康保险公司的战略风险不仅与公司内部高级管理人员综合素质水平的高低有关，还受到国家宏观经济政策及经济运行情况、竞争对手及行业发展水平、技术进步等外部因素的影响。由于健康保险行业发展水平较低，外部环境和内部结构都不成熟，变化较快，保险公司高级管理人员根据自身的管理经验和视野，结合对公司发展环境的了解，制定公司的发展目标和战略规划。但所制定的公司战略还有可能因为技术、市场或政策的变化不再适应发展，缺乏科学性、合理性和可行性。如前面风险因素分析中提到的，商业健康保险的发展受到社保、医改等政策较大的影响，政策风险是战略风险的一个主要内容。

战略风险的评估多采用定性技术，从公司的外部环境、战略制定和战略执行等方面衡量。

六、声誉风险评估技术

《保险公司偿付能力监管规则第 10 号》规定："声誉风险是由于保险公司的经营管理或外部事件等原因导致利益相关方对保险公司负面评价，从而造成损失的风险。"健康保险公司的声誉是社会公众对公司的信任和赞美程度，声誉风险一般表现为由于负面消息、流言、诉讼等事件使得公司声誉和品牌受损，从而遭受损失。

声誉风险有如下特征：首先，声誉风险与其他风险的关联度较强，难以与其他风险分离进行单独处理，也难以计量；其次，声誉风险具有突发性、传播快和影响范围广的特点，引起声誉风险事件的爆发往往征兆较少，且流传速度快，对保险公司的损害极大。另外，在一定程度上，大的健康保险公司声誉比小公司要好，产生声誉风险的可能性相对更低，但如果大的健康保险公司发生声誉风险，后果也会更严重。

影响声誉风险的主要因素有：公司内部对声誉的认识程度、客户投诉的及时处理情况、与媒体的沟通和对外信息披露情况等。如果公司比较看重声誉的价值，及时处理客户的意见，保持与新闻媒体的良好沟通，能控制不良事件的传播与影响，其声誉风险就较小。另外，公司外部的因素，如合作伙伴或利益相关方不恰当的行为、信用评级的改变等也会给公司带来声誉风险。

声誉风险的评估往往采用定性评估的方法，通过调查、组织研讨会等方式，主动发现和化解健康保险公司在产品设计、销售、承保核保、理赔、投资和人员管理等方面的声誉风险。

七、流动性风险评估技术

支付给客户保险金、把握有利的投资机会、向股东派发现金股利等都需要足够的流动性资金，当健康保险公司不能及时筹集到所需的资金时，就发生了流动性风险。健康保险公司必须给予流动性风险足够的重视。

（一）流动性风险内涵及影响因素

《保险公司偿付能力监管规则第10号》规定："流动性风险是保险公司无法及时获得充足资金或无法及时以合理成本获得充足资金，以支付到期债务或履行其他支付义务的风险。"流动性风险包括融资风险（Funding Risk）和市场流动性风险（Market Liquidity Risk）。融资风险指健康保险公司在不影响财务状况的条件下，不能满足资金的流动性需要；市场流动性风险指金融资产在市场上的变现能力差，即健康保险公司无法以合理的市场价格出售资产以获得资金。本质上，融资风险很大程度上取决于市场流动性风险。流动性风险的危害极大，当融资能力下降、流动性资金偶然不足时，健康保险公司的融资成本增加，企业价值下降；如果流动性资金严重不足，公司就有破产的风险。

流动性风险发生的原因主要是资产和负债的不匹配，包括结构的不合理和期限的不匹配，即负债端的流动性超过了资产端的流动性，公司就有可能面临流动性不足。如因为信用评级的降低或者其他不利的公众信息，使大量客户退保，如果健康保险公司不能及时变现资产以支付退保金，就产生了流动性风险。或者有的健康保险公司为扩大保费和市场规模，销售承诺高收益率的万能险，保单持有人可能为了获取高额现金价值而短期内退保，使得负债端流动性很强，保险公司为了弥补产品高收益率带来的压力，往往投资持有期限较长的资产，"短钱长配"，带来流动性风险。另外，公司管理者的经营目标和偏好、公司信誉、资产质量都是影响流动性风险的内部因素。从市场的角度来看，金融市场的发展程度、利率政策等因素都会影响健康保险公司以合理成本或及时获取资金的能力，引发流动性风险。

（二）流动性风险度量

健康保险公司所面临的所有其他风险都有可能进一步产生流动性风险，在评估流动性风险时，风险管理人员必须综合考虑其他风险对流动性水平的影响。流动性风险的度量方法主要有现金流量分析和流动比率指标分析。

1. 现金流量分析

根据《保险公司偿付能力监管规则第 12 号》：净现金流反映保险公司报告期的净现金流量，以及在基本情景和压力情景下，未来一段期间内的净现金流量。无论是资产负债的规模不匹配还是期限不匹配，往往都集中体现在现金流量的不匹配上，可通过考察实际和潜在的现金流量来评估保险公司的流动性大小。

现金流量分析包括对经营活动、投资活动和筹资活动的现金流量分析，从现金流入和现金流出两方面预测，并考虑公司整体的现金流量情况。其中，经营活动现金流入包括收到原保险合同保费取得的现金、保户储金即投资款净增加、收到的税费返还等其他与经营活动有关的现金；投资活动现金流入包括收回投资所收到的现金、取得投资收益收到的现金、处置固定资产、无形资产和其他长期资产收回的现金净额；筹资活动现金流入包括吸收投资收到的现金和收到其他与筹资活动有关的现金净额。经营活动现金流出包括支付原保险合同赔付款项的现金、支付的手续费及佣金的现金、支付保单红利的现金、支付给职工及为职工支付的现金、支付的各项税费、存在资本保证金支付的现金等其他与经营活动有关的现金；投资活动现金流出包括投资支付的现金、购置固定资产、无形资产和其他长期资产所支付的现金和其他与投资活动有关的现金；筹资活动现金流出包括分配股利、利润或偿付利息支出的现金和支付其他与筹资活动有关的现金净额。

健康保险公司在进行现金流量分析时，应首先预测基本情景下的现金流入和现金流出。基本情景是指保险公司在考虑现有业务和未来新业务情况下的最优估计情景假设，包括新业务、综合费用率、投资收益率、赔付率、疾病发生率、退保率等的假设。其次，要预测压力情景下的现金流量。健康保险公司可以根据公司业务结构特点、对市场的预测等因素，考虑未来可能的、能给公司带来流动性风险的因素，设定不同的压力情景，分析各压力情景下的现金流量状况，以评估流动性风险的大小。

2. 流动比率指标

（1）流动比率。流动比率是根据公司财务报表计算的，公式如下：

$$流动比率 = \frac{流动资产}{流动负债} \times 100\%$$

流动比率衡量了健康保险公司在某一时点偿付到期债务的能力，流动比率越高，公司支付赔款、退保金等短期偿债能力就越强。但如果流动比率过高，就说明公司资产盈利能力较低。

（2）综合流动比率。综合流动比率是一个流动性风险的监管指标，公式如下：

$$综合流动比率 = \frac{现有资产的预期现金流入合计}{现有负债的预期现金流出合计} \times 100\%$$

现有资产的预期现金流入指根据合同约定，保险公司在未来某一期间可以收到的现金；现有负债的预期现金流出指根据合同约定，保险公司在未来某一期间应当支付的现金。

综合流动比率指标不考虑新业务等因素，也不考虑可能会增加的资产和负债，反映的是保险公司在报告日所持有的资产和负债在未来期间内预期的现金流入和现金流出的分布情况和匹配情况。流动比率只是运用了财务报表上过去的信息，是一个静态指标，而综合流动比率是一个动态指标，有一定的前瞻性，对流动性风险的衡量也更加准确。

（3）流动性覆盖率。流动性覆盖率也是一个流动性风险的监管指标，公式如下：

$$流动性覆盖率 = \frac{优质流动资产的期末账面价值}{未来一个季度的净现金流} \times 100\%$$

优质流动资产是指在压力情景下，在无损失或极小损失的情况下容易快速变现且无变现障碍的资产，具有投资风险低、价格易于确定且波动性小、易于交易、易于变现和无变现障碍的特征。

流动性覆盖率能够反映健康保险公司是否将无变现障碍的优质流动资产保持在一个合理的水平，以满足未来一个季度的流动性需求。

专栏 4.8

新型风险的挑战

目前，保险公司的常规风险管理技术主要根据实际经验和历史数据确定某一风险发生的可能性大小及影响程度，针对的主要是已经发生过的风险。但是，风险是变化多端的，人口、经济、环境及科技的发展，将会带来许多新的风险，即新兴风险。新兴风险是那种目前还不存在，但因环境变化而在将来某个时点出现的风险。2013年7月4号，瑞士再保险公司在"创新引领保险业蜕变"论坛上表示："新兴风险"可以是新出现的风险，也可能是不断变化的风险。由于现在社会、政治、经济、环境的变化，以及这些相关的依赖性在增加，风险最后的影响是一个累计的效果。新兴风险可以分为两类：一类是原有风险的新变化，如被低估的自然巨灾风险；另一类是新兴领域的风险，如人工智能领域的风险。新兴风险的出现速度较慢，且难以识别，是一种超出现实情况的观念，发生频率无从知晓，常规的风险识别和评估也无法进行。但是，此类风险一旦出现，就会给保险公司带来极大影响。

健康保险公司行业也面临着新兴风险管理的挑战，其中一项就是医学的发展。20世纪医学的成功给人们带来了极大益处，比如抗生素成为保护人类生命最有效的手段，但是抗生素也在迫使细菌发生突变，产生了新的流行病和传染病。医学的进步是否能一直保持比基因突变更快的速度？如果不能，那么如果在某一天社会回到了没有抗生素的时代，一个小小的伤口都会对人类的生命造成威胁，这将会对健康保险公司产生巨大影响。另外，现在人们已经可以在家里自己测血糖、量血压了，随着知识的增加和科技进步，人们可以在家里做越来越多的健康评估，这是否会造成医疗信息不对称？是否会产生道德风险？这对健康保险公司也是有很大影响的。而"金融安全风险"、"新型交通工具风险"等其他领域的新兴风险也会间接对保险公司造成影响。

  新兴风险一般都是没有成形或没有被清晰界定的，如果风险识别过程中出现新兴风险的遗漏和错误判断，将会给保险公司带来巨大损失。因此，适当拥有风险早期预警机制非常重要。保险公司应不断收集某领域的所有相关信息，从而积聚新兴风险的初步征兆，当征兆越来越明显时，保险公司就可以采取相应措施。但这对保险公司来说是一个非常大的挑战：由于认知的局限，早期信号容易被忽视；而保险公司的现有激励体系更加注重短期业务目标，忽视长远目标。2012年新加坡许多企业曾进行过一个寻找"黑天鹅事件"的活动，"黑天鹅事件"指发生频率小，但一旦发生则影响非常大的事件。从某种意义上来说，新兴风险也属于"黑天鹅事件"。保险公司如何及早识别和把握这些风险，是一个值得长期研究的问题。新兴风险往往是缺乏大量历史数据甚至是没有历史数据的，这使得评估工作变得十分困难。美国国际集团（AIG）曾组织了一个由专门预测风险的首席科学官带领的科学家团队进行新兴风险的评估，他们认为，由于是要预测一个没有历史数据的行业的风险，所以必须搜集各行各业更多的数据和更多的模型。新兴风险的评估需要考虑公司责任（包括业务类别和现有保单等）与新兴风险的相关性，考虑潜在风险之间的联系。保险公司之间、保险行业与其他行业及政府部门应加强沟通交流，一起寻求解决方案，预防灾难性风险。

  资料来源：标准普尔评级公司：《保险公司全面风险管理标准精要》，2006年发布。

思考题

1. 请简述风险识别技术种类及其特点。
2. 有哪些因素能影响健康保险公司风险？请举例说明。
3. 请简要说明定量风险评估技术的主要内容。
4. 请说明可以用来评估健康保险公司风险的技术。

第五章

健康保险公司风险管理策略与应对方法

企业风险应对策略和方法是指管理层为了把风险控制在主体的风险容限和风险容量以内而采取的回避、降低、分担或者承受风险等一系列策略和行动。在商业健康保险公司风险管理流程中,经过企业风险评估和计量环节后,需要进一步分析每种风险应对方案和策略的成本和收益,综合运用相应的方法和工具来管理风险,把握重要的企业战略和经营机会,获取收益。因此,健康保险公司的风险应对策略和方法是企业风险管理的关键环节和功能要素。

第一节 健康保险公司风险应对方法

2004年COSO发布的《企业风险管理——整合框架》中提出了四种应对风险的方法,即回避、降低、分担和承受。回避是指退出会产生风险的活动;降低是指采取措施降低风险的可能性或影响,或者同时降低两者,它几乎涉及各种日常的经营决策;分担是指通过转移来降低风险的可能性或影响,或者分担一部分风险;承受是指不采取任何措施去干预风险的可能性或影响。风险回避意味着所确定的应对方案都不能把风险的影响和可能性降低到一个可接受的水平,风险降低和分担把剩余风险降低到与期望的风险容限相协调的水平,而风险承受则表明原有风险已经在风险容限之内[1]。具体说明详见表5.1。

2016年COSO的《企业风险管理——通过策略与绩效调整风险》报告提出了一种新的风险应对方法——寻求,针对的是收益不确定的风险,按照高风险获得高收益的原则,管理部门采用更加激进的策略去把握机会,比如开发新的产品或者服务等等。当然,风险寻求策略并不是盲目地扩张,而是在企业风险容量的允许范围内进

---

[1] COSO发布:《企业风险管理——整合框架》,方红星、王宏译,东北财经大学出版社2005年版。

表 5.1   根据风险应对类型的风险应对说明

回避	分担
1. 处置一个业务单元、生产线、地域性部门 2. 确定不参加会产生风险的新方案或活动	1. 给重大意外损失投保 2. 参与合资或合伙 3. 签订企业联合组织协议 4. 通过资本市场工具防范风险 5. 外包业务流程 6. 通过合同协议与客户/卖主或其他商业伙伴分担风险
降低	承受
1. 多元化的产品提供 2. 设立经营范围 3. 建立有效的经营过程 4. 加强对决策制定的管理参与、监控 5. 调整资产组合，以降低特定类型损失的风险 6. 在经营单元间重新分配资本	1. "自我保险"防范损失 2. 依靠组合中的自然抵消 3. 承受已经符合风险容限的风险

资料来源：COSO 发布：《企业风险管理——整合框架》，方红星，王宏译，东北财经大学出版社 2005 年版。

行，并且当管理部门决定利用高风险机会去博得高收益时，管理部门是明白扩张策略在属性和程度上的变化是有助于企业达到绩效目标的。

在健康保险公司的日常风险管理过程中，企业应该根据其自身条件和外部环境，围绕企业的发展战略，根据适配原则和成本效益原则，选择适合公司自身风险特征的应对策略和方法，将企业风险控制在整体的风险容量之内。

一、风险回避

风险回避是指企业为了免除风险的威胁，根本不从事可能产生某种特定风险的任何活动，或者中途放弃可能产生某种特定风险的活动[①]。在商业健康保险公司风险管理过程中，可以从战略层面或日常经营管理决策层面回避可能给公司带来损失的风险事件。风险回避是一项最为简单、彻底的手段，不仅可以在事前放弃某项经营活动，而且可以在经营过程中终止或放弃原定经营计划，从而避免该项经营活动所带来的风险。例如，采用停办某一险种、减少或限制承保量、离开市场等方式，回避风险的发生。

尽管风险回避简单易操作，并且可以达到消灭潜在风险的目的，让企业的损失概率降为零，但风险回避方案并不是在任何情况下都是可行的。首先，如果企业采取回避一切经营活动的方式来避免风险，那么企业就丧失了营业收入来源，而且不进行任何经营活动的企业根本就是不存在的；其次，有些风险根本无法避免，就商业健康保

---

① 宋明哲：《风险管理》，中华企业管理发展中心 1984 年版。

险公司而言,本身就是经营风险的公司,承保活动是公司价值链的有机组成部分,并不能因承保风险的存在而放弃这项主营业务;再次,经营活动总离不开一定的自然环境、经济环境、社会环境,这就可能面临各种自然灾害的威胁、世界范围经济危机以及各种法律政策变迁的风险,风险的无时不在和无处不在,使得绝对风险回避不大可能;最后,久而久之的风险回避可能造成企业的消极风险防范心理,过度规避风险,从而丧失驾驭风险的能力,生存能力也随之降低。因此,一般在以下两种情况中采用风险回避方案:第一,当某一特定风险所带来的损失频率和损失幅度相当高时;第二,采用其他风险应对方案来管理风险,其成本超过收益时。

风险回避方法在商业健康保险公司风险管理中的应用主要表现为拒保。一般地,拒保是指对于风险评价为拒保风险等级的被保险人购买行为的限制。在健康险投保中,表现为对目前正患有重大疾病或者投保动机不纯并有较大道德风险者的限制购买政策。比如,对于投保重大疾病保险的投保人,因为其风险程度较普通寿险和健康险高,所以保险公司在考量和核保时也更加严格。重大疾病保险通常对以下几种情况拒保:

第一,对曾经或者正在患有某种重大疾病的投保人不保,如冠心病、癌症、中风等;第二,对于曾经或正在患有与某种重大疾病有关联的疾病,其额外危险率大于100%(或者150%)者不保,如高血压病、糖尿病、心电图异常等;第三,对于曾经或正在患有与某种重大疾病无关的疾病,其额外危险率超150%或者更严重者不保,如类风湿关节炎、精神异常等。

需要注意的是,2015年8月中国保监会发布的《个人税收优惠型健康保险业务管理暂行办法》第八条明确规定:"保险公司应按照长期健康保险要求经营个人税优健康保险,不得因被保险人既往病史拒保,并保证续保。"这无疑为经营个人税收优惠型健康保险业务的保险公司的经营和风险管理带来新的挑战。

专栏 5.1

被保险人分类——可保体、非保体

保险公司通过核保将被保险人分成两类:一类为可保体,另一类为非保体。可保体是指保险公司可以接受的危险体。可保体又可分为标准体和次标准体。非保体指至少此次投保时因危险过大或危险程度难以确定,而不能为保险公司所接纳的被保险人群体,非保体又可分为延期体和拒保体。

1. 可保体

(1)标准体。标准体是风险评价为标准风险而且没有其他额外风险的被保险人,可以在标准费率条件下享有合同条款规定的所有保险利益。从核保角度讲,此种承保方式称为无条件承保或按标准费率承保。

(2)次标准体。次标准体是指其风险相对于标准风险而超出一定比例以上的投保体的总称,是指危险程度较高,不能按标准费率承保,但可以用附加特别条件来承保者。对于次标准体的承保常常通过增收特别保费、限制保险金给付等条件或交叉运用以弥补其超过的危险度,使之成为可保体,在核保上称为条件承保。

次标准体的承保方式有:

(1) 加费承保获得额外保费,包括加龄法和增收特别保费法;(2) 附加特别约定或批注,如附加除外责任;(3) 限额承保或削减保险金法;(4) 保险期限缩短法。

2. 非保体

(1) 拒保。拒保的决定用于风险评价为拒保风险的被保险人,是对目前正患有严重疾病或投保动机不纯,并有较大道德风险者的处理方法。通过拒保部分风险程度特大的被保险人,可以实现防范逆向选择、降低经营风险的功能。但需要注意的是,拒保可能会对投保人造成一定的伤害,并使其难以被其他保险公司承保,故在核保操作中应谨慎使用。

(2) 延期。当被保险人的危险程度不明确或不确定,无法进行准确合理的风险评估时,核保人员常采用暂时不予承保、延期处理的方式。被延期的客户在延期时限届满,可以再次申请投保,核保人员将视其当时的真实情况做出相应的判断,延期时限一般是半年或一年,视具体情况而定。

资料来源:张晓:《商业健康保险》,中国劳动社会保障出版社2004年版。

二、风险降低

所谓风险降低,指对企业不愿放弃、也不愿转移的风险,降低其损失频率、缩小其损失幅度的各种控制技术。风险降低包括损失预防(Loss Prevent)和损失抑制(Loss Reduction)。与回避方法相同,降低也是对风险单位本身进行处理,不同之处在于降低所针对的对象是企业不愿意放弃或转移的风险,而且相较于回避而言,企业在采取降低措施时表现得更加积极主动,其目的在于改变风险单位的属性,使其能为企业所接受。

根据降低措施执行的时间可将风险降低分为两类:应用在损失发生前的降低方法是损失预防,而应用在损失发生时和发生后的降低方法为损失抑制。

(一) 损失预防

损失预防指在损失发生前为了消除或减少可能引起损失的各项因素所采取的具体措施[①],即通过消除或减少危险因素,借以降低损失发生的频率。

---

① 宋明哲:《风险管理》,中华企业管理发展中心1984年版。

损失预防是在损失发生之前调整或重组企业经营过程中的某些方面,来直接影响损失发生频率,改变损失分布,从而降低总损失的方差,达到降低意外损失的目的。损失预防适用于应对损失频率高的风险事件。由于损失预防着眼于损失前兆,从根源上降低损失频率,因此比损失发生后的抑制措施更加有效,损失预防每花费一元钱等价于危机管理所花费的几元钱[1]。

(二)损失抑制

损失抑制指损失发生当时或之后,为了缩小损失幅度所采取的各项措施[2]。在企业实际运营中,完全回避和预防损失是不可能的,因此,一旦发生风险事故,企业必须采取一系列的措施来降低损失幅度。因为外部事件是否发生以及发生频率并不受企业本身控制,所以抑制措施适用于控制外部事件的风险。

(三)风险降低策略在健康险中的运用

在健康保险公司风险管理流程中,可以在精算、产品开发、核保、理赔等多个环节运用风险降低策略和方法控制企业的风险。

1. 完善健康保险精算技术

健康保险的精算基础是伤病发生率(门诊利用率、住院率、残疾率)和伤病发生后的平均给付额度(年人均门诊次数、年人均住院次数、次均住院天数、次均门诊费用和次均住院费用以及失能后收入的平均损失额度)等的水平,因此在损失分布、精算、核保、理赔、风险控制等方面与其他险种区分开来,具有其专业特性。从商业健康保险发达的美国、瑞士的历史经验来看,先进的健康保险精算技术使健康保险公司拥有自己的健康保险基础数据库和精算软件,并基本掌握各自的健康保险出险规律和损失分布规律,对健康保险公司降低经营风险作用显著。

2. 控制产品规模

首先,确保同类保单数目。只有当产品销售数量达到一定规模,汇集足够多的同质风险之后,才能满足保费测算中的大数定理的要求,使得保险精算结果精确性足够高。同时,只有保单销售额达到一定规模,保费收入才足以抵消该险种的原始费用。

其次,确保产品种类丰富。第一,保险险种过于单一,风险会过度集中于某一特定人群、行业或者地域,一旦风险集中爆发,可能超出保险公司的风险承受范围;第二,保险产品的种类丰富有助于各险种间互相分散风险,实现风险在公司内部的对冲。

最后,产品销售渠道多样化。产品销售渠道多样化不仅可以提高产品销售额,而且有益于分散风险。因为不同渠道的顾客往往风险特性相差很大。如果大部分销售都集中在少数的代理商或推销人员手中,他们的顾客特性很相近,也会极大程度地影响

---

[1] 周伏平:《企业风险管理》,辽宁教育出版社 2003 年版。
[2] 宋明哲:《风险管理》,中华企业管理发展中心 1984 年版。

公司的运营和产品决策,如产品的价格和营销佣金的高低,给销售管理增加了一定困难。产品销售多渠道是降低过度集中风险的有效措施,不过,采用多渠道销售,还必须加强各渠道的管理和适当的分隔性,避免造成渠道间不必要的竞争。

3. 控制费用支出

健康险费用控制是从健康险消费的需求方和供给方同时考虑。

(1)需求方费用控制。健康保险广泛采用费用分担的方法来增加被保险人的费用意识,降低医疗费用。常用的方法包括:免赔额、比例共付、服务项目限额、总限额等。设置免赔额和费用共担(自付)比例,包括每次理赔免赔额或对某些服务项目自理或保险事故的固定免赔额或年度免赔额等。在保险合同中设置除外条款,即在保险合同中规定对于容易导致逆向选择、道德风险或费用不易控制的疾病或治疗方式不予赔付,包括军事行为或战争导致的损失、自伤自残、既往疾病的治疗、康复或美容手术、牙齿矫正或视力矫正等。规定等待期,健康保险的等待期是为了消除既往疾病的影响预先确定的一段时间,在此期间发生的保险事故,保险人不予赔付。等待期使保险人不必为保险合同生效后已知既往疾病导致的医疗花费支付保险金。目前健康保险的等待期根据险种的不同而有所差异,在14—180天内不等,一般住院医疗保险等待期较短,重疾险的等待期较长。对无赔款进行奖励,这对于中小风险比较有效。可以鼓励被保险人自行消化小额费用,降低经营成本。制定收费标准,采用固定价目表,对超出价目表部分不予理赔,而低于价目表部分则实报实销。

德国DKV公司在健康保险需求方费用控制方面的做法十分典型。DKV公司对于不同产品采用不同的控制手段和措施,如针对主险性险种采用固定免赔额,对某些附加险的项目,如药品费,按80%报销,对于主动或被动预防性用药实行报销制度等。另外,对某些项目则采用限额法,如牙科、眼镜,采用百分比支付比例。

健康保险公司除了制定直接控制医疗服务费用的措施之外,还注重加强对参保人员两方面的教育:一是保险费用意识教育,一旦发现就诊时冒名顶替、费用转嫁等现象,则对违规参保人员进行严肃处理;二是预防保健和健康教育,培养参保人员良好的卫生习惯,抵制不健康的行为,加强自我保健意识,降低发病率,从而降低医疗费用的支出。

专栏 5.2

中国人民健康保险公司健康大讲堂

近年来,中国人民健康保险股份有限公司多次举办健康大讲堂,邀请医学界权威人士进行健康讲座,比如,在2015年特邀北京儿童医院急诊科主任耿荣谈儿童意外伤害如何预防;2016年世界无烟日临近时,特邀首都医科大学社会医学与卫生事业管理系教授崔小波、中国人民健康保险公司健康管理专家吉耕

> 中进行以"控烟与健康"为主题的讲座,为公众了解健康知识、提高健康风险防范意识提供了渠道。
>
> 资料来源:中国人民健康保险股份有限公司:儿童意外伤害如何预防,2015年,http://www.picchealth.com/tabid/2200/InfoID/13911/Default.aspx。人民网:"控烟与健康",2016年,http://www.picchealth.com/tabid/2200/InfoID/14552/Default.aspx。

(2)供给方费用控制。由于医疗服务市场的特殊性,在健康保险的赔付中,通常是被保险人向医疗机构就诊后,再向保险人提出索赔申请,所以健康保险公司大部分的费用支出是由医疗服务行为造成的,这些医疗服务行为直接影响了健康保险公司的费用支出水平。因此健康保险公司应该积极介入医疗服务提供过程,参与对医疗服务费用和医疗服务质量的控制,其措施包括:

设立定点医院。以设立定点医院或保险病房等形式向客户提供医疗服务,医院从中获得一定的效益。这一做法便于对医院的管理情况进行监督。健康保险公司通过采用定期检查或向定点医院派驻工作人员的方式对各家定点医院的服务项目、医疗服务提供情况进行监督,以便评估费用支出效益和质量,供以后确定服务单位之用。

对医疗服务提供质量和必要性进行监督。监督检查的内容包括:第一,对被保险人医疗服务的必要性和服务质量进行审查评估,包括审查确认非急诊住院的必要性,并规定合理的住院期限,病人入院后通过电话和探视进行监测等;第二,参考第二外科手术意见(Second Surgical Opinion,简称SSO);第三,对医院提供的各项住院费用单据进行审查,确定各项服务收费的合理性,一般在住院总费用过高、每日费用过高、辅助检查费用超过总费用的50%和药费占总费用比例较高等情况出现时需要进行住院费用明细审查。

> **专栏5.3**
>
> **第二外科手术意见(Second Surgical Opinion,SSO)**
>
> 是指当审查部分手术治疗的必要性时,要参考第二外科医生的意见,对未通过SSO的部分择期手术降低赔付比例。
>
> 资料来源:刘经纶:《重大疾病保险》,中国金融出版社2001年版。

除以上方式外,对医疗服务合理性的审查还包括门诊利用审查、长期住院者个档管理等。

为了应对快速增长的医疗费用,西方发达国家开始出现一种风险管理与财务相结合的医疗管理概念——管理式医疗,其组织性质主要有健康维护组织、优先提供者组织等。这种风险控制机制与被动承受风险的机制不同,采用的是事先与医疗服务提供者签订全面服务合同的办法,对医疗服务的全过程进行监控,保险人在监督、管理医疗服务提供者的过程中扮演了更加积极的角色。

在管理式医疗的机制下，传统的服务付费方式在很大程度上已经减弱了，保险人或组织更多地掌握和介入了医疗保健方面的决策，实现医疗服务与财务一体化，即把风险管理和健康管理结合起来。这一做法在国际上已经取得了良好的效果，例如美国的HMO、PPO、POS、EPO等。在管理式医疗中，通过标准的、便捷的、亲和的服务形式，提高了预防保健率，减少了住院率和住院费用，从而达到了降低医疗费用和合理使用医疗服务等的目的。

专栏 5.4

管理式医疗

1. 健康维护组织（Health Maintenance Organization，简称HMO）

健康维护组织是一种管理式的保险公司。HMO是管控型医疗保险计划中最便宜的类型。HMO保险计划的保险费相对比较便宜，病人看病后自付费用的比例也较低。HMO的目标是为每一个会员提供健康管理，强调通过预防性和综合协调医疗服务，提高投保人的整体健康水平，从而减少医疗费用。所以，HMO计划有更多预防性医疗的福利，如为会员提供免费的年度体检、疫苗注射、女性乳房检查等。HMO的缺点是就医的选择性少，每个HMO都有自己的医生和医院网络，会员必须在网络内的医疗保健单位就医，保险公司才会报销相关的费用，急诊情况下除外。如果会员在HMO指定网络外的医院或诊所就医，则必须自费支付所有的费用。此外，成为HMO会员后，保险公司会要求会员指定一位医生作为基础保健医生（Primary Care Physician，简称PCP）。PCP医生通常是家庭医生、内科医生或儿科医生等。病人每次看病，必须首先去指定的医生处就诊。保健医生在某种意义上成为保险公司的"看门人"。这是保险公司控制医疗费用的手段之一。这种模式的优点是病人的保健医生比较熟悉其整体健康状况，能够协调治疗。缺点是，病人必须通过基础保健医生转诊才可以去看专科医生或住院治疗，有时候这种转诊方式可能拖延病人的治疗。

2. 优选医疗机构保险（Preferred Provider Organization，简称PPO）

优选医疗机构保险是一种自选式保险计划，PPO保险公司通过与医生、医院谈判获得优惠的医疗服务价格。PPO保险公司以这样的方式向其会员提供更便宜的医疗保险。参加PPO保险后，保险公司向会员提供一份优选医疗机构名单。会员可以从名单上选择自己喜爱的医生诊所。当会员在网络内的医疗机构就诊时，可以得到会员的优惠折扣价，保险公司将支付大部分的医疗费用。PPO的会员也可以选择网络外的医疗机构就诊，但个人自费的比例较高，保险公司报销医疗费用的比例相应更低。而且，在网络外的医疗机构看病也不能获得医疗服务优惠折扣，这样医疗费用就更高。PPO 的优点是它给予会员更多的选择性。投保人不需要指定基础保健医生，看专科医生也不需要通过基础保健医生转诊去看专科医生。参加 PPO 保险计划有更多的选择医生、医院的权利，但 PPO 的保险费通常比 HMO 更高。

3. EPO 指定医疗服务机构（Exclusive Provider Organization，简称 EPO）

指定医疗服务机构保险计划通常要求会员必须在保险公司指定的医疗服务网络内就医。保险不报销会员在医疗服务网络之外就医的费用。有些 EPO 保险可能会对特殊情况下的急诊根据具体的情况报销，但不保证一定会报销。病人参加 EPO 保险计划后，一般不需要指定基础保健医生，看专科医生时可以不经过转诊。EPO 保险计划的保险费和病人自己分担的医疗费用（自付、共同保险等）都比较低，是比较便宜的一种保险计划。但 EPO 保险计划只报销会员在医疗服务网内的医疗费用，不报销在服务网外产生的医疗费用。病人在看病、做检查时最好向相关的医院、诊所、实验室等核实他们是否属于保险计划所指定的医疗服务网。有些较便宜的 EPO 保险计划的医疗服务网络比较小，可供选择的医院诊所等医疗机构有限。

4. POS 定点服务组织（Point of Service，简称 POS）

定点服务组织是保险形式结合 HMO 和 PPO 的一种，比 HMO 有更多的选择性，同时也比 PPO 的费用更低。POS 也有自己的医疗保健网络。与 HMO 一样，POS 的会员需要指定基础保健医生。在需要时，必须由病人的基础保健医生将病人转诊到保险公司指定网络内的专科医生，这样确保降低医疗费用。如果会员在 POS 的网络内就医，个人支付的医疗费用比例较低，保险公司会承担大部分费用。与 HMO 不同的是，POS 的会员也可以自己直接到 POS 网络外的专科医生诊所就诊。在这种情况下，POS 保险公司也会报销会员的部分医疗费用，但病人需要自己支付的自付款和共同付款部分相对较高。所以，POS 具有 HMO 的较低保险费的优势，但也给了会员更多自主就医的选择。

资料来源：Elizabeth Davis：RN. HMO, PPO, EPO, POS——Which Plan Should You Choose? 2017 年, https：//www. verywell. com/hmo-ppo-epo-pos-whats-the-difference-1738615。

4. 核保

核保作为商业健康保险公司经营业务中极为重要的一个环节，其结果的好坏直接影响到其他环节的运作，也直接关系到保险经营的盈利状况，因此，健康保险公司需要追踪医学技术的最新成就，通过医学选择降低承保风险。健康保险的核保是根据被保险人的危险程度将其分类的过程，一般按核保标准将被保险人分为三类风险类型：标准风险、次标准风险和拒保风险，然后根据风险分类的结果，确定是按哪种风险类别承保。个人健康保险产品核保时考虑的风险因素，包括被保险人的年龄、性别、健康状况、既往病史、家族病史、理赔状况、职业、经济收入、业余爱好和生活习惯等。团体健康保险产品核保时要考虑的风险因素有团体的地理位置、团体大小、团体行业、雇员的种类、年龄分布、性别分布、收入分布以及既往的健康保险费用支出等情况。在核保过程中，要注意以下几个方面的管控：

（1）逆向选择与道德风险。前者是因有较高风险的投保人更多地购买保险，后者源于保险对被保险人防损动机的改变。面对一些过大的、企业无法控制或不愿承保的风险，同时为了防止道德风险和逆向选择，增强被保险人的成本意识，必须设定投保规则，通常根据不同的险种和不同的经济区域设置相应的规定和限制，限制健康风险的可保范围。

（2）健康告知。要求投保人对被保险人的身体健康状况进行明确的告知，以便保险人准确地评估承担的风险。

（3）风险加费。根据公司积累的经验数据对不同的疾病采用百分比进行风险加费，对次标准体以特别约定的形式加费，如设 5 年期限或整个保单期限。若在约定期限内被保险人能证明此疾病并无发生且治愈，可申请免除，保险人根据本公司的数据重新核定。

（4）责任免除。某种疾病风险成本即使交费也无法弥补，保险人只能将该疾病排除在保险责任之外加以承保。某些风险管理成本很高，也无法提供这样的风险保障，如犯罪、艾滋病等造成的健康风险。

专栏 5.5

医学选择

保险的医学选择是指保险人应用医学的手段，最大限度地排除或区分混杂在投保人群中，将来有必然的、大量的医疗费用支出者的一项复杂的技术工作。其意义在于能保证经费的收支平衡得以实现，贯彻公平和权利义务均衡的原则，使保险经营趋于稳定。

1. 医疗保险的医学选择

医疗保险费的制定是依据历年的统计资料和经营经验，应用大数法则的原理，对未来保险期限内的危险损失情况做出粗略预测后，慎重决定的。正是这样，要保证将来保险核算的稳定，就必须把影响经费收支的诸因素控制在预定的范围之内。众所周知，人的身体状况与医疗费用的花销有着密切联系，如果被保险人人群的总体健康水平过低，即将支付医疗费用的金额过大，超过了保险人预定的极限，结果必将导致保险经费收支倒挂，从而，动摇保险经营的基础。

> 2. 疾病保险的医学选择
>
> 疾病保险的医学选择主要围绕患病率、发病率、健康危险因素等,它与人寿保险的医学选择有密切关联,疾病现状、既往症、家族史等均需关注,重要的还需熟悉了解疾病的病因、诱因、预后等。患病给付的主要选择,排除那些短期内有高度患病危险的要保对象。实务中需对照医务查定手册和各风险因素综合分析评价。
>
> 资料来源:翁小丹:《人身意外伤害和健康保险》,中国财政经济出版社2007年版。

5. 理赔

理赔是保险公司兑现合同、提供保障的过程,在风险管控中起到十分重要的作用。健康保险公司主要在以下几个方面对理赔流程进行风险管理:

(1) 制定审核制度。首先,制定严格的理赔审核制度,防止保险欺诈,包括赔案审查、住院费用账目审查、病人和医生黑名单等。特别要加强对新投保后三年内的健康告知审核,防止带病投保。其次,建立理赔审批权限和垂直审定制度,明确管理职责。

(2) 编制和及时更新理赔手册,正确解释险种条款,统一把握保险责任和理赔标准,准确区分除外责任和责任免赔,特别是要提防过度医疗和重复检查。

(3) 对理赔部设立赔款预算制度。加强理赔经验数据统计和定期数据分析,找出各理赔项目异常趋势,分析原因,及时采取有效针对性措施。加强医院管理,促进医院的信息交流和联网,有效和合理利用医疗资源,提高保险服务质量。积极加强与相关政府部门的联系,寻找法律依据,在政策制定上发挥作用。

6. 退保管理

由于种种原因,在保险业务经营过程中,可能出现投保人在合同期满之前提出退保的现象。如果退保率过高,则会导致保单收入无法抵消前期营销费用,使公司遭受损失。影响退保率的因素有很多,诸如市场竞争、保费的增加以及投保人经济能力的恶化都可能促使退保的出现,而且保单佣金的变化或保险代理人的服务水准也直接影响退保率的高低。所以,保险公司要进行十分详尽的历史退保事件统计分析,研究这些因素如何影响退保率以及影响多大。

7. 人员素质管控

公司的风险管理措施和制度需要依靠员工来具体落实,员工能否较快认同和实施公司各项风险管控手段和措施,并且将管理行为化为日常的自觉行动,直接决定了公司风险管理措施的执行效果。健康保险公司的员工除了要具备熟练的工作技能外,还应具有清晰的法律理念、一定的医学基础和坚实的保险知识。同时,公司还应定期组织员工培训,提醒和纠正其错误行为,提高员工素质。

另外,商业健康保险公司的员工不仅要具备过硬的专业知识,还应该具有较高的职业道德素养。商业健康保险公司的风险管理工作并非仅限于核保、核赔和风控部门，近年来由于基层销售人员的道德风险和逆向选择导致的骗保案件层出不穷。保险分支机构的销售人员，出于自身业绩或者自身利益的考量，唆使或者协助投保人在投保或者理赔环节进行造假，欺骗保险公司，极大增加了保险公司的风险管控难度。保险公司除了不能放松对员工思想道德水平的教育之外，还应该建立一套适宜的考核和激励机制对基层销售人员的道德风险问题进行监督，将业务赔付率、出险率与销售人员的佣金和奖金挂钩，对于赔付超过一定标准的，减少佣金发放和业务费用；对于赔付低于一定标准的，将低于部分奖励给销售人员。这样可以促使销售人员主动控制业务风险，起到风险管理前置的效果。此做法在短期保险尤其是车险中运用较为成熟，但是在健康保险和寿险领域，由于单个保单保险期限长，缺乏足够的数据支持，因此在实施上有些难度。所以，能有效约束销售人员道德风险的适宜合约还有待进一步开发。

8. 信息管理

风险管理实际上是一种决策过程，需要对决策所涉及的信息进行分析，评价影响风险决策的因素，减少风险管理中的不确定性和盲目性。信息管理在风险管理中的作用主要体现在两个方面：第一，是将历史经验数据转为信息和知识，为做出风险管理决策提供依据；第二，是将风险管理决策和知识融入系统，进行正确的运作。

9. 建立重大风险应急管理机制

保险公司应当建立重大风险应急管理机制，定期开展重大风险应急演练，根据演练中发现的问题改善相关制度，并将演练情况和总结留档备查。

三、风险分担

风险分担是通过转移来降低风险的可能性或影响，或者说与其他主体各自分担部分风险。在商业健康保险公司的风险管理工作中通常体现为再保险分出、购买衍生金融工具及各种形式的业务外包等，通常分为非再保险风险转移和再保险两类。

（一）非再保险风险转移

非再保险风险转移就是保险公司将自身可能遭受到的损失或不确定性后果转嫁给他人的风险处理方式。风险的接受人不是经法定程序注册的再保险人，保险公司遭受损失后由其他机构承担财务后果。与回避法所不同的是，回避法是放弃或中止存在的风险单位，但此法容许风险单位继续存在，却将损失的法律责任转移给企业之外的第三者（保险业除外）。

（二）再保险

保险公司极少保留其承保的所有风险。在一些风险通过在各投保人之间及各种保单之间进行分散或抵消的基础上，许多主承保人不愿保留的风险则通过保险转移给其他再保险公司。当一家保险公司购买保险时，就称为再保险。

> **专栏 5.6**
>
> ### 再保险的分类
>
> 通常所说的再保险的分类,主要有两种分类标准:一是按责任限制来划分;二是按分保方式来划分。
>
> 首先,按责任限制分类,再保险可分为比例再保险和非比例再保险。比例再保险又可分为成数再保险、溢额再保险以及成数和溢额混合再保险。非比例再保险又可分为险位超赔再保险、事故超赔再保险、赔付率超赔再保险。
>
> 比例再保险是以保险金额为基础来确定分出公司自留额和接受公司责任额的再保险方式,故有金额再保险之称。
>
> 成数再保险是指原保险人将每一危险单位的保险金额,按照约定的比例分给再保险人的再保险方式。
>
> 溢额再保险是由保险人与再保险人签订协议,对每一个危险单位确定一个由保险人承担的自留额,保险金额超过自留额的部分称为溢额,分给再保险人承担。
>
> 成数和溢额混合再保险是将成数再保险和溢额再保险组织在一个合同里,以成数再保险的限额作为溢额再保险的起点,再确定溢额再保险的限额。
>
> 非比例再保险是以损失为基础来确定再保险当事人双方的责任,故又称为损失再保险,一般称为超过损失再保险。
>
> 险位超赔再保险以每一危险单位所发生的赔款来计算自负责任额和再保险责任额。
>
> 事故超赔再保险以一次巨灾事故所发生赔款的总和来计算自负责任额和再保险责任额。
>
> 赔付率超赔再保险是按赔款与保费的比例来确定自负责任和再保险责任的一种再保险方式,即在约定的某一年度内,对于赔付率超过一定标准时,由再保险人就超过部分负责至某一赔付率或金额。
>
> 其次,按分保安排方式分类,再保险可分为临时再保险、合同再保险和预约再保险。
>
> 临时再保险在安排时需将分出业务的具体情况、分保条件逐笔告诉对方,对方是否接受或接受条件多少完全可以自由选择。
>
> 合同再保险是分出公司和接受公司双方事先通过契约将业务范围、地区范围、除外责任、分保佣金、自留额、合同限额、账单的编制与发送等各项分保条件,用文字予以固定,明确双方的权利和义务。
>
> 预约再保险是介于临时再保险和合同再保险之间的一种安排方式。一般而言,它对于分出公司来说,相当于临时再保险,而对于接受公司来说相当于合同再保险。
>
> 资料来源:魏华林,林宝清:《保险学》,高等教育出版社 2006 年版。

（三）风险分担在商业健康保险公司中的应用——再保险

在商业健康保险公司的风险管理实务中，常采用再保险的方式来分担公司风险。健康保险公司为了减轻自身直接业务的风险，往往将其经营业务的一部分或大部分按照合同约定转让给其他保险人或再保险集团，可以分散过于集中的保险标的风险。通过再保险的方式，商业健康保险公司可以获得如下好处：

1. 控制大额赔付波动

在健康险的精算中，门诊利用率、住院率、残疾率等风险都是用期望值的方差来表示其大小，方差越大，风险越大。当投保的被保险人人数少而承保的件均风险金额较高或者所承保的每个被保险人的风险非独立时，疾病率、重疾率和伤残率的方差就会较大。因此，商业健康保险公司通过购买再保险的方式可以减少门诊利用率、住院率、残疾率等风险的方差，尤其是对于业务量较小的小型保险公司而言，可以有效地应对大额赔付带来的波动。

2. 扩大承保能力，使业务规模化

健康险的理赔和服务是十分复杂的，会占用大部分的保费收入和人力资源，经营成本较高，加上保险费在公司内停留的短期性，造成资金运用的困难，这就决定了商业健康保险公司在开办新险种和扩大承保规模时要投入大量的资金和管理费用。再保险可以使保险公司有效地规避过大的风险，减少冲击性，稳定经营，迅速扩大规模，降低管理成本。

3. 提供给投保人更宽的业务选择和其他服务范围

专业再保险公司通常在诸如核保、产品设计及定价和系统的建立等方面较为擅长，因此直接商业健康保险公司在开展某项新业务时，可以从再保险公司获得这些方面的技术支持。比如，由于自身经验数据的不足，目前我国采用的重疾费率大多数是根据国外再保险公司提供的资料厘定而成。

有了再保险的风险转移，保险公司在产品和承保风险的选择上可能会更灵活、更积极，从而更好地为社会需求提供多方面的保障。同时，保险公司也可接受经验丰富的再保险公司对产品和管理的建议，积累驾驭风险的经验。

中国人民健康保险股份有限公司一直将再保险作为其重要的风险管理工具，对公司的临时分保和合约分保有着制度化和规范化的安排。2006年，中国人民健康保险股份有限公司与中国人寿再保险股份有限公司签署了《合作协议》。图专5.1为中国人民健康保险股份有限公司的临时再保险安排流程图，图专5.2为中国人民健康保险股份有限公司的合约再保险安排流程图。

专栏 5.7

再保险管理——临时分保

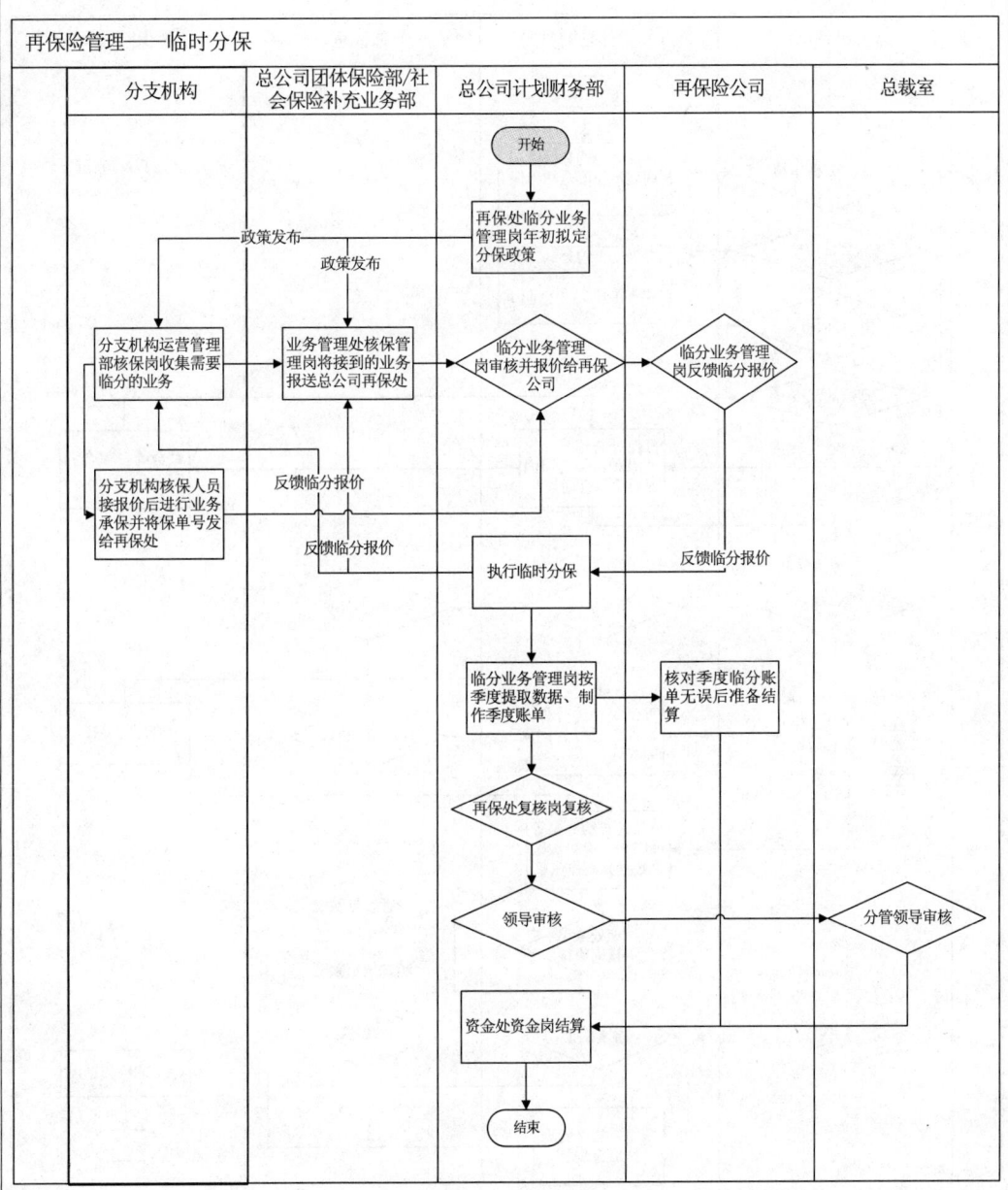

图专 5.1　中国人保健康股份有限公司临时再保险安排流程图

资料来源：中国人民健康保险股份有限公司：《中国人民健康保险股份有限公司内部控制手册》，2015 年发布。

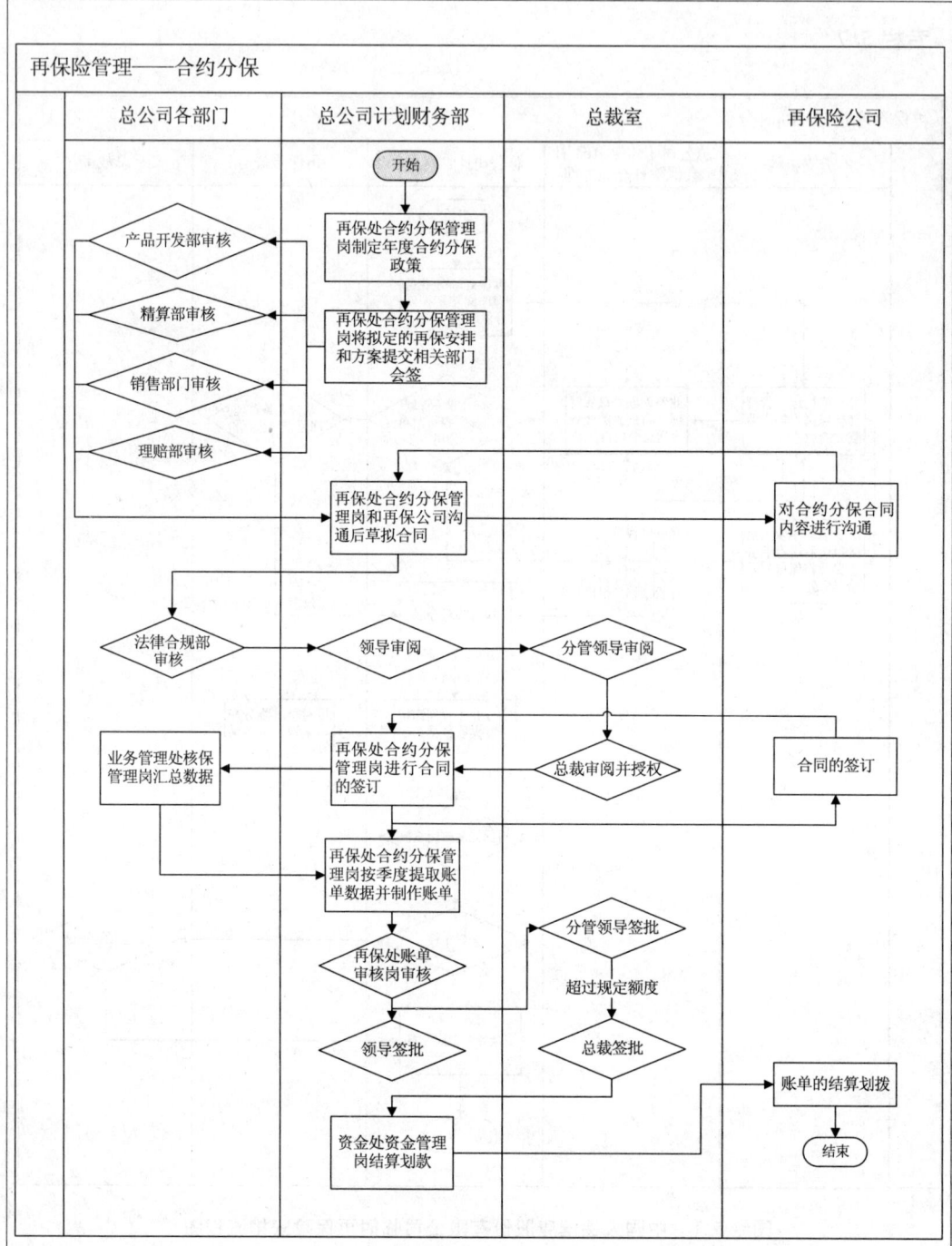

图专 5.2　中国人保健康股份有限公司的合约再保险安排流程图

资料来源：中国人民健康保险股份有限公司：《中国人民健康保险股份有限公司内部控制手册》，2015 年发布。

四、风险承受

风险承受或自留是指企业自身承受风险所致的损失[①]，即不采取任何措施降低风险的可能性和影响，以自留风险的方式来承受风险，体现为在公司风险容忍度以内主动承担各种风险损失。当企业选择以风险承受的方式来应对风险时，企业常通过内部资金的融通来弥补因自留的风险所引致的损失。

在健康保险公司的风险管理实务中，风险融资决策大多数是自留风险与转移风险的结合。保险公司选择自留风险的条件是有足够的金融资产偿付能力去承受与风险相关的最大可能损失。当保险公司自身对风险的控制能力低或没有控制能力时，就会选择将风险转移。较高的转移费用或交易成本会增加保险公司选择自留风险的可能，但如果风险接受方提供的服务更有效率，使转移风险的成本比自留风险更低，保险公司将会选择转移风险。公司的风险承受决策需要在增加的自留风险所带来的收益和风险增加所带来的期望成本间进行权衡。保险公司最佳的自留风险与转移决策是：将可以合理预测的损失自留；将那些可能严重影响偿付能力的损失进行转移。

企业要根据自身的财务和经营状况来制定风险自留额度。对于自留部分的风险不能等闲视之，需要确定相应的准备金以防万一。准备金有法定责任准备金和任意准备金两种。其中法定部分具有强制性，而任意准备金则由企业根据对自身风险的评估自行提取。

法定责任准备金包括：未到期责任准备金、赔款准备金、理赔费用准备金、法定公积金和保障准备金。由于健康险业务具有保费在先、偿付在后的长期性特征，所以未到期责任准备金是商业健康保险公司法定责任准备金的主要成分。顾名思义，未到期责任准备金就是根据未来可能需要的责任赔付而抽取的准备资金。未到期责任准备金对商业健康保险公司的风险管理十分重要，是精算的主要内容之一。准备金的大小取决于产品特性，伤病发生率（门诊利用率、住院率、残疾率）和伤病发生后的平均给付额度（年人均门诊次数、年人均住院次数、次均住院天数、次均门诊费用和次均住院费用以及失能后收入的平均损失额度）等情况，通常使用预期法计算。赔款准备金是指那些业已发生但尚未清付的索赔，包括正在受理过程中的索赔和尚未递交的索赔。赔款准备金的确定需要估算未来可能发生的索赔数目和金额，难度相对大一些。理赔费用准备金主要指处理理赔过程中的各种特定费用，如调查费用、律师费用等。法定公积金是法律规定的从利润中提取的用于企业经营规模扩大和补充亏损的准备金。而保障准备金则是应监管要求，为偿付公司万一倒闭而遗留的各种债务责任所提取的准备金。另外，公司还可以抽取适当比例的资金以防特大灾难。

提取适当比例的准备金，是一个非常复杂而重要的问题。商业健康保险公司首先

[①] 宋明哲：《风险管理》，中华企业管理发展中心1984年版。

要保证资金充足，做到对业务经营中的各种风险有备无患。但准备金也并非越多越好，过高的准备金会导致保险费率失真、财务状况扭曲，影响消费者的利益。企业一定要认真严格地分析、确定适当的准备金比例，以免在使用准备金来应对风险的同时，又不知不觉引进了新的准备金附加风险。

第二节　风险应对方法的评价和选择

在商业健康保险公司的风险管理实务中，公司的管理者首先应该建立组合观，从公司整体的角度考虑面临的风险；其次应该在适配原则和成本效益原则的指导下，从对风险事故的损失频率和损失幅度的影响、应对方法的自身成本与收益两方面入手去权衡各种风险应对方法；最后选定合适有效的策略和方法，并确保可以使企业风险发生的可能性和影响都落在风险容量范围之内。

一、风险组合观

组合理论在保险公司经营中的运用由来已久，运用的是所谓的大数法则。同质但独立的保单经过组合后，保单数量大量积聚，组合风险趋近于零。类似效果也存在于不同险种之间。实际上，商业健康保险公司风险管理的本质要求，就是要从公司一体化或整体或组合的角度去考虑企业所面临的风险。2004年发布的《企业风险管理——整合框架》认为，"管理层需要从组织整体角度考虑风险，将组织风险作为一个整体去和实际绩效目标所需要承受的风险进行对比，而不是将其视为一个个单独的、分散的风险"。因此，健康保险公司的"风险组合观"即指对企业所面临风险、风险控制过程和策略的一种整体化或综合化视角。董事会和管理层在风险管理过程中不仅要考虑风险的性质及发生可能性的相对大小，而且要考虑彼此依存的关系以及它们会如何影响绩效。企业通过组合观可以识别出重大的风险，并确定其剩余风险特征是否与企业的总体风险偏好一致。

专栏5.8

组合观

一、组合观——COSO《企业风险管理——整合框架》（2004版）

企业风险管理要求从整个主体范围或组合的角度去考虑风险。管理部门通常采取的方法是首先从各个业务单元、部门或职能机构的角度去考虑风险，让负有责任的管理人员对本单元的风险进行复合评估，以反映该单元与其目标和风险容限相关的剩余风险。通过对各个单元风险的了解，一个企业的高层管理部门能够很好地采取组合观来确定主体的剩余风险和与其目标相关的总体风险容量是否相称。不同单元的风险可能处于各单元的风险容限之内,但是放到一起以后,风险可能会超过该主体作为一个整体的风险容限,在这种情况下需要另外的风险应对措施,以便使风险处于主体风险容量之内。相反,主体范围内的风险可能会自然地相互抵消,如一些单元的风险较高,而其他单元对风险比较厌恶,这样整体风险就在主体的风险容量之内,从而不需要另外的风险应对。

风险组合观可以用多种方式来描述。组合观可以通过关注各个业务单元的主要风险或事项类别,或者该公司作为一个整体的风险,运用类似风险调整资本或风险资本等标准来获取。在通过计量盈利、增长以及与已配置的资本和可利用的资本相关的其他业绩指标来表述经营目标的风险时,这种复合性指标尤其有用。这种组合观的指标能够为在业务单元之间重新配置资本和修改战略方向提供有用的信息。例如,一家制造业公司对于它的经营性盈利目标采取风险组合观。管理者采用通用的事项类别来获取各个业务单元的风险,接下来按照类别和业务单元编制图表,说明用一个时间范围内的频率来表示的风险可能性,以及对盈利的相对影响。其结果是对公司所面临风险的一个复合性的或组合性的观点,管理者和董事会据此考虑风险的性质、可能性和相对大小,以及它们对公司的盈利可能产生怎样的影响。又如,一家金融机构,它号召各个业务单元都从风险调整资本报酬的角度去制定目标、风险容限和业绩指标。这个一贯应用的尺度帮助管理者把各个单元的组合风险评估结合起来,把该机构作为一个整体的风险组合观,从而使管理者能够按照目标去考虑各个单元的风险,并确定主体是否处于其风险容量之内。

如果从组合观的角度看待风险,管理者就可以考虑它是否处于既定的风险容量之内;此外,能够重新评价所承担风险的性质和类型。通过运用组合观来管理风险,企业的风险可能会:第一,因为企业内部风险的逐渐合并而增加了损失的严重性;第二,因为企业内部风险的逐渐合并而降低了损失的严重性;第三,因为企业内部风险的自然对冲而抵消。

二、评价组合观

2016年COSO发布的《企业风险管理——通过策略与绩效调整风险》在2004年《企业风险管理——整合框架》的基础上提出了对组合观的分析和评价。

(一)管理部门可以运用定量和定性的方法对组合后的风险进行评估

定量方法包括运用回归模型和其他的统计分析对组合风险在发生改变或者冲击时的反应的敏感程度的测量。定性方法包括情景分析和基准测试。

(二)通过对组合进行压力测试,管理部门可以检查的内容

1. 评估风险严重性的假设是否合理。

> 2. 在极端情况下，单个风险的状况。
> 3. 组合观内各个风险之间相互影响的程度。
> 4. 现有风险应对方法的有效性。
>
> （三）通过采用压力测试、情景分析以及其他的分析性检测手段，可以帮助管理当局避免或者更好地应对大的意外和损失
>
> 管理者可以运用多种手段分析业务环境、业务目标或者策略变化的影响，比如说一个金融机构可以运用组合观去分析利率变动的影响。此外，管理部门可以运用组合观去分析多种变量同时发生变化时对组织的影响，比如说当利率和大宗商品价格同时上涨时对企业盈利的影响。最后，管理部门可以选择去评估大规模事件的影响，比如说一个操作事故或者是第三方的失败。运用组合观对假设的改变进行分析，有助于管理部门发现潜在的、正在涌现的或者是正在改变的风险，并且有助于对现有风险应对方法的有效性进行评估。
>
> （四）无论是定量的还是定性的方法，都是为了评估企业的适应能力
>
> 这些评估方法也促使管理部门对现有的进行策略制定或者风险预测的假设条件进行检验。正因为如此，对于组合观的分析也可以看作企业在进行策略选择或者建立业务目标时所做的评估的一部分。
>
> 资料来源：COSO：《企业风险管理——整合框架》，2004 年发布；《企业风险管理——通过策略与绩效调整风险》，2006 年版。

二、风险应对方法的评价

考虑到商业健康保险资源的有限性，在考虑风险应对方案时，除了考量方案对损失频率和损失幅度的影响，还必须考虑风险应对方案的相关成本和效益。

（一）从对风险的损失频率和损失幅度的影响角度评价风险应对措施

考虑到每一个风险应对措施对风险的损失频率和损失幅度的作用效果并不相同，在对应对方案进行评价的过程中，风险管理部门应同时考虑风险应对方案对风险的损失频率和损失幅度的影响效果。在对风险应对措施的效果进行评价时，风险管理部门要综合考虑以往的经验数据、风险管理结果和对潜在未来情景的预测，进行科学的判断。

（二）从成本与收益角度评价风险应对措施

首先是风险管理成本。通常要考虑执行一项应对方案相关的所有直接成本，以及可以实际计量的间接成本。风险管理成本是公司经营成本的一部分，合理控制风险管理的成本不但是风险管理的目标，也可以增进企业的价值。

一家公司在进行风险管理时主要成本有两大项：一为无形成本，二为有形成本。无形成本主要指公司的风险管理部门的工作人员对于不确定性的忧心，但这种忧心在

企业风险管理中根本就于事无补，而且很容易降低生产能量。有形成本就是风险管理所有花费的经济资源。巴娄（Barlow）将有形的风险管理成本称为风险成本[①]，共包含四项：一是保险费，在商业健康保险公司风险管理中表现为再保险的分保费。二是其他替代性风险理财计划的成本或未获再保险赔款的损失。例如，公司在自留风险或者列支准备金方面花费的成本。三是损害防阻设备支出，在一般企业风险管理中表现为对一些防止损失蔓延、扩散的设备的购置，比如说安装自动洒水设备等。四是风险管理部门支出，通常包括人员薪资与行政费用，但由于商业健康保险公司经营业务的特殊性，这部分所涉及的工作人员不仅仅是在公司风险管理部门任职的员工，还应当包括派驻公司合作医院的监督人员。

一些公司还将与使用资源相关的机会成本也纳入考虑。例如，在采用回避方案应对风险时，直接成本是因为回避某一产品线而放弃的相应的保费收入，间接成本可能包括退出某项业务的市场法律问题、退出该业务后的战略成本以及因回避某一具有潜力的产品线所导致的营销或销售部门的反对所造成的员工流失。但是，在某些情况下很难量化风险应对的成本。在此例中，放弃某一产品线所导致的业务收入减少是可以量化的，但是因放弃该产品线导致的员工流失成本则难以量化。

其次是风险管理收益。相较成本而言，风险应对方案的效益因涉及更多的主观评价，更加难以量化，如对员工进行培训，其收效可能很显著，但很难去量化培训的收益。然而，在许多情况下，一项风险应对的效益可以在与实现相关目标有关的效益的背景下予以评价。

鉴于风险应对方案成本和收益评估上的困难性，商业健康保险公司风险管理部门无论应对单一风险还是分散多种风险，每一个层面都应该进行精心分析，形成一整套适合本公司经营情况的风险应对方案评价体系。在考虑风险应对方案的成本—效益关系时，要把企业面临的风险关联起来，这有助于风险管理部门做出主体的风险降低和风险分担应对，做出合理有效的判断。举例来说，在通过再保险分担风险时，把企业面临的多种承保风险组合到一起与一家再保险公司商定合理的分保计划，通常可以使健康保险公司付出较优惠的分保费用。

三、风险应对方法的选定

商业健康保险公司需要根据风险分析的结果，结合公司风险承受度，权衡风险与收益，确定风险应对策略。在风险组合观下，总公司各职能部门和各分支机构根据风险评估结果，对各项风险进行分析比较，确定风险管理工作重点和优先顺序，在各自职责范围内，根据公司发展战略、经营目标和风险管理需要，针对不同风险的特点，

[①] 风险成本的概念最早由美国著名保险业组织美国风险与保险协会（RIMS）的前任主席道格拉斯·巴娄（Douglas Barlow）于1962年提出。

选择适当的风险管理方法,并采取相应的风险应对措施。总公司各职能部门根据职责分工对各分支机构实施业务、财务、投资、风险等方面的有效管控,指导、监督各分支机构建立健全各项内控制度。公司通过内控基本规范贯彻实施项目,优化和改进工作流程,明确重要风险控制点,进行缺陷整改,完善内控管理体系,为有效地实施风险管控打下基础。公司风险管理委员会通过审议各分支机构和职能部门风险管理方案,确定风险管理重点,部署风险管理工作,指导、督促总公司各职能部门和各分支机构建立健全风险管理体系,强化对公司风险的有效管控。

风险管理部门在选择和执行风险应对方案时,需要考虑以下几个方面:

第一,评价针对固有风险的备选应对,要求考虑此应对方案可能带来的附加风险。因此,应对方案的选定是一个复杂的过程,需要反复斟酌。

第二,任何活动都有其自身的固有局限性和未来发展的不确定性,因此各分支机构、总公司各部门应确保将管理和应对后的剩余风险控制在可接受范围内,持续监控风险解决方案的执行情况,定期总结、分析已制定的风险解决方案的合理性和有效性,并根据经营情况的变化不断完善风险解决方案,确保其内容的完整性和有效性。

第三,风险管理部门的工作不能仅限于降低已经识别出来的风险,还应该注意对备选风险应对方案的及时更新,以便在现有的风险应对方案到达其有效性的极限时或者进一步的改进可能只能对风险的损失频率或损失幅度带来些许细微的变化时,提出更加有效的风险应对方案。

当风险管理部门确定好风险应对方案之后,要制定计划,确定控制活动,确保应对方案的有效执行。

第三节 结构性金融或保险工具及其运用

新型风险和巨灾风险的不断出现、市场风险的巨大波动给健康保险公司的承保能力和偿付能力造成很大压力。随着企业风险管理技术的日渐成熟、金融产品的不断创新和金融结构的深化发展,健康保险公司的风险管理应对方法不再拘泥于上述传统风险管理策略和方法,一些创新的金融和保险结构性工具在企业风险管理流程中的作用越来越重要。

一、结构性金融工具

对于健康保险公司来说,风险应对策略和方法可分为传统风险管理方法和非传统风险转移方法。虽然在目前的监管政策和技术手段下,非传统的结构性金融工具并没有成熟运用于健康保险公司风险管理中,但是其风险转移机制可以为健康险保险公司的风险转移应对方案选择提供新的思路。

（一）结构性金融产品（Structured Financial Products）

结构性金融工具是兼具固定收益证券与衍生产品双重特征的一类金融创新产品，相对于传统的贷款、普通债券和一般公司债券等金融工具以及传统的火灾保单、定期寿险保单等保险工具，是结构更为复杂的风险管理工具。结构性金融工具作为非传统的资金筹集过程，通过将固定收益产品（通常是定息债券）与金融衍生交易产品（如远期、期权、掉期等）结合，或增强产品收益，或产品化投资者对未来市场走势的预期，改变了公司资产的风险特征。例如，市场上流行的银行理财产品就是一种典型的结构性金融产品。

与传统金融产品相比，结构性金融产品通常是为了满足一个或一组公司借款人的筹资和风险管理需求，或者是为了满足特定群组的目标投资者的风险或投资回报意愿而设计的①。因而，将结构性金融工具作为公司的融资或风险融资方案比标准化解决方案具有更加灵活化和定制化的特征。为了达到特定的资金供给和风险转移与同等特定的资金需求和风险转移方案相匹配的目的，结构性金融工具通常会特意设计现金流的打包方式和交易结构。

专栏 5.9

结构性金融工具的产生和发展

结构性金融衍生产品市场的发展可以分为传统型产品和现代型产品两个阶段。传统型产品包括可转换证券、可交换证券、含有股权认股权证的债务互换工具等，产品结构、交易机制都相对简单。现代结构性产品产生于 20 世纪初期，21 世纪初出现爆炸性成长，从产品结构上看，虽然可以简单地描述为"债券期权"，也就是固定收益证券和衍生合约，但现代结构性产品的设计发生了巨大变化，具体的产品结构非常多样。《福布斯》杂志曾经把结构性产品称为"自己动手做的衍生品"，充分说明了这种金融衍生品的灵活性、多样性、复杂性特点。

资料来源：李畅：《结构性金融衍生产品定价研究》，同济大学学位论文，2007 年。

（二）结构性融资交易

结构融资是指企业通过利用特定目的实体，将拥有未来现金流的特定资产剥离开来，并以该特定资产为标的进行融资。换句话说，结构融资的对象是特定资产，而非资产所有者。克里斯托弗·L. 卡尔普（2008）认为一家公司的金融资本结构并不局限于为公司提供的资金来源，因为一家公司资产引起的任何及所有自留风险均由作为法律主体的公司转移至其所有者和债权人，因此公司的结构性融资还应包含公司负债

---

① 克里斯托弗·L. 卡尔普著：《管理资本和风险的艺术——结构性金融与保险》，杜默，任建畅译，中国金融出版社 2008 年版。

的金融工程化过程，以达到特定的融资和风险管理目标。他还提到，在某些情况下，金融资本权利结构的特定设计或重新设计是不够的，公司资产还必须重新包装。任何结构性交易的精确性质，都依赖于实施结构化公司的具体目标，可以称该公司为结构性融资交易的发行人或发起人。目前，资本市场上主流的结构性融资交易的类型有：以特定资产担保特定债务、资产证券化以及围栏资产。

1. 以特定资产担保特定债务

通过发行有担保债务来取代无担保的债务是结构性融资中最简单的形式。以特定资产担保特定负债的操作方法是：公司留出一些特定的资产作为特定债务的抵押品，以确保特定索偿权的现金流，从而形成有担保的索偿权。这些抵押品被抵押给债券或票据持有人是为了确保债务人或债务工具的履约，票据持有人在抵押品上拥有完全的担保利益。这种融资方式可以有效地保护债权人的利益，因为在公司破产时，这些为特定负债做担保的抵押品不会用于清偿该公司无担保的债权人的债务，而仅能排他性地用于清偿公司对有担保索偿权的债务。

公司通过特定资产担保特定负债的融资方式可以达到公司信用增级的目的。原因是通过这种资产重新结构化的形式，公司可以将投资于新的有担保账户上的投资者从公司传统资本结构优先序列中移除。虽然根据公司金融理论（M&M）的假设，这种资产重组的方式并不能对公司信用评级产生影响，但是在实践中当用某些资产担保履约时，不仅对公司信用有利，也对偿还者偿付债务有利，有些情况下可以两种情况兼得。

2. 资产证券化

结构性融资的另一种形式是资产证券化。在资产证券化中，首先要存在公司想要收购的资产，为了筹集收购资产的款项，公司以新收购的资产的未来现金流作为担保发行新证券来募集资金，募集的资金的本金和利息则由新收购的资产作为抵押品来支持。

3. 围栏资产

围栏资产是将选定的资产隔离到另一法律实体的一种资产再包装形式。其中，选定的资产也有可能是公司内的整个业务单元。被转移到的另一个法律实体可以是母公司的全资子公司，也可以是全部或部分由外部投资者提供资金成立的公司。无论采取何种方式，划定围栏资产旨在将这部分资产与公司其余部分资产分离开来。在实践操作中，围栏资产常常由项目融资所推动。举例来说，一个在投资级以下的企业发现了一个优质项目，该项目属于资本密集型项目，企业为了获得更好的融资条件和较好的整体风险转移提供融资担保而将这个项目的资金注入一个新的法律实体，使其与原公司相分离。围栏操作一般适用于低质量的公司为高质量的项目融资，或者是高质量公司不愿意成为高质量项目的唯一融资者时所采用。

（三）结构性公司证券

结构性公司证券既是发起人资本结构的一部分，也是发起人资产负债表中的负债。结构性公司证券与普通的金融资本索取权最主要的区别就是其现金流被精心结构化了。被结构化的现金流使得发行人的融资目标或者风险转移目标能够与投资者需求相匹配。结构性公司证券有两种特殊类型：混合和可转换证券以及结构性票据。

1. 混合证券（Hybrid Security）和可转换证券（Convertible Security）

混合证券是经结构化后集债务和股本特点于一身的证券，是一种将单一发行人资本结构中的几个构成成分综合或捆绑于一个金融资本索偿权中的融资工具，也就是将股票与债券以一定的方式结合的证券。可转换证券是混合债务证券的一种特殊类型，它综合了债务与股本融资，为债券持有者提供将证券转换为股份的交易选择权，即持有者可以在一定时期内将所持有的证券按照一定的条件转换为另一种证券，例如可以将所持有的公司债券转换为公司的优先股或普通股。可转换证券在实际操作中应用较多。混合证券和可转换证券是综合了同一企业资本结构不同成分（股本和债务）的证券，在某些时候还可以是公司证券加其他证券衍生品的组合，但仅限于同一企业的证券和衍生品的组合。

2. 结构性票据（Structured Notes）

结构性票据是目前实务中最重要的一种结构性产品，主要是指与利率、汇率、股票、商品和信用挂钩的票据、债券。混合证券和可转换证券仅限于同一企业内部的证券和衍生品的组合，结构性票据则不然。结构性票据可由一种综合了债务与传统普通衍生品合约盈亏特性的合约人工复制，是一种结合固定收益型产品及衍生性金融产品的投资工具，通过发行机构将大部分本金投资于固定收益产品，利用剩余少量的本金从事衍生性金融产品的操作，同时达到保障本金与资产增值的目的（如利用95%的本金购买零息债券，5%的本金投资选择权等衍生性金融商品）。一家发行结构性债务的公司通常也可以通过发行直接的债务并签订独立的衍生品合约，获得同样的市场风险暴露。

公司参与结构性融资市场的原因之一就是将其特定的风险转移目标与投资者需求进行匹配，可以通过发行证券，在债务中嵌入特定风险转移设计，将那些证券中带有的、影响其资产的且未进行对冲或保险的风险传导至投资者，将特定的风险转移综合到筹资和风险转移交易之中。

二、结构性保险工具

结构性保险工具，不同于传统的风险转移方法，是保险期货、期权和债券等一系列保险衍生工具的总称。1970年以来世界巨灾事故发生的频率呈上升趋势，导致世界范围内的保险公司和再保险公司因为承保巨灾风险所导致的损失大幅攀升。为了扩大企业的（再）保险和转分保能力，拓宽承保风险范围，提高风险转移效率，（再）保险企业开始寻求非传统风险转移工具。自保公司或结构类似的自保项目、保险连结证券、有限风险再保险以及多险种和多触发原因综合风险管理产品的出现，实现了保险市场与资本市场的融合，缓解了保险市场的承保压力，弥补其承保能力的不足。

(一) 保险连结证券

保险连结证券就是风险证券化过程中发行的结构性保险产品,保险风险证券化的基本理念在于发行以保险风险为基本主题的证券,将资本市场引入传统保险公司,使保险市场上的风险得以分割和标准化,将风险转嫁给更为广泛的资本市场,从而达到在资本市场投资者之间分散风险的目的。保险风险证券化,主要是通过保险市场和资本市场的相互联系来实现风险转移的一种做法,这种独特的构造和安排可以为保险公司带来诸多好处。一方面,保险风险证券化可以为保险公司提供一条非常有效的融资渠道,有利于改善保险公司的资产负债结构,提高保险公司的偿付能力,进而提升保险公司的盈利水平;另一方面,保险证券化工具能够使保险行业避免巨灾再保险支付能力不足的问题,有益于提高保险公司自身的偿付能力和信用等级。

1. 巨灾债券

巨灾债券(Catastrophe Bonds)是一种根据约定巨灾损失的发生情况决定利息支付和本金偿还的债券,通过发行收益与指定的巨灾损失相连结的债券,可以将保险公司部分巨灾风险转移给债券投资者。巨灾债券是目前市场上最重要的一类结构性保险工具,其交易过程是:由保险公司或再保险公司设立一家具有特殊目的的机构(Special Purpose Vehicle,缩写成 SPV),由该机构向投资者发行巨灾债券,并与保险公司签订再保险合同为其提供风险保障。

在资本市场上,需要通过一家特殊目的机构来确保巨灾发生时保险公司可以得到及时的补偿,以及保障债券投资者获得与巨灾损失相连结的投资收益。但是,巨灾债券是有条件的支付,其触发条件是巨灾损失是否发生以及发生的程度(触发额度)。如果在约定的期限内没有发生约定的巨灾或者是虽然发生了巨灾损失,但在触发额度之内,保险人将会按照约定支付债券投资人利息并返还本金;如果在约定的期限内发生了巨灾,并达到触发额度,则保险公司延期支付或者免除部分或全部本息。触发条件是巨灾债券的一个核心概念,包括赔偿性触发条件和指数性触发条件。前者是以其实际损失赔偿数额来表示的,在早期的巨灾债券市场普遍使用,用来减少公司的基差风险,但其要求的信息的完全披露过程过于复杂;后者则用某种特殊的指数来表示,如行业损失指数或参数指数等。它代表了损失的相对水平,进而反映总体情况,这可以减少信息不对称给投资者带来的损失,但其容易引起基差风险。

2. 巨灾期货和巨灾期权(Cat Option)

巨灾期货是以未来某个时点的巨灾风险指数为标的的期货。1992 年,美国芝加哥期货交易所(CBOT)推出了最早的巨灾保险期货,采用美国保险服务办公室(ISO)提供的资料来计算巨灾期货交易指数。由于设计上的缺陷,它于 1995 年被 CBOT 推出的 PCS 指数巨灾期权替代,1999 年 PCS 指数期权合约则由于交易量过低而退出了市场。目前,还在市场交易的巨灾期货是芝加哥商品交易所(CME)于 2007 年最新推出的 CHI 指数飓风期货。

巨灾期权是以巨灾理赔损失指数作为交易基础的巨灾期权交易。保险公司通过在期权市场上交纳巨灾期权费购买巨灾期权合同，以购买在未来一段时间内可以按照市场价格进行交易的价格选择权，或按期权合同约定的执行价格进行交易。当巨灾损失发生且巨灾损失触发期权执行指数水平时，巨灾期权购买者可以选择行使该期权从而获益，以弥补所遭受的巨灾损失。巨灾期权分巨灾期权买权（Call）、巨灾期权卖权（Put）和巨灾期权价差（Call Spread）三种形式，其中前两种是巨灾期权的主要形式。

3. 或有资本票据（Contingent Surplus Notes）

或有资本票据，又称应急保险（Contingent Insurance）或者应急资本（Contingent Capital），其赋予保险公司以事先约定的利率发行资本票据的权利，这样保险公司就可以在巨灾损失发生后、面临巨额赔付时以较低的成本进行短期融资。保险公司发行或有票据的目的不是补偿保险公司的灾后损失，而是避免在巨灾赔付发生后公司因资金短缺无法维持正常运转而准备的融资渠道。在实际操作中，保险公司需要首先向金融中介支付一定的保费，并约定一旦合同约定的巨灾事件发生，保险公司有权通过该金融中介机构发行资本票据筹集资金应对巨额赔付；如果合同约定的巨灾没有发生，保险公司将支付该中介机构高于市场一般债券的平均利息，作为对投资者承担额外巨灾风险的补偿。

1994年，汉诺威再保险公司以花旗银行作为中介机构发行的8 500万美元的票据合约是或有票据的首次出现，但由于在合约有效期限内没有发生约定的巨灾事故，该票据的发行权并没有得以执行。1995年才出现了第一个被成功触发并且行使发行权的或有资本票据——Nationwide相互保险公司向某信托公司发行的4亿美元的信托票据。此后，这种新型巨灾风险管理工具开始在Arkwrigh等保险公司中推广开来。

4. 巨灾股权卖权（Catastrophe Equity Put）

巨灾股权卖权是一种以股票权益为标的的卖权，从本质上来讲与看跌期权合同类似。保险公司通过向中介机构支付卖权权利金，间接通知资本市场投资者购买卖权，保险公司需要与中介机构在合同中约定某一巨灾损失金额，当巨灾损失超过该约定金额时，保险公司可以以合同中约定的价格，将公司普通股或优先股出售给投资者进行灾后融资。保险公司利用巨灾股权卖权合同可以有效防止巨灾事故发生后导致的公司股票大跌，可以为保险公司提供一个价格合理的股本融资渠道。为了确保投资人依约履行义务，保险公司通常会要求投资者缴纳保证金并储存在信托中介，若在巨灾发生后投资人拒不履行卖权，则由保险公司没收其保证金。

巨灾股权卖权同或有资本票据相似，都为保险公司提供了巨灾发生后的融资渠道。1996年的Replacement Lents公司和中心再保险公司达成的一笔金额为5 000万美元的巨灾股权卖权交易是巨灾股权卖权诞生的标志。

5. "侧挂车"（Sidecars）

"侧挂车"是一种由资本市场投资者注资成立的,通过有担保的比例再保险合约为原发起保险公司提供额外承保能力的特殊再保险公司。"侧挂车"实际上是以公司形式出现的比例再保险合约。

若巨灾不发生,原保险公司和再保险公司都只需承担各自对应部分的保费,"侧挂车"的投资者则获得高于市场债券的平均回报收益。一旦巨灾发生,"侧挂车"就会运用其投资的信托基金中所持国债所获得的利润和资本投资者的初始资本来赔偿原保险公司和再保险公司的损失。倘若巨灾损失过大,或者再保险费率水平大幅下降,导致"侧挂车"的利润空间下降,"侧挂车"可按照预先约定的程序与原发行公司剥离解体。

"侧挂车"最早可追溯至1999年的Top Layer特殊再保险公司,但是其大范围推广还是在2005年美国连续三次爆发规模巨大的飓风(卡特里娜、丽塔、威尔玛)之后,在再保险费率大幅上升的情况下才出现的。目前,"侧挂车"市场已经成为巨灾债券和传统再保险的一种有力补充,在为保险公司拓展风险转移渠道、提高承保能力方面发挥着积极作用。

(二) 自保公司

保险市场经营环境的日益严峻导致保险公司的承保能力下降,保费上涨,获得保障的成本上升,因此保险公司同许多大型跨国公司一样开始寻求一种非传统的保障途径——自保。自保,实质上是一种有组织的预先融资的自留风险形式。它含有像保险一样的转移定价结构,但不要求公司设立和依赖一个独立的组织来完成。通过设立拥有保险执照的全资子公司来进行自保,包括使用自保公司和非自保公司方式。

自保是在公司内部使用同保险一样的内部缔约和转移定价方法的风险预先融资。当公司具有足够的同类风险和损失机会,预期损失总额相当稳定和可预测时,自保是最有效的[1]。但是,在任意精确度内预测公司预期损失的难度会使得为自留这些预期损失而进行的融资十分困难。公司进行自保的机制共有四种。第一种是财务宽松,也就是保持充足的财务灵活性和当前现金余额,对任意合理范围内的损失进行融资。第二种是设立经济损失准备金,然而经济损失准备金的管理和投资人对于经济损失准备金是否能够为已经识别的风险进行融资的怀疑态度都是设计经济损失准备金需要面临的难题。第三种是自保机制,是提高现有保险项目中的免赔额,增加公司的自留部分。第四种是设立自保公司,自保公司是公司汇集自保资金和为风险融资的有效途径。损失大且偶然发生时,自保融资较为困难,然而自保公司汇集了大量的同质风险,使得预期损失和预先融资更加容易。

与购买传统的保险相比,自保的优势也十分明显。首先体现在定价方面,公司通

---

[1] 克里斯托弗·L. 卡尔普著:《管理资本和风险的艺术——结构性金融与保险》,杜默,任建畅译,中国金融出版社2008年版。

过自保可以减少保险附加费的支出和承担信息不对称的成本。其次体现在利息收入方面，纯自保或者设立风险准备金可以允许自保者保留保费的利息收入，然而因为存在一个代表多家公司利益的独立组织，自保集团可能做不到与准备金或自保相同的保费投资自由和资金交付速度[①]。

自保公司或者类似的自保结构是公司进行预先融资最好的选择[②]。公司可以通过设立自己的保险公司来为自留风险融资和管理自留风险。也就是说，自保公司是使公司损失前融资策略与其风险转移项目相融合的工具[③]。公司出于不同目的设立了多种自保公司，在本节仅限于讨论出于纯风险融资的自保公司或者类似自保结构。

1. 单一母公司式自保公司（Single-Parent Captive）

单一母公司式自保公司是公司为了管理自身的自留风险而设立的保险公司。单一母公司式自保公司是结构最为简单的自保公司，一般情况下被认为是公司整体风险管理结构中的一部分。虽然部分单一母公司式自保公司已经在险种、顾客和供应商等方面拓展了自己的业务范围，但大多数该类自保公司的目的还是为该公司的自留风险提供保险保障。单一母公司式自保公司的资本来自向发起人出售本公司的股份，然后将出售股份所得到的收入用于购买低风险和可流通的证券，这部分证券就代表了自保公司发起公司所设立的风险准备金。单一母公司式自保公司的收入来源是发起公司所缴纳的保费，自保公司可以运用保费建立未满期保费和损失准备金。这种准备金和通过出售股份所得到的股本一起成为自保公司从母公司接受的或有支付责任的资金后盾[④]。自保公司所承保的风险通常是企业选择自留的风险，即高频率、低损失的风险。自保公司有时也会选择承保低频率、高损失的风险，但一般情况下自保公司会通过再保险或者互换交易商等方式将风险转移出去。

2. 租赁性自保公司（Rent-A-Captive）和保护单列公司

租赁性自保公司由市场参与者，如（再）保险公司或保险经纪人设立、管理和拥有，为那些缺少资源或不愿出资设立和管理他们自己的自保公司的公司提供服务。租赁性自保公司通过向与其不相关的组织提供保险服务，将承保收益和投资收益缴付给被保险人。在这种自保方式中，实际上是被保险人通过租借其他机构的资金达到抵御可能发生的风险的目的（见图5.1）。

图5.1是租赁性自保公司的运行机制，有自保需求的客户将保费支付给出面保险公司，出面保险公司通过再保险协议将保费转给租赁性自保公司，由这份再保险协议向客户的自留风险提供保险。

租赁性自保公司是一个多参与者结构，一般会为参与者建立客户账户，保费计入账户的贷方，赔款记为抵消保费的准备金，参与者并不真正拥有租赁性自保公司的股

[①][②][③][④][⑤] 克里斯托弗·L.卡尔普著：《管理资本和风险的艺术——结构性金融与保险》，杜默，任建畅译，中国金融出版社2008年版。

权⑤，只是对账户内的保费和保险事故赔偿情况进行监管。当一个参与者提出的赔款

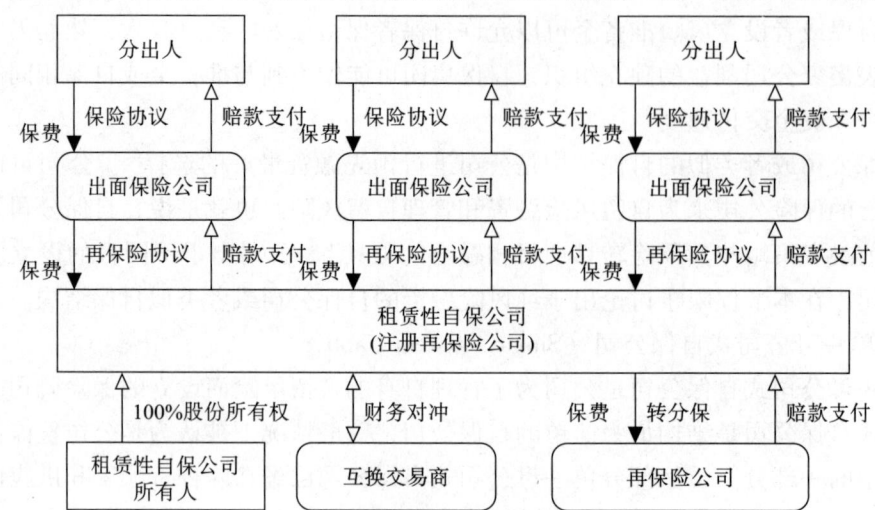

图 5.1　租赁性自保公司

资料来源：克里斯托弗·L. 卡尔普著：《管理资本和风险的艺术——结构性金融与保险》，杜默，任建畅译，中国金融出版社 2008 年版。

请求超出其账户余额时，租赁性自保公司会运用公共资金进行赔偿，此时该客户的账户余额为负。所以，租赁性自保公司通常要求财务实力较弱的企业交纳相对较高的保费，相当于普通保费加上附属担保，以应对该参与者潜在的大额赔款。另外，虽然租赁性自保公司为每一个参与者设立了单独的账户，但是这些账户之间并不具有法律独立性，也就是说当一个参与者的账户余额不足以支付其赔款时，该租赁性自保公司所进行赔偿的公共资金来自其他参与者的账户，当赔偿金额足够大时可能会引起租赁性自保公司的破产，此时其他参与者就不能得到完全的赔偿。因此，虽然租赁性自保公司在创办时对于资金的要求较低，管理上也相对容易，但是其高额的附属担保和事后相互化问题导致租赁性自保公司通常只是作为短期的解决方案。

为了减少参与者对事后相互化问题的顾虑，自保经营机构于 1997 年提出了租赁性自保公司的替代组织形式——保护单列公司。保护单列公司在法律上明确了客户账户的法律独立性，实现了客户账户资产的隔离和独立，除此之外，其运行机制与租赁性自保公司很相似。典型保护单列公司的运行机制如图 5.2 所示。

3. 相互保险公司和互保辛迪加

相互保险公司是一种公司所有者和保单持有者是一个以及相同的保险公司①。目前市场上的相互保险公司大致分为两种：一种是汇集了成千上万的客户、股权高度分

---

① 克里斯托弗·L. 卡尔普著：《管理资本和风险的艺术——结构性金融与保险》，杜默，任建畅译，中国金融出版社 2008 年版。

散的大型相互集团公司,如利宝互助或者万通保险,他们提供的产品品种相当商品

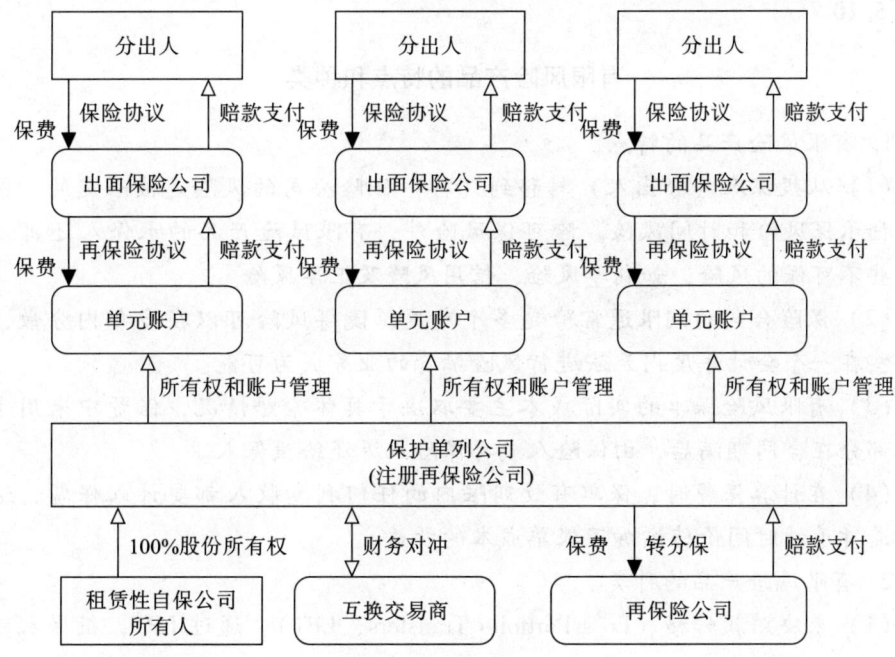

图 5.2　保护单列公司

资料来源:克里斯托弗·L.卡尔普著:《管理资本和风险的艺术——结构性金融与保险》,杜默,任建畅译,中国金融出版社 2008 年版。

化;另一种相互保险公司的客户一般小于 1 000 户,员工常常少于 100 人,是作为公司现有的合格的自保项目,如自保公司的补充。这种相互保险公司为非常特殊的风险提供高起赔点的保护。通常这种相互保险公司也被称为自保辛迪加。传统的保险辛迪加是指共同分享承保单个保单或保单种类的风险、成本和利润的一组(再)保险公司。经过扩展,自保辛迪加是指分享承保保单的风险、成本和利润的一组公司(多为公司和它们的自保公司),其中保单只有辛迪加成员才能购买[①]。

无论是自保公司还是相互保险公司都是管理风险和管理损失前融资的自留风险的组织结构,但是它们并非风险最后的"储藏室",自保公司和相互保险公司都是再保险、风险证券化或者其他衍生工具的购买者。

(三)有限风险(Finite Risk,FR)

有限风险是一系列结构性保险管理工具,实质上是风险融资和风险转移的混合体,但是其重点在于风险融资。目前的有限风险是为保险公司的融资再保险服务的。

---

① 克里斯托弗·L.卡尔普著:《管理资本和风险的艺术——结构性金融与保险》,杜默,任建畅译,中国金融出版社 2008 年版。

专栏 5.10

有限风险产品的特点和种类

1. 有限风险产品的特点。

（1）从投保人（分出人）转移到（再）保险公司的风险是被限定的，但通常包括承保风险和时间风险。除可保风险外，有限风险产品的承保人还可以承担某些不可保的风险，如利率风险、信用风险及汇率风险。

（2）保险合同的期限通常跨越多个年度，使得风险可以在多年内分散，使得一些在一个会计年度内无法进行风险融资的业务成为可能。

（3）有限风险保单的实际成本主要取决于具体索赔情况，保费中未用于赔偿的部分在合同期满后，由保险人或再保险人返还给投保人。

（4）在计算保费时，保单有效期限内的任何利息收入都要计入保费，这就意味着货币的时间价值增加了保单成本的效益。

2. 有限风险产品的种类。

（1）未决赔款转移（Loss Portfolio Transfers，LPT）。通过 LPT，投保人可以将未决赔款准备金转移给承保人（即 LPT 为一种追溯形保险形式），保费通常相当于分出的准备金减去成本、利润和风险保费后的净现值。时间风险是导致 LPT 出现的关键因素。承保人在接受了未决赔款准备金的同时，也就承担了可能会很快支付赔款的时间风险。因此，通过这种转移，投保人可以将传统再保险中的时间风险和投资风险部分甚至全部地转移给承保人。对保险客户（目前通常是自保公司）来说，LPT 产品的主要吸引力在于：加快了自保未决赔款的结算；由于对已发生的损失很快支付赔款的风险已被转移出去，公司的合并和清算变得更加容易；因为转移的责任通常大于所支付的保费，所以 LPT 能够提高自保公司资本的基数，使得其所属的母公司不需增加股本，就可以扩充自保公司的承保能力。

（2）追溯超额赔款保险（Retrospective Excess of Loss Covers，RXL）。RXL 比 LPT 保障的范围更广，因为它包括了对 IBNR 损失的保障。与 LPT 不同的是，RXL 不包括未决赔款准备金的转移，投保人要向承保人交纳保费，承保人则承担超过累计准备金部分的赔款。RXL 的优点有：由于保险人除了承担时间风险外，还承担了部分未决赔款准备金的风险，与采用 LPT 方式相比，公司的合并和清算更加容易；采用 RXL 方式保险后，有利于购买者的公司价值的提高，因为采用了这种保险方式后，股东和评级机构能更清楚地了解公司的风险状况，有关各方能更好地估计以前的赔偿对收益的影响，也就意味着公司经营结果的易变。

资料来源：陈秉正："国外非传统风险转移产品介绍"，《保险研究》2000 年第 10 期。

(四) 多险种和多触发原因综合风险管理

企业风险管理作为一种业务过程允许企业通过更全面的风险识别、评估和控制来挖掘风险管理和企业融资效率①。随着对企业风险管理认识的不断深入，再保险市场的参与者开始尝试提供综合风险管理（Integrated Risk Management，IRM）产品。我们主要介绍两种 IRM 产品：综合性多年/多险种产品（Integrated Multi – year/Multi – line Products，MMP）和多触发型产品（Multi – Trigger Products，MTP）。

1. 综合性多年/多险种产品

综合性多年度/多险种产品是在一个保险计划中将多个险种，如火灾、营业中断和责任等风险捆绑在一起，再在多年度的基础上形成一种综合性、整体性的保险，这些险种并非独立的，而是采用同一个综合费率，费率水平根据投保人自身整体风险的大小来厘定。多年度/多险种产品与传统的混合保险项目并不相同，在传统多风险混合保险项目中，虽然涵盖了多个险种，但是每个险种都拥有独立的免赔额、限额、起赔点和资本。在 MMP 产品中，承保人的责任限额和投保人的免赔额是在所有险种的基础上计算出来的。

多年度/多险种产品的优势表现在：首先，其保费在多年之内是稳定的，增强了企业的财务稳定性；其次，把非相关的风险列入同一个保险计划，避免购买过量的保险保障，提高了风险转移效率；最后，多年度/多险种产品通常是根据顾客需求定制的，有效弥补了未被承保的漏洞。

2. 多触发型产品

与多年度/多险种产品一样，多触发型产品也是综合风险管理方法。多触发型产品的主要特点是损失必须至少有两种以上的触发原因时才能得到赔偿。MTP 合同一般规定：在保险期内，除了保险合同条款内的保险事件（第一触发原因）外，还需要有另一个非保险事件（第二触发原因）发生，承保人才会支付赔款②。

行业损失担保（Industry Loss Warranty）是一种典型的多触发型产品。行业损失担保的触发条件是巨灾对整个保险行业所造成的损失赔付。行业损失担保会在合同中事先约定涵盖区域、灾害种类、责任限额和有效期限，这一点与再保险合同相类似，但它与传统再保险不同之处表现在触发条件的不同。行业损失担保的赔付取决于两个损失触发条件：一个是购买行业损失担保的保险公司自身的实际赔付损失，另一个是整个保险行业的赔付损失。只有这两个损失都超过合同约定水准，行业损失担保才会被触发。一般而言，购买行业损失担保的保险公司的自身实际损失的约定临界点一般设定得比较低，以至于一旦行业损失条件被触发，自身实际损失条件几乎肯定会被触发，因此行业损失担保的定价主要取决于巨灾给整个保险行业带来的实际损失。

---

① 克里斯托弗·L. 卡尔普著：《管理资本和风险的艺术——结构性金融与保险》，杜默、任建畅译，中国金融出版社 2008 年版。
② 陈秉正："国外非传统风险转移产品介绍"，《保险研究》2000 年第 10 期。

目前行业损失担保市场主要集中在自然灾害频发的美国，尽管它在市面上出现了一段时间，但只是在 2005 年卡特里娜飓风之后，行业损失担保才得到了迅速发展。

三、结构性金融工具的应用

在商业健康保险公司的风险管理中，管理者既可以采用传统的风险管理方法，即风险回避、分担、降低和承受，将风险控制在公司的风险容限之内，也可以采用非传统风险转移策略和方法，突破传统风险管理方法的局限性，引入资本市场转移和分散风险，不仅可以实现企业自身的持续健康发展，也能更好地发挥经济补偿和社会稳定器的作用。

（一）寿险债券（Life Insurance Bonds）

寿险债券是寿险证券化的主要品种（见表 5.2），从当前的市场发行情况来看，保险连结证券除了巨灾债券，就是寿险债券。在寿险证券化过程中，保险公司将其收取死差益、费差益的权利，或者是销售保单的获取保费的权力卖给一个特殊目的公司。该特殊目的公司则通过向资本市场发行证券来筹集购买这些权利的资金。寿险证券化与巨灾证券化的不同之处在于其融资动机的不同：寿险证券化的首要动机是为了缓解资金压力、为承保新业务进行融资；而巨灾债券是为了保证保险公司在进行巨额支付后的稳定运营而进行的融资。

表 5.2　　　　　　　　　　寿险证券化发展历程

时间	发行公司	市值（亿美元）	种类
2001 年	Prudential Financial	17.5	分红寿险保单内含价值证券化
2003 年	Genworth Financial	11.5	定期寿险准备金证券化
2004 年	瑞士再保险	4	极端死亡率证券化
2006 年	Genworth Financial	4.75	万能寿险准备金证券化

资料来源：谢世清："寿险证券化及其借鉴"，《商业研究》2010 年第 4 期。

寿险证券化的形式有三种：内含价值证券化（有效合同价值证券化和封闭业务证券化）、准备金证券化和极端死亡率证券化。有效合同价值证券化是将无形资产，如递延获得成本和未来利润等转化为现金。准备金证券化是将多余的定期寿险和万能寿险准备金证券化。极端死亡率债券能够帮助人寿保险公司化解大规模的流行性疾病，如 SARS 和禽流感等，在短期内极大提高被保险人的死亡率从而造成保险公司的巨额赔付的可能性。

随着保险风险不断通过证券化的渠道向资本市场转移，保险连接证券逐渐成为保险业成熟的风险管理工具和资本市场重要的投资品种。伴随着全球金融市场的稳定，保险公司对保险连接证券的技术掌握得更加熟练，以及更多投资者习惯把它作为投资组合中必不可少的资产种类，保险风险证券化市场将具有更加广阔的发展空间。

(二)"分红险+健康险"

近年来,随着我国居民保险意识和收入水平的显著提高,对健康保障的关注度也不断增加,商业健康保险保费收入大幅攀升,相较于直线上升的保费收入,健康保险公司的盈利状况并不乐观。据统计,在经营健康险的保险公司中,80%以上的公司赔付率超过80%,40%左右的公司赔付率超过100%,个别公司甚至高达200%,再加之代理费用和管理费用等经营成本,市场面基本处于亏损状态。受限于监管规定,健康险公司的经营范围仅限于健康险和万能险,然而纯保障型健康险并不够迎合市场,为了维持健康保险公司的稳定经营,2011年中国人民健康保险股份有限公司试水"分红险+健康险"的组合计划。这种新的产品组合究竟能否帮助商业健康险公司走出困境还有待市场的考察,但是分红型产品除了具有市场吸引力外,其产品特征十分有助于商业健康保险公司降低利差损、死差损、费差损和降低保单抵押贷款风险,进而提高公司的盈利能力。

一是降低利差损。分红产品一般由投保人首先缴付比非分红产品略高的保费,然后根据产品约定与实际死亡率、利率、费用支出和贷款金额等因素的差距,决定每年的红利。这一部分的红利可用来缴付次年的保费、购买额外的保险或提取现金。一般来说,由于投保人分担了部分原属保险公司的承受风险,分红保单的实际保费即减去红利后的保费一般低于同额保单的非分红产品保费[1]。

二是降低死差损。由于分红产品的红利分配与实际死亡率挂钩,当实际死亡率高于预期死亡率时,保单红利较低;实际死亡率低于期待死亡率时,则红利较高。

三是降低费差损。分红产品红利分配的设计是基于预期的费用的支出差距,当实际费用超过预期时,分配的红利相对减少。

四是控制保单贷款风险。通过设置保单贷款额高则分红率低的规定,降低保单贷款的积极性。

五是控制投资风险。分红产品的设计是将保单价值投资风险由保单持有人自己负担,减少保险公司的投资风险。投资的选择包括债券、股票和多种指数的基金,保单持有人可以选择不同比例的投资组合,或者不同的基金管理人。保单持有人投资的风险增加,但可以选择更适合自身的投资方向,同时尽可能地提高投资绩效。

(三)商业健康保险公司参与社会保险管理

在健康保险公司风险管理流程中,为了拓展商业经营模式,把握发展机遇,多家健康保险公司积极参与社会保险管理工作,探索了"湛江模式""平谷模式"等服务国家基本养老和医疗体系的方式。此外,健康保险公司在传统的健康保险产品业务的基础上大力开展健康管理业务。从健康保险公司风险管理创新的角度看,这些都是结构性保险工具在健康险业务中的运用。

---

[1] 王一佳、马泓、陈秉正:《寿险公司风险管理》,中国金融出版社2003年版。

1. 商业健康保险参与社会保险管理

随着医疗费用的增长，医保基金的支出不断增加，政府社会保障基金面临的支付压力越来越大，部分省份甚至出现了收不抵支的状况，基金"穿底"风险陡增。对商业健康保险公司而言，积极参与社会保险管理不仅有利于实现资源共享，降低理赔成本，而且可以帮助政府解决医保基金收支不平衡的问题。以中国人民健康保险股份有限公司参与的湛江地区新医改试点为例，其专业健康保险公司的专业优势得到充分体现：首先，商业健康保险公司的介入，充分发挥其在精算管理、风险控制、理赔服务等方面的专业优势，使广大参保群众切实享受到了更多层次、更高程度、更加便捷的健康保险服务，参保群众的保障程度得到较大幅度提高，费用结算也更加快捷，看病就医更为方便；其次，政府行政效能得到有效提升，一方面降低了政府管理成本，另一方面提高了政府管理效率；最后，医疗资源得到合理利用，在有效控制不合理医疗行为的同时，大幅度提高了医疗资源配置效率。

在与当地社保部门和医院的合作中，人保健康以社保平台为载体，进一步完善了运营管理体系和客户服务体系，为建立社保部门、商业健康保险公司和医疗机构的三方合作机制提供了宝贵经验，为探索商业健康保险公司参与国家医疗保障体系建设和改革的运作模式奠定了坚实的基础。人保健康在湛江试点的成功经验证明，在有条件的地区实施经办基本医疗和承办补充医疗一体化试点，可以充分发挥商业健康保险公司的专业优势，提高医疗保障体系运行效率。

2. "健康保险+健康管理"

从目前我国商业健康保险公司的经营状况来看，企业盈利与保费增长一直难成正比，一个关键原因在于保险公司未能介入医疗诊断体系来控制医疗成本，商业健康险公司要想打破盈利难的局面，就必须对内尽快促成健康保险和健康管理产业链的融合，对外争取拥有更多医院医疗费用开支方面的话语权，形成从治病到预防的健康管理闭环。

将健康保险与健康管理相结合是一种新型的风险管理方式，通过从源头上降低被保险人的健康风险，或者改变被保险人的不合理医疗行为，减少医疗费用支出，从而提高健康保险产品的营利性。健康管理是一套完整科学的程序，核心是对健康危险因素的识别和管理，通过对个体或群体健康状态和危险因素的监测、分析、评估、干预，防止或延缓疾病的发生发展，提高健康管理对象的健康状况和生活质量，降低医疗成本。

国内外大量的实证研究表明，实施健康管理对延缓和降低疾病发生率有明显的作用，尤其对于慢性疾病，可以有效降低其发生概率和避免向更严重疾病发展的概率。例如，20世纪70年代至90年代，芬兰通过改变特定人群生活习惯，有效地降低心血管发病率，这一管理方法被世界卫生组织誉为心血管疾病健康管理的成功典范。保险公司开展对客户的健康管理服务，目的是通过改善被保险人健康状况降低被保险人患病风险，提高客户满意度，减少退保，从而提高保险产品盈利水平。

思考题

1. 风险应对的四种方案分别是什么？在商业健康保险公司风险管理实务中分别有哪些具体操作？
2. 考虑到企业资源的有限性，商业健康保险公司在进行风险管理时需要考虑哪些因素？
3. 结构性金融工具在商业健康保险公司风险管理中如何应用？
4. 寿险证券化有哪几种主要形式？

়
第六章

健康保险公司风险管理的控制活动和监控

健康保险公司风险管理的控制活动和监控是风险管理流程的保证环节。根据COSO企业风险管理框架的定义，控制活动是指为了帮助企业或组织的风险应对措施能够顺利实施而制定的政策或执行的程序。根据商业健康保险公司风险控制活动的特殊性，可以把控制活动主要分为政策和人员控制、产品控制、业务流程控制、医疗服务提供者控制及对信息系统的控制等。在健康保险公司风险管理流程中，除了控制活动，还要对企业的风险管理和活动进行及时、客观的监控，包括持续性监控和个别评价两个方面，把持续性监控和个别评价结合起来，可以为健康保险公司风险管理提供更加有效的保障。

第一节 健康保险公司风险管理的控制活动

健康保险公司风险管理的控制活动，是指董事会和管理层确保其战略、运营和风险管理理念和指令得以贯彻实施的政策和程序。在企业风险管理流程中，控制活动是重要的保证环节，是实现风险管理目标的具体行动。在健康保险公司经营和风险管理的每一个阶段、每一个环节，企业决策都伴随着风险和不确定因素，只有进行有效的控制活动，才能实现企业风险管理的目标，提高企业经营的效率。

一、控制活动的定义与分类

控制活动是企业在努力实现其经营目标过程中的一个重要组成部分，控制活动并不单纯为了它们自身的风险管理目标而制定相关的政策并付诸执行，一般还应与风险评估、风险应对相结合。在企业风险管理流程中，选定了风险应对方法之后，管理者就要确定用来帮助确保这些风险应对得以恰当地和及时地实施所需的控制活动。

第六章
健康保险公司风险管理的控制活动和监控

（一）控制活动的定义和要素

美国 COSO 委员会发布的《内部控制——整合框架》和《企业风险管理——整合框架》中对控制活动的定义基本相同：控制活动是为了帮助管理层确保其目标和指令得以贯彻实施的政策和程序。

控制活动通常包括两个要素：政策和程序。政策确定企业在风险管理实施过程中，企业的管理机构、各个管理层级，直至员工在风险管理过程中应该做什么，包括风险文化、战略、经营、风险评估、风险应对等政策和具体要求。在很多时候，政策以口头形式传达。如果政策是一项长期持续而且被充分理解的惯例，或者在沟通渠道只涉及有限的管理层、人员之间联系密切、易于监管的小企业，那么不成文的政策会很有效。

程序是指政策实施的标准化、流程化、表格化过程，用来贯彻各项风险管理政策。但是，不管是否成文，政策都必须仔细地、有意识地和一贯地执行。如果机械地执行，缺乏对政策所针对的情况的敏锐的持续关注的话，程序也就没有益处了。此外，根据所观察的程序和所采取的适当的矫正措施来辨别情况也是至关重要的。

（二）控制活动的分类

首先，控制活动是与企业风险管理的目标相联系的，可以根据与其相关的主体目标的性质分类为战略、经营、报告和合规的控制活动。有时一些控制活动仅为实现单一的主体目标，有时一些特定的控制活动则有助于满足主体的多个目标。针对企业的不同目标，控制活动可以分为确保企业战略的正确性、提高经营效率效果、增强财务报告的可靠性、遵守法规四类。

根据不同作用，控制活动又可以分为：预防性控制、检查性控制、指导性控制、纠错性控制、补偿性控制五种类型。

根据组织中实施人员的不同，控制活动也可以分为：高层复核（Top-level Reviews）、直接的职能或活动管理（Direct Functional or Activity Management）、信息处理（Information Processing）、实物控制（Physical Controls）、业绩指标（Performance Indicators）分析、职责分离（Segregation of Duties）等。这些分类用来展示控制活动的范围和多样性，并不意味着任何特定的分类。

其次，控制活动要与风险应对相结合。在选择控制活动的过程中，管理层应当考虑不同的控制活动是如何联系起来的。在一些情况下，一项单独的控制活动要处理许多项风险反应措施。在另一些情况下，一项风险反应措施则需要多项控制活动来处理。更有另一些情况，管理机构可能会发现现有的控制活动足以确保新的风险应对得以有效执行。控制活动一般是用来确保风险应对得以恰当实施的，有时对于特定目标而言，控制活动本身就是风险应对。

需要指出的是，如风险应对的选择要考虑它们的恰当性和残留的或剩余的风险一样，控制活动在选择时应该考虑它们与风险应对和相关目标的相关性和恰当性。这可以通过单独考虑控制活动的适当性来完成，也可以通过衡量在采取了相应的风险应对和控制活动之后的剩余风险来完成。

专栏 6.1

保险公司的控制活动

根据中国保监会于 2007 年 4 月 6 日印发的《保险公司风险管理指引（试行）》，控制活动包括明确风险管理总体策略、制定风险解决方案和方案的组织实施等内容。

制定风险管理总体策略是指保险公司根据自身的条件和发展战略，明确风险管理重点，确定风险限额，选择合适的风险管理工具以及风险管理资源的有效配置等总体安排。保险公司需要根据风险发生的可能性和将多大程度上影响公司的经营目标，对各项风险进行分析比较，确定风险管理的重点。确定风险限额是指保险公司根据自身财务状况、经营需要和各类保险业务的特点，在平衡风险与收益的基础上，确定愿意承担哪些风险及所能承受的最高风险水平，并据此确定风险的预警线。

保险公司在制定风险解决方案时，针对不同类型的风险，可以选择不同的风险管理工具，主要有风险规避、降低、转移或者自留等，以确保把风险控制在风险限额以内。保险公司应当根据风险管理总体策略，针对各类重大风险制定风险解决方案。风险解决方案主要包括解决不同种类的风险所要达到的具体目标，需要的管理及业务流程以及条件和资源，所采取的具体措施及风险管理工具等内容。保险公司在组织实施风险解决方案时，应当根据各职能部门和业务单位职责分工，确保有效控制风险。

资料来源：中国保险监督管理委员会：《保险公司风险管理指引（试行）》，2007 年发布。

二、健康保险公司的控制活动

健康保险公司具有保险公司的一般特征——聚集风险、经营风险，同时作为专门经营商业健康险的公司，又有自身的特殊性。因此，在进行风险管理的过程中，应采取和建立相关控制措施、流程，确保风险应对方案的有效执行。

（一）政策和制度控制

党中央、国务院高度重视商业健康保险在健全医疗保障体系中的作用。2009 年出台的《中共中央国务院关于深化医药卫生体制改革的意见》（以下简称《医改意见》）提出，要加快建立和完善以基本医疗保障为主体，医疗保险和商业健康保险为补充，覆盖城乡居民的多层次医疗保障体系，积极发展商业健康保险，鼓励商业保险机构开发适应不同需要的健康保险产品。2016 年 10 月 25 日，中共中央、国务院发布了《"健康中国2030"规划纲要》,坚持以人民健康为核心的发展理念,把健康摆在优先发展的战略地位,是新中国成立以来首次在国家层面提出的健康领域中长期战略规划。可以明确的是,在"健康中国"战略实施过程中,商业健康保险不仅可以帮助完善中国的医疗保险体系、促进健康产业的繁荣,还可以发挥健康管理的职能,有助于提高全民健康意识和保健能力,具有重要的战略支撑作用。

中国保监会高度重视健康险产业的发展与监管,2002年制定并下发《关于加快健康保险发展的指导意见》,指出健康保险具有广阔的发展空间,是现代保险的重要门类之一。2006年,中国保监会制定《健康保险管理办法》,这是我国保险业第一部专业规范商业健康保险业务的部门规章,促进了健康保险经营的规范化和标准化。目前,中国保监会出台的各项制度基本形成了健康险专业化监管框架,为其经营、发展创造了良好的法制和监管环境。

中国保险行业协会是保险行业自律组织,也是健康保险行业的自律组织。由中国人民银行牵头,我国的地方性保险行业协会大都成立于20世纪90年代,成立的初衷仅限于通报保险业务发展情况。直到2001年3月,经过国家民政部批准,中国保险行业协会(以下简称"中保协")成立。2003年7月,为了促进商业健康保险的快速健康发展,中保协寿险工作委员会下成立了健康险工作部,专门针对健康保险业务开展行业自律工作。中保协先后于2003年和2005年颁布了《关于经营健康保险业务的自律公约》《全国个人意外伤害保险、健康保险服务承诺》来规范我国的健康保险市场。

依据健康保险发展的外部政策环境以及监管部门和行业自律组织的要求,健康保险公司要制定企业风险管理的政策和程序,包括战略规划、经营策略、产品开发、核保理赔等涉及公司战略、绩效、风险管理等各方面各维度。

(二)产品控制政策和程序

健康保险公司的产品控制主要是针对产品的调研和开发阶段制定的风险管理政策和程序。一般情况下,产品控制中最重要的是,保险公司应该根据市场需求调查结果,从市场前景、盈利能力、定价和法律风险等方面对新产品进行科学论证和客观评价,以客户需求为导向进行产品开发。

目前,我国的健康保险产品存在一些问题,主要有产品供给结构和需求结构不匹配,开发定价、风险控制能力不足,开发专业化水平较低等。国内健康保险经营起步晚,专业健康保险公司数量少,专业化水平低,主要体现在缺乏专业产品开发和定价能力、信息技术支持系统、运营流程、风险识别评估和控制技术、管理人才队伍等方面,并由此决定了服务能力、销售能力也都比较低。健康保险公司在产品控制时,有几步关键的控制活动:

市场部根据公司年度产品战略报告的指导方针,分析现有产品组合下存在的保险缺口、同业竞争及监管规定后提出新产品创意;精算部每年根据经验调整并出具

NBEV50考核假设①，由精算负责人审核后，提供精算假设指引供子公司参考；核保部负责人制定契约录入、投保、核保及保单打印等规则，视产品需要修改投保单和保单格式等，并经过核保部负责人审批；产品上市后，专人负责跟踪新产品推广期的销售业绩、推广效果和机构问题反馈等，制定日报或周报，并在产品上市后进行市场推动总结。

借鉴美国凯撒医疗、英国BUPA、德国DKV等企业先进经验，在产品开发过程中，将商业健康险产品开发纳入"健康保险+医疗+健康管理"产业链，实践"保险+医疗"模式。通过支付方式变革，如探索DRGs（诊断相关分类）、总额预付、HMO（健康维护组织）等，推进健康保险公司与医疗机构、医师团体等签订服务协议的管理式医疗模式。通过直接参与医疗服务体系管理和医疗费用监控，优化健康险产品发生率假设、赔付支出以及盈利模式，尤其为单病种、慢性病健康险产品研发提供支持。将健康管理与医院合作融入健康保险产品，以丰富产品内容、创新产品形态，延展健康险产品的针对性、持续性、稳定性，从而提升客户黏性，降低客户发病率，避免过度医疗和医疗欺诈等情况，提高风险控制水平。

专栏6.2

商业健康险的产品创新

商业健康险产品为了更加适应客户需求，已经进行了很多创新性实践：已有上线和正在研发的糖尿病保险、心脏支架保险、心脑血管保险、癌症保险、齿科保险、慢性肾病保险、ACO（责任医疗组织计划）企业补充医疗保险、互联网医疗诊费保险等。它们有的突破了传统健康险产品不保已患病人群的禁区；有的引入了国外先进的PBM（药品福利管理计划）模式；有的与医院和互联网公司合作，形成O2O保险保障加健康管理闭环经营模式；有的将癌症早筛、专家咨询、就诊服务等健康管理服务与保险保障有机融合；有的与医院、互联网紧密合作创造很强的场景化销售模式。

资料来源：张维功："商业健康保险产品的行业困境与创新"，《清华金融评论》2016年11月刊。

（三）核保理赔业务流程控制

核保核赔一直是健康保险公司风险管理的核心环节，也是保险公司业务内控的重要组成部分。因此，健康保险核保理赔业务的控制活动是健康保险公司风险管理控制活动的关键环节。健康保险公司对核保理赔业务经营行为的控制一般通过"两核"

---

① NBEV（New Business Embedded Value）：新销售业务所创造的价值。NBEV是较好评价新业务价值的尺度，它综合反映了影响新业务价值的各种因素，包括保险责任、保障类型、产品类型、保费规模和交费时间。

管理、制定规则、分级授权、业务指导及检查、评定考核等措施来实现。在健康保险实务中，控制活动的问题主要表现在管控的同质化策略、核保核赔技术力量不足以及考核指标和政策的局限性。商业健康保险业务相对于其他的普通寿险业务，具有其专业性和特殊性，需要专门的核保核赔制度，才能使公司的风险得到有效控制。

1. 完善商业健康保险的核保控制

（1）核保方法和技术的完善。在逐步建立和完善健康保险的核保方法的过程中，可以借鉴国外核保的先进经验和国内寿险的核保技术，结合健康保险业务的自身特点逐步改进核保方法和核保技术。比如，在团体健康险核保中，可以加入对当地控制环境的考量，如经济水平、医疗秩序、医院级别、数量及分布、地方医疗政策、公司既往管理水平、道德风险发生频率、竞争环境等因素；对影响公司风险水平的重大业务通过实地考察、验收制度来提高核保质量。此外，各保险公司应当根据现有数据资料和技术手段编制出商业健康保险核保所需的技术手册，加快研究和使用商业健康保险专用的、核保专业化技术工具。

（2）专业的核保信息系统的建立。这是实现健康保险核保运作专业化、效率化的基础和平台。专业的核保信息系统应该包括三部分内容：第一，核保技术准则信息数据库。该数据库提供各健康保险险种核保的标准、守则、技术支持以及其他的相关规定。第二，消费者信息数据库，即对已经获得或者已经被拒绝获得商业健康保险商品者和正在申请购买健康保险者的相关信息分类和汇总。第三，健康保险核保追溯信息数据库，即对已经处理的健康保险核保存在问题的披露，并对有关问题归纳、总结，提出适当的改进意见和建议，供核保部门同公司内部其他部门以及外部相关组织、机构之间的信息交流和共享。

2. 完善商业健康保险的理赔管理

（1）建立健康保险理赔管理系统。一方面，目前国内部分保险公司在健康保险理赔中存在理赔无章可循、随意性大以及人为干预较多等问题。应当建立和完善复核审批、权限管理和责任追究方面的制度，建立重大或疑难理赔案件、争议案件的处理机制。这些理赔制度实际上也是建立计算机化的业务管理系统的具体依据。另一方面，保险公司应当建立自身的计算机理赔管理系统。计算机处理系统在处理常规的健康保险赔案方面有着非常明显的优势。借助计算机系统和相应的软件可以应付理赔管理中大量的数据管理和计算工作，同时还可以进行定期的理赔分析。

（2）完善健康保险的理赔技术。

第一，医学专业技术。医学专业技术是健康保险理赔中很重要的理赔处理技术。没有一定的医学专业知识，没有得到医学专业人员的支持，理赔人员就无法深刻理解医疗服务的过程，即使不要求每一个健康保险理赔人员都要具备一定程度的医学知识和医学专业技能，整个理赔管理部门中也必须有这方面的专业人员。健康保险的理赔案件应当由具备一定医学专业知识的专职理赔人员处理，同时聘请一定数量的临床医师和牙医等来协助处理某些特殊赔案；也可以聘请一些医学专业的权威人士做公司的咨询顾问，研究复杂病例中医疗行为的必要性和合理性等问题；还可以聘请非专职的医疗专家来定期对部分较复杂的健康保险赔案进行审核和评估，以实现对理赔过程的监督控制。

第二，信息技术。健康保险理赔管理是一项非常复杂的工作，在理赔处理过程中，既涉及许多规则和制度的引用，如健康保险合同中的有关规定以及各类理赔管理制度和规则等，还涉及大量的材料和信息的审核处理。在健康保险理赔管理过程中较好地利用各种信息处理技术，有助于降低理赔成本和提高理赔效率。保险公司应当加大对信息技术的投入，在健康保险理赔中采用计算机图像扫描、文字、图像识别等技术，还可以建立电子自动理赔处理系统，开发专门的理赔分析软件。

（四）人员控制政策和程序

在健康保险公司经营业务中，销售、核保、理赔等环节的员工素质和管理，对于企业的操作风险、声誉风险乃至经营风险等影响更为直接，控制活动的难度较大。

1. 在销售方面，保险公司营销员的专业素养特别重要

公司的健康险产品需经营销员对客户进行宣传，如果控制不当，风险很可能会在此环节出现。例如，保险代理人通过夸大产品的功能来扩大业务量，对客户进行误导。这种情况会让消费者对公司的产品有所怀疑，进而拒绝续保。长此以往，公司的声誉将会受到损害，很难在保险市场上占有一席之地。因此，保险公司的营销员在销售产品之前应该进行必要的选拔，并且在其入职后进行良好的职业培训。员工培训是一个全面、细致的过程，需要从产品特点、道德、沟通和营销技巧等多方面对其进行教育，提升其保险素养。

2. 核保掌握着商业健康保险的风险入口

保险公司想要进行风险筛选和风险控制，需要谨慎认真对待核保。核保质量直接关系着公司承保风险的质量和保险公司经营基础的稳定，同时还影响着保险公司的成本费用控制，进而决定公司的盈利状况。因此，公司需要建立专业化的商业健康保险核保队伍。现阶段我国健康保险核保人员的知识水平和经验还不能达到健康保险的核保要求。核保人员不仅要熟悉核保流程，还要具备保险和风险管理、医学、药品等方面的知识。保险公司要想取得长足的发展，需要进行合理的核保人员专业培训，培养与健康保险核保要求相适应的人才。

3. 理赔是健康保险风险控制的重要环节

理赔对于整个健康保险经营过程中的其他环节如产品研发和设计、销售人员展业、核保、消费者的健康管理甚至医疗服务提供者的管理水平等，都能很好地进行比较和检验，为健康保险公司内部控制提供决策的依据，由此对公司的声誉和持续性风险管理有重要意义。

相对于普通寿险的理赔，健康保险的理赔更加专业和复杂，因此在理赔工作中，

需要培养以下几方面的素养：第一，除了具备保险、医学的相关知识，工作中还要注重法律、金融、心理学、社会学等相关知识的学习。第二，要有较强的人际沟通能力，工作中学会遵照原则灵活处理。第三，注重工作经验的积累，提高处理案件的准确性和效率。第四，提升自身的职业道德水平和责任感，在处理理赔案件的时候公平公正。保险公司应当定期组织对理赔人员的专业培训，提升理赔人员的专业业务素质和职业道德素养。在理赔人员的招聘过程中，保险公司应进行严格的准入控制，加强管理，逐步实现理赔人员的资质管理；同时，建立理赔人员的奖惩制度，明确岗位职责，建立岗位规章，并且定期对理赔人员的业务能力进行考核。

（五）医疗服务提供者的控制

在传统的健康保险理赔管理中，定点医院和定点医院网络的建设是控制医疗服务和控制健康保险理赔成本的重要手段。健康保险理赔过程中涉及的医疗服务过程是由医疗机构具体实施的，在国内现有的医疗体制下，保险公司理赔人员要审核这个过程是否合理正常、有无过度提供医疗服务，必须加强与医疗机构协作的力度，最常采用的就是定点医院模式。

专栏 6.3

"保险 + 医疗"模式

"保险 + 医疗"模式其实就是将保险和医疗深度结合。购买商业保险的患者，在试点医院看病时，除医保报销外，患者其他的花费，只要是在商业险责任范围内的，保险公司将和医院进行实时结算。相比于患者先垫付再找保险公司报销的模式，这样的实时结算将大大简化患者的报销流程。

将保险和医疗结合，医疗机构能够更好地帮助保险公司收集保险数据资料，利于保险公司获得被保险人的完整健康信息档案，优化产品定价；同时可以从病后报销转而做到病前预防，更好地发挥保险的风险管理作用，无论对患者还是保险公司，这都是"保险 + 医疗"模式的益处。

对于医院而言，"保险 + 医疗"模式有利于提高卫生资源的利用效率，更好地控制医疗费用。以阳光融和医院为例，医院既是"服务方"又是"付费方"，不仅处方监管极为严格，高度重视医疗质量，提升病床流传率，降低平均住院天数，减少药物占比，同时更有充足的内在动力帮助患者进行健康管理的天然诉求，实现疾病的全程管理，真正提升诊疗质量，达到健康管理目标。

资料来源：21CN 新闻："阳光保险持续深化'保险 + 医疗'模式"，2017 年 5 月 12 日，http://news.21cn.com/caiji/roll1/a/2017/0512/18/32257121.shtml。

保险公司在选择自己的定点医院时，应关注以下几个方面：医疗技术及设备情况，收费是否合理，是否有意愿与健康保险公司合作。通过与选定的医院签订协议，

保证被保险人到定点医院就诊后,医院为健康保险理赔人员拜访被保险人、了解病情及调查等提供方便。同时,通过合理适量地筛选定点医院,加强与定点医院之间的联系及信息交流,对合作良好的定点医院予以各种形式的鼓励及支持;通过合作协议对医疗服务的数量和医疗费用的支出情况进行有效的控制,引入一定的监督激励机制,逐步建立起与医院间的利益关系。只有这样才能实现保险公司对医疗服务过程的管理,这对于健康保险经营风险的控制是非常有利的。

(六)健康保险公司控制活动案例

每个公司都有自己的一套目标和实施策略,所以风险管理和相关的控制活动就会存在差别。即便两个公司有同样的目标,并且在应该如何实现目标方面做出了类似的决策,它们的控制活动也会存在区别。每个公司有不同的管理人员,他们运用个人的判断来影响控制。此外,控制活动会随着公司经营所处的环境和行业、组织规模、复杂性、活动的性质和范围以及历史文化的不同而变化。

健康保险公司在风险管理过程中,可以使用风险控制矩阵,记录对每一个流程对应风险所采取的控制活动和措施,以及针对每个控制活动进行测试所使用的方法。风险控制矩阵一般是按流程设计,每个流程对应一个风险控制矩阵。风险控制矩阵的内容包括:流程对应的风险、现有控制活动描述、设计有效性测试、执行有效性测试四个部分。

1. 流程对应风险

主要是按流程识别出的所存在的风险点,内容包括:子流程编号、子流程名称、一级风险、二级风险和风险点。子流程编号、子流程名称统一按照公司内控基本框架列示,一级风险、二级风险和风险点根据识别与评估出的各流程的风险点进行填列。

2. 控制活动描述

主要是对公司现有控制活动的描述,内容包括:子流程编号及名称、控制活动编号、现有控制活动描述、控制类型(人工控制/自动控制)、控制发生频率、选取样本量、责任部门/岗位和涉及的相关制度规定。内控评价工作组针对风险评价确定的风险点,识别现有的控制活动,完成控制矩阵中的控制活动部分底稿。

3. 设计有效性测试

主要是对内控设计有效性进行测试的记录,内容包括:穿行测试文档、穿行测试程序、内控设计有效性测试结论、内控设计缺陷描述和管理建议。

4. 执行有效性测试

主要是对内控执行有效性进行测试的记录,内容包括:执行有效性测试编号、测试文档、内控执行有效性测试结论、内控执行缺陷描述和管理建议。

健康保险公司通过建立内部控制手册使控制活动程序化,有章可循,可以使分公司按照规则执行,大大降低企业的控制成本。此外,健康保险公司使用风险控制矩阵,将风险进行定性分析和比较,这样控制活动能够更加有的放矢,也使公司整体的风险应对更加有效。

三、健康保险公司信息系统控制

信息系统的应用可以实现企业内部、内部与外界之间的信息交换与传递，使企业内外部信息环境形成统一的平台，实现内部各业务部门及内外部的信息共享。信息系统控制广义上有两个类别：第一类是一般控制（general controls），它适用于众多应用程序，帮助它们保持持续、适当的运行；第二类是应用控制（application controls），主要包括使用应用软件来控制程序。一般控制和应用控制在必要的时候与必要的手动控制程序结合起来，共同起作用，以确保信息的完整性、准确性和有效性。

专栏 6.4

"互联网＋健康医疗"

2016年6月21日，国务院办公厅印发了《关于促进和规范健康医疗大数据应用发展的指导意见》，深化健康医疗大数据在监管、临床科研、公共卫生等多个领域的应用，部署通过"互联网＋健康医疗"发展智慧健康医疗便民惠民，全面建立远程医疗应用体系，推动健康医疗教育培训应用。实施国家健康医疗信息化人才发展计划，同时推广PPP模式，鼓励创新多元投资。

资料来源：中华人民共和国中央人民政府：《国务院办公厅关于促进和规范健康医疗大数据应用发展的指导意见》，2016年发布。

一般控制包括对信息技术管理、信息技术基础结构、安全管理和软件获取、开发和维护的控制。它们适用于所有系统——从主机到客户服务器再到桌面和手提电脑环境。

应用控制直接关注数据获取和处理的完整性、准确性、授权和有效性。它们有助于确保在需要时能获取或生成数据，可以利用支持性的应用，而且界面错误能够迅速被察觉。应用控制的一个重要目标是防止错误进入系统，以及在错误发生时予以察觉和矫正。为了做到这些，应用控制通常包括计算机化的编辑核对，包括格式、存在性、合理性以及在开发的过程中植入应用的其他数据核对。如果设计恰当，它们就能够提供对进入系统的数据的控制。

健康保险信息系统和数据库的建设，是健康保险控制活动的重要内容。国外专业健康保险公司一般都具有一套完善的专业平台，能在该系统上实现核保、核赔、数据分析以及后期服务等诸多强大功能。我国保险公司应该通过自主开发或引进信息管理系统，逐步建立和完善与健康保险业务相适应的信息管理系统，特别是完善健康保险的核保核赔管理系统和数据统计分析系统，满足业务发展和服务的需要。关于健康保险公司的信息系统将在第七章进行详细阐述。

第二节　健康保险公司风险管理的监控

COSO 的内部控制框架和企业风险管理框架都将监控作为企业风险管理流程的一个独立要素，监控目的在于确保企业全面风险管理体系持续有效运行，是对企业风险管理其他要素的再控制。因此，监控是确保健康保险公司风险管理恰当有效的重要保证。我国健康保险公司的外部经营环境处于不断变化之中，监管要求不断更新，这就需要健康保险公司建立良好的监控机制，通过持续的监控活动和个别评价对企业风险管理体系进行监督和调整。

一、监控的含义和分类

企业的风险管理体系随着时间的变化而不断变化，所应用的识别、评估、应对和控制方法可能有新的发展。曾经有效的企业风险管理政策和程序可能变得不太有效，或者可能不再适用。这可能源于新的风险管理人员、培训和指导的不同效果、时间和资源上存在困难或者额外的压力，而且最初设计的企业风险管理体系所针对的环境条件也可能发生了变化，造成该系统无法对新环境带来的风险发出预警。因此，管理层也需要相应地确定企业风险管理体系是否继续与企业情况相适应并应对新的情况。

（一）监控的含义

根据 1992 年 COSO 发布的《内部控制——整合框架》中的定义，监控是一个评估内部控制系统在一定时期内运行质量的过程。2004 年，COSO 发布的《企业风险管理——整合框架》将监控定义为对企业风险管理进行监控以确定风险管理的运行是否有效的过程。根据我国财政部会同中国证监会、国家审计署、中国银监会、中国保监会制定的《企业内部控制基本规范》，监控是指企业对内部控制的建立和实施情况进行监督检查，评价内部控制的有效性，发现内部控制缺陷，并应当及时加以改进。

（二）监控的分类

监控可以以两种方式进行——持续的监控活动（ongoing monitoring activities）或者专门评价（separate evaluations），有时也需要两者的结合。持续监控的有效性程度越高，就越不需要专门评价。专门评价用来对企业风险管理的有效性形成合理保证。专门评价的频率取决于管理层做出的判断。在做这种判断的过程中，要考虑所发生的变化的性质和程度以及它们的相关风险，执行风险应对和相关控制的员工的能力和经验，以及持续监控的成效。通常，持续监控和专门评价的结合使用会确保企业风险管理在一定时期内保持其有效性。企业风险管理的缺陷被向上报告，严重的问题报告给高层管理者和董事会。

1. 持续性监控

持续监控是在公司的日常经营活动过程中进行的。持续监控随时执行，来应对公司情况的动态变化,因此它比专门评价更加有效。由于专门评价发生在事后,通过持续监控程序通常能够更迅速地识别问题。许多组织虽然持续监控活动运行良好,但是也会定期对企业风险管理进行专门评价。那些经常需要进行专门评价的组织,应该是持续性监控活动已经出现了一些问题。

为了提高公司日常经营过程中内部控制的有效性,监控可以包括很多方面的内容,如日常的管理和监督活动、对照、核对和其他常规性的活动。

持续监控活动一般由直接的经营管理人员和职能部门辅助管理人员来执行,以便对他们所接收的信息予以深入考虑,以确定是否需要矫正或采取其他措施。持续监控活动应与企业日常正常的经营活动进行准确区分。

2. 专门评价

尽管持续监控程序通常能提供企业风险管理有效性的重要反馈,但有时也需要专门评价考察持续监控程序的持续有效性,同时考察企业内部控制的有效性。

由于保险公司内外部环境不断变化,定期有选择地挑选高风险流程进行专门评价,能保证内部控制系统随时间变化仍能保持其有效性。

专栏 6.5

保险公司的监控

根据中国保监会 2010 年 11 月 3 日发布的《人身保险公司全面风险管理实施指引》,保险公司应当对风险管理的流程及其有效性进行检验评估,并根据评估结果及时改进。

风险监控是对公司全面风险管理的健全性、合理性和有效性进行监督检查。公司应定期分析公司全面风险管理体系的设计和执行结果,确保全面风险管理工作的实施和有效性,并通过监控活动发现风险管理薄弱环节,不断完善全面风险管理体系。

公司风险监控包括三个层次:各职能部门和业务单位对自身风险的监测和风险管理工作的自查;风险管理部门对各职能部门和业务单位风险管理工作的实施情况进行监督检查,从公司层面对风险管理解决方案进行评估;内部审计部门对公司全面风险管理体系与流程的执行情况的健全性、合理性以及有效性进行独立的监督评价。

公司应持续监控风险管理决策的落实工作,不断改进风险管理质量。对于全面风险管理体系中存在的缺陷以及相应的改进建议和措施,及时向管理层汇报并向风险管理部门反馈。

资料来源:中国保险监督管理委员会:《人身保险公司全面风险管理实施指引》,2010 年发布。

二、健康保险公司的持续性监控

持续性监控是一个持续的控制过程，嵌入健康保险公司的日常经营和风险管理活动过程，关注的业务活动通常都是正常的、反复出现的。它往往是实时的，整合到公司整个信息流和汇报路线图中，并对不断变化的公司环境做出动态反应。持续监控也包括各类数据分析、各种信息的比较和突发事件应对等。通过比较各类信息的不一致或其他相关的隐含信息，能更及时迅速地发现问题，并寻找补救措施。例如，健康保险公司的部门主管应该做到：保证能够获得手下员工在日常工作中有关方面的信息；注意员工在日常经营活动中是否有违反内部控制的现象，并且要根据具体情况自行处理或者向上级汇报；定期分析员工所提交的报告，确定本部门的内部控制目标是否完成，对结果进行分析，改进日常经营过程中的不足之处，以达到更好的内部控制效果。

在动态的风险环境中，各种风险对健康保险公司的影响方式是不断变化的，随着公司的不断发展，管理体系的不断成熟，需要对原有的风险管理体系进行检验，而且原有的风险量化模型和风险控制方法不再适用或需要改进。因此，要求企业对风险管理进行动态监控，并反馈监控结果。

（一）建立内部监督体系

风险管理职能的有效实施必须依赖于公司内部良好的风险传导机制，这种传导机制是双向的。一是自上而下的传导。公司的领导层对主要风险进行总体把握，并制定公司的风险管理战略。各职能部门依据风险管理战略和本部门的实际情况，制定出部门管理制度；基层部门人员在执行各项风险管理控制制度时要把风险点控制落实到实处；风险管理职能部门负责检查、监督各项制度和规程是否真正贯彻执行。二是自下而上的传导。基层部门和人员在实施的过程中，发现风险点未得到控制，应当及时向上级反馈，并提出意见和建议；业务部门收集这些风险信息，对风险管理制度进行修改，并向领导反映。这种双向传导机制循环往复，使企业的风险管理机制不断改进。

目前许多现行保险公司内部监督体系都存在一定的缺陷，如监督不到位、监督手段落后、管理职能弱化等，影响了公司的内部控制监管。因此，建立一个行之有效的内部监督体系是十分必要的。

首先，应该在公司董事会下设置审计委员会，并在公司总部设置一级内部审计部门，在分支机构设置二级审计部门。其次，保障公司内部审计的独立性，提高审计部门的地位，维护审计的权威性，不能使其沦为摆设，然后根据公司的行政体系实行分级监督，对自己职责范围内的业务进行全面监管。最后，制定严格的问责制度，内部审计部门对审计委员会负责，审计委员会对董事会负责。

董事会或审计委员会的职能是实施治理、指导和监控管理层的工作，如果对管理层缺乏必要的监控，管理层可能会凌驾于控制之上，甚至故意歪曲结果，因此董事会或审计委员会监控作用对确保内部控制的有效性十分重要,董事会或审计委员会作用的发挥,必须具备以下条件:一是要独立于管理层,不受其影响;二是具有足够知识、行业经验和时间,以便于履行职责;三是能够与财务、法律、内部审计和外部审计及时沟通,得到适当信息;四是能够控制高级管理人员的薪酬,有权聘用和解聘高级管理人员。

专栏 6.6

董事会的独立性

董事会由于把提供资本的股东和使用这些资本创造价值的经理人联结起来,而被一些公司治理文献认为是市场经济中公司治理机制的核心。一个有效的董事会组织模式应该是:保持较小的董事会规模,除了 CEO 为唯一的内部董事外,其余都为外部董事。这里所谓的外部董事(outside directors)是对除了担任公司的董事外,与公司没有任何家族、商业联系的董事会成员的统称,在我国等一些国家,他们被称为独立董事(independent directors)。与内部董事不同,独立董事不参加企业的生产经营活动,其主要职责是监督合约的执行和重新缔约。独立董事占公司董事会成员的比例被公司治理文献称为"董事会的独立性"(board independence),它与董事会规模、董事会的领导结构等共同构成考核董事会公司治理效果的指标体系,并成为其中最重要的指标。

资料来源:郑志刚,吕秀华:"董事会独立性的交互效应和中国资本市场独立董事制度政策效果的评估",《管理世界》2009 年第 7 期。

(二)发挥内部审计作用

内部审计既是公司内部控制的一个部分,也是监控公司内部控制的其他环节的主要力量。它的作用在于确定既定政策是否落实,监控业务活动是否符合建立的标准,评价内部控制的有效性,提供纠正错弊、完善内部控制的建议。保险企业要完善内部控制,加强自我约束,提高经营管理水平和经济效益,实现经营目标,就必须加强内部审计。

内部审计是企业内部一种独立客观的监督和评价活动,是现代企业风险管理的重要组成部分。内部审计部门所进行的风险管理是在一般部门所进行的风险管理基础上的再监督,内部审计部门独立于业务管理部门,使内审部门从全局出发、从客观的角度对风险进行识别,便于及时建议管理部门采取措施控制风险。其风险管理过程应包括三个方面:首先,评估风险识别的充分性;其次,评价已有风险衡量的恰当性;最后,评估风险防范措施的充分性,并提出改进措施。内部审计应触及企业业务流程方面的风险管理和监测,应担起企业风险管理的监督作用。

> 专栏 6.7
>
> **"安然事件"和 SOX 法案**
>
> 　　2001 年底美国安然公司在一片哗然中轰然倒台，而在 2001 年 9 月，安然公司的资产负债表上还赫然显示其总资产达 618 亿美元，这使得"安然事件"成为美国有史以来规模最大的公司破产案例。为改变这一局面，美国国会和政府立即公布了《萨班斯-奥克斯利法案》（Sarbanes - Oxley Act，简称 SOX 法案），明确规定所有上市公司必须设置和保持有效的内审机构，否则不得上市或将面临退市。内部审计师已被看作与董事会、高级管理层、外部审计师构成有效公司治理的四大基石之一。
>
> 　　资料来源：张笠，汪小婷，殷丽丽："萨班斯法案：达摩克利斯之剑?"，《中国内部审计》2006 年第 9 期。

　　健康保险公司要充分重视内部审计的作用，有效发挥其真正职能，避免内部审计机构沦为虚设。对公司的重要经济活动进行监督，对财务会计资料进行审计，制定内部审计计划以达到管理风险、充分发挥内部控制体系的作用。保险公司应把内部审计重点放在经营过程中保费收入、违规理赔行为的审查以及保险资金运用的合法性、安全性和收益性等方面。此外，还要明确公司内部审计的范围和目的，采取相应的审计策略，并积极有效地传递审计结果，更好地为管理层提供帮助和服务，使公司得到更好的发展。比如，人保健康保险公司就设计了详尽的内部审计流程，见专栏 6.8。

> 专栏 6.8
>
> **人保健康保险公司的内部审计流程**
>
> 　　人保健康保险公司的内部审计流程是根据《中国人民保险集团公司内部审计工作规范（暂行）》《中国人民健康保险股份有限公司内部审计工作暂行规定》《公司内部审计工作规范（第 1—4 号）》《公司内部审计工作规范（第 5—6 号）》等文件规定，对公司内部审计业务进行的相关管理工作和控制活动（见图专 6.1）。

第六章
健康保险公司风险管理的控制活动和监控

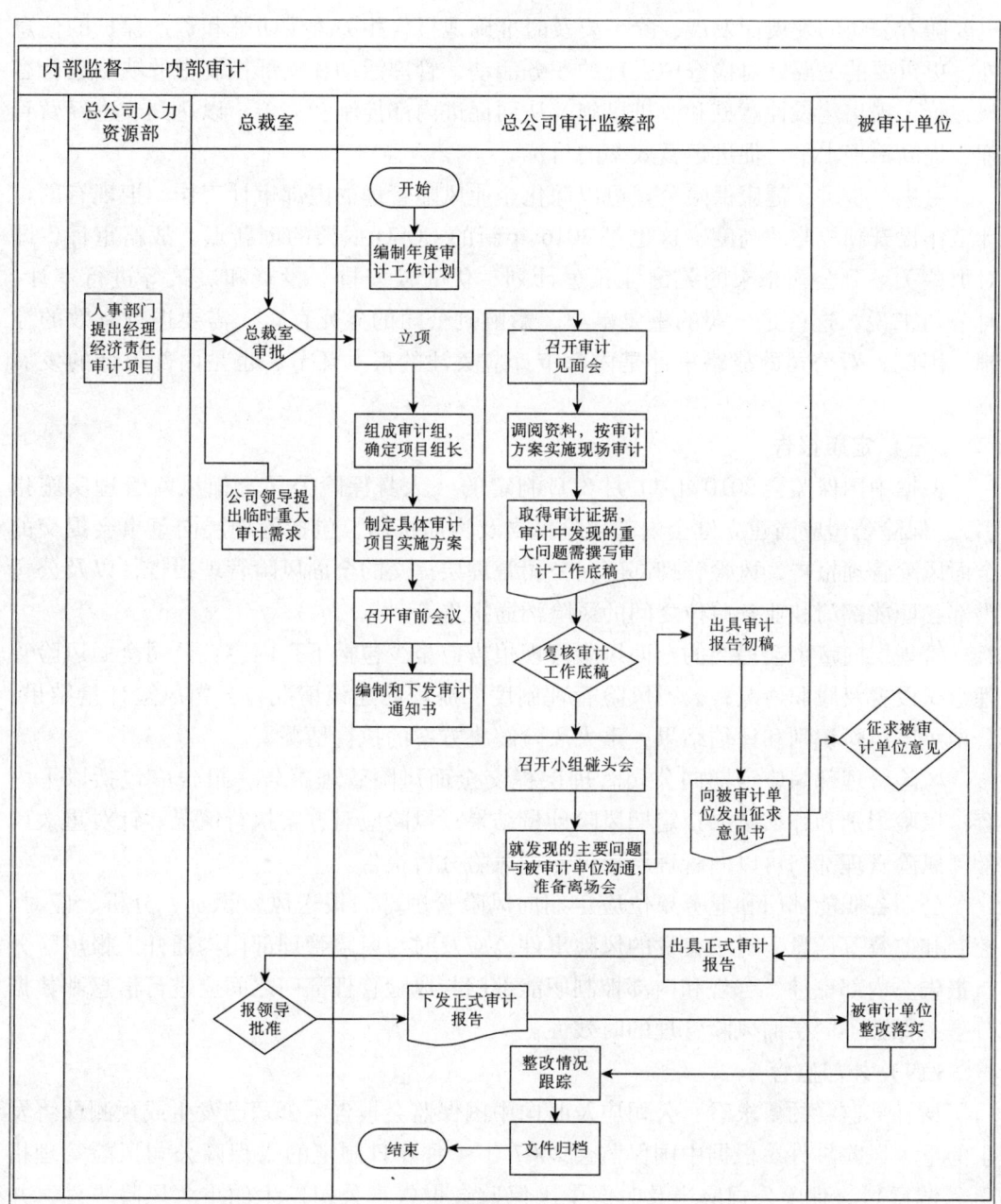

图专 6.1　人保健康保险公司内部审计流程图

资料来源：中国人民健康保险股份有限公司：《中国人民健康保险股份有限公司内部控制手册》，2015 年发布。

健康保险公司在经营管理中面临着许多挑战，这种挑战对公司改善经营、提高经济效益、防范经营风险提出了更高的要求。在这种情况下，对公司的内部审计的目标也要随着公司的发展而发展，除了要及时准确地报告相关查错防弊和资产保护的信息外，更重要的是要针对检查中发现的业务活动、管理活动和内部控制中的缺陷进行客观评价，提出建设性意见和改进措施，从而促进内部控制和完善，以达到改进经营管理、提高治理水平、促进运营效率的目标。

更进一步讲，健康保险公司可以深化企业风险管理的内部审计工作，把现有的审计工作提升到战略的高度，这也是 2016 年新的 COSO 框架的创新点。战略审计，即对那些关系到公司未来的关键性长远计划、优先权安排、投资和决策等进行审计。对公司来说，这些是公司的重要事项，影响到公司的生死存亡，需要进行有效的控制。因此，对公司的战略审计是内部审计应关注的根本环节，也是内部审计的发展方向。

（三）定期报告

根据中国保监会 2010 年 11 月 3 日制定的《人身保险公司全面风险管理实施指引》，保险公司应当建立健全内部风险报告及沟通机制，包括管理层向董事会提交的全面风险管理报告，风险管理部门向公司管理层提交的全面风险管理报告，以及公司内部各职能部门和业务单位之间的风险沟通报告等。

管理层向董事会提交的全面风险管理报告应至少包括下列内容：公司全面风险管理组织设置及履职情况；公司风险管理制度、流程的建设情况；公司风险计量结果；公司年度风险识别和评估结果；重大风险解决方案的执行情况。

风险管理部门应定期向公司管理层提交全面风险管理报告，报告应包括以下内容：风险识别和评估结果；定期风险计量结果；风险应对方案执行情况。针对重大风险，风险管理部门可以向管理层提供专项风险分析报告。

公司各职能部门和业务单位应定期向风险管理部门报送风险识别、分析、应对、控制和监督等信息。对于突发的风险事件，应及时与风险管理部门沟通并上报风险分析报告。内部审计、合规和内部控制职能部门与风险管理部门之间应进行信息和数据分享，保证不同层面风险管理的时效性。

（四）外部监管

从外部监管的要求看，公司应及时向中国保监会报告本公司已发生或预测即将发生的重大风险事件。根据中国保监会 2007 年 4 月 6 日制定的《保险公司风险管理指引（试行）》，保险公司应当及时向中国保监会报告本公司发生的重大风险事件，并按照相关偿付能力编报规则的要求，在年报中提交经董事会审议的年度风险评估报告。

中国保监会定期对保险公司及其分支机构的风险管理工作进行检查。检查内容主要包括：风险管理组织的健全性及履职情况；风险管理流程的完备性、可操作性和实际运行情况；重大风险处置的及时性和有效性。

中国保监会可以根据检查结果，对风险管理存在严重缺陷的保险公司出具风险提示函。保险公司应当按照风险提示函的要求及时提交整改方案，采取整改措施并提交整改情况报告。

除此以外，根据中国保监会 2010 年 8 月 10 日制定的《保险公司内部控制基本准则》，中国保监会可以根据监管需要，对保险公司内部控制情况进行检查。检查方式包括对部分内控环节或业务单位进行抽查以及组织进行全面评价两种。对经检查发现内部控制存在重大缺陷及实质性漏洞的保险公司，应当下发监管意见函，要求公司限期整改并反馈。对内控违规行为和风险事件负有直接责任和管理责任的当事人，应当按照监管规定予以处罚。公司内控存在严重问题，董事会、监事会及管理层成员负有责任的，应当追究其责任。

三、健康保险公司的专门评价

健康保险公司风险管理的专门评价工作是指，董事会、管理层、内外部专门评价机构及各职能部门，对公司整个内部控制和风险管理系统进行全面的评价，可以促进企业风险管理措施的实施及目标的实现，同时也是遵循法律的要求。

（一）健康保险公司专门评价的范围和频率

健康保险公司风险管理评价的范围和频率各不相同，取决于风险的重要性以及风险应对和管理风险过程中的相关控制的重要性。优先程度较高的风险领域和应对往往更经常被评价。对企业风险管理整体的评价一般比对特定局部的评估所需的频率更低，这可能是由许多原因所促成的：主要的战略或管理机构更迭，收购或处置，经济或政治环境变化，或者经营或处理信息的方法的变更。当决定对一个健康保险公司的风险管理采取全面评价时，应该将注意力放到它在战略制订中以及相关的重大活动中的应用。评价的范围还将取决于要致力于战略、经营、报告和合规中的目标类别。

（二）健康保险公司专门评价的主体

评价通常采取自我评估的形式，负责一个特定单元或职能机构的人员针对企业风险管理活动的有效性进行专门评价。直线式管理人员关注经营和合规目标，而分部主管则关注报告目标。高层管理机构结合公司其他分部的评价来考虑该分部的评估情况。

内部审计师执行评估通常是他们的常规性职责的一部分，有时则是应高层管理机构、董事会或者子公司或分部管理层的特殊要求。同样，管理者在考虑企业风险管理的有效性时，可以利用来自外部审计师的工作。在执行管理者认为必要的任何评价程序时，都可以结合采用各种方式。

专栏 6.9 介绍了人保健康保险公司内部控制专门评价过程中的职责分工，健康保险公司的内部控制评价是一个系统工程，领导重视、人员到位、技术支持等方面将是内控自评能有效完成的保障。

> **专栏 6.9**
>
> **人保健康保险公司内部控制评价的职责分工**
>
> 1. 董事会的职权
>
> 公司董事会负责内部控制的建立健全和有效实施,对内部控制负最终责任。公司董事会在内部控制评价中的主要职权包括:审批或者授权相关机构审批内部控制评价部门拟订的内部控制评价工作方案;批准公司年度内部控制评价报告;发表对内部控制评价报告真实性的声明。
>
> 2. 管理层的职权
>
> 公司总裁室负责领导公司内部控制的日常运行。公司总裁室在内部控制评价中的主要职权包括:按照董事会要求,领导和组织内部控制评价工作的开展;听取内部控制评价工作汇报;组织编制公司年度内部控制评价报告。
>
> 3. 内部控制评价部门的职责
>
> 按照《企业内部控制评价指引》,公司授权内部审计部门或专门机构为内部控制评价部门,负责内部控制评价的具体组织实施工作。
>
> 4. 各职能部门的职责
>
> 公司各职能部门具体开展各项内部控制活动,并参与内控评价工作。各职能部门在内控评价中的主要职责包括:组织实施本部门内部控制自我评价工作,提交自查评估报告;配合内部控制评价工作组的内控评价工作。
>
> 资料来源:中国人民健康保险股份有限公司:《中国人民健康保险股份有限公司内部控制手册》,2015 年发布。

健康保险公司通过全面的内部控制评价,判断内部控制系统设计有无缺陷,执行是否有效,是否需要随环境的变化做出相应的改变等,以确保内部控制系统始终是强大的并且是可以依赖的。同时,这种评价方法也可以针对健康保险公司内部控制单个控制点进行评价和改进。在整个内部控制评价过程中,针对单个控制点的评价是最基本的环节。把单个控制点的评价综合起来,构成了对健康保险公司整个业务流程、内部控制要素及体系的评价。这类评价有利于公司在对各个控制点进行具体评价的基础上,为控制的改进提供具体并且详细的指导。

(三) 健康保险公司专门评价的过程

专门评价目标取决于不同方面的需求:可以是出于审计方面的需求,评价对财务报表可靠性有重要影响的内部控制,判断其可依赖程度,从而合理确定审计程序,保证审计质量,提高审计效率;也可以是出于管理方面的要求,对整个企业内部控制系统进行全面评价,以促进经营管理措施的实施及目标的实现;还可以是出于对相关法律的遵循。

评价者必须了解健康保险公司的每一项活动以及风险管理的每一个构成要素。评价者必须判断系统实际上运行得如何。设计出来以特定的方式运行的程序随时可能会被修改以便以其他的方式运行，或者可能不再被执行。判断实际运行情况可以有多种方式，如与执行或受到企业风险管理影响的员工进行讨论，也可以通过检查业绩记录的方式来完成，或者结合采用这些方式。健康保险公司的专门评价的步骤主要应包括以下几个方面：分析内部控制目标；梳理企业业务流程；选择关键控制点；建立评价指标体系；评价及报告。

（四）健康保险公司专门评价的方法

专门评价有一系列方法和工具可供利用，包括核对清单、调查问卷和流程图技术。

健康保险公司风险管理专门评价，很重要的一点就是确定关键的风险管理指标。对于关键风险指标，其监测要遵循重要性、全面性、开放性、时效性以及责任制原则。

关键风险指标应持续关注公司面临的所有重大风险领域，覆盖企业的所有业务和部门，及时准确地把握公司的关键风险点、风险变动趋势，同时根据公司业务的发展和日常使用中累积的经验不断进行调整、更新、补充与发展，确保风险管理资源发挥最大作用。

关键风险指标监测工作应与风险责任人挂钩，各部门、事业部和分、子公司负责人是风险管理第一线的直接负责人，负责人在总公司各部门和事业部以及风险牵头主管领导的带领下开展关键风险指标监测工作。

（五）健康保险公司的内部控制缺陷报告及评价

1992年COSO框架中介绍了企业内控系统缺陷的来源，包括企业的持续性监控行为、专门评价以及外部因素。2004年的风险管理框架中指出所发现的企业管理缺陷通常应该报告给负责所涉及的职能或活动的人员以及该人员之上的至少一个层级的管理当局。根据我国《企业内部控制基本规范》的规定，企业发现内部控制缺陷时需要及时认定和报告缺陷，企业还应该根据内部控制缺陷的整改情况结合内部控制中发现的重大缺点向相关负责人或负责单位追究责任。

1. 内部控制缺陷的含义

根据2008年我国颁布的《企业内部控制基本规范》，内部控制缺陷是指内部控制的设计存在漏洞，不能有效防范错误与舞弊或者内部控制的运行存在弱点和偏差，不能及时发现并纠正错误与舞弊的情形。内部控制的缺陷包括设计缺陷和运行缺陷。设计缺陷是指缺少为实现控制目标所必需的控制或现存控制设计不适当，即使正常运行也难以实现控制目标，包括内部控制不健全、内部控制制度不适当。运行缺陷是指现存设计完好的控制制度和流程，没有按设计意图运行，或执行者没有获得必要授权或缺乏胜任能力以有效地实施控制。

企业根据内部控制缺陷影响整体控制目标实现的严重程度，将内部控制缺陷分为重大缺陷、重要缺陷和一般缺陷。

（1）重大缺陷。所谓重大缺陷，是指一个或多个一般缺陷的组合，可能严重影响内部整体控制的有效性，进而导致企业无法及时防范或严重偏离整体目标的情形。判断考虑的因素有：影响整体控制目标实现的多个一般缺陷的组合是否构成重大缺陷；针对同一细化控制目标所采取的不同控制活动之间的相互作用；针对同一细化控制目标是否存在其他补偿性控制活动。

（2）重要缺陷。所谓重要缺陷，是指一个或多个一般缺陷的组合，其严重程度低于重大缺陷但导致企业无法及时防范或发现偏离整体控制目标的严重程度依然重大，需要引起企业管理层关注。

（3）一般缺陷。一般缺陷即重大缺陷和重要缺陷之外的缺陷。

2. 健康保险公司对内部控制缺陷的认定和报告

健康保险公司对内部控制缺陷的认定应当以持续性监控和专门评价为基础，结合年度内部控制评价，由内部控制评价部门或机构进行综合分析后提出认定意见，按照规定的权限和程序进行审核后予以最终认定。对于按严重程度分类的内部控制，内部控制评价部门或机构和管理层应当合理确定相关目标发生偏差的可容忍程度，从而对严重偏离的情形予以确定。如果评价工作人员在实施测试中发现控制差异，应分析差异是否属于控制缺陷及评价其严重程度。如果审查了解控制差异的起因和结果后，断定控制目标未能达成，同时评价工作组人员不能参加其他测试程序证明已发现的差异不能代表所有内控的情况，将形成缺陷的结论。管理层应评价其严重程度并在其年度自我评价报告中披露，并有责任对有关控制缺陷进行整改，做出补救措施。

由于控制缺陷可以分为设计缺陷和执行缺陷，整改方案应根据缺陷的不同类型制定不同的整改方法。对于需要整改的内控设计缺陷，企业需在已有内控管理制度体系中补充相关规定或修改原有规定，按照企业既定的管理制度报批程序对做出的补充或修改进行审批。对于需要整改的内控执行缺陷，企业需加强内控的执行力度，要求控制执行人严格按照相关规定执行。

专栏6.10

《内部控制系统监控指引》

继1992年《内部控制——整体框架》和2004年《企业风险管理——整体框架》之后，COSO委员会在2009年1月发布了《内部控制系统监控指引》（Guidance on Monitoring Internal Control Systems）。该指引以风险导向为核心理念，以将监控有效地植入公司的持续控制过程为根本目标，从而能最小化内部控制失败并提高决策所需的信息的可靠性，在实质上推动了内部控制监控要素的应用性发展。《内部控制系统监控指引》包括三卷：第一卷提出了监控的特征和目的，并给出了一个有效的监控模型；第二卷是第一卷的具体展开，详细描述了第一卷提出的监控模型的具体应用；第三卷介绍了46个小案例和3个综合案例，阐述了指引中所提出的概念在企业中的实际应用。

资料来源：Orenstein E. COSO's New Guidance for Monitoring Internal Control [J]. Financial Executive, 2009.

思考题

1. 举例说明健康保险公司的控制活动相对其他公司具有哪些特殊性？
2. 控制活动通常包含哪两个要素？
3. 在商业健康保险的核保控制中应注意哪些方面？
4. 健康保险公司信息系统控制包括哪两个方面？各自的特点是什么？
5. 健康保险公司的监控包括哪几个方面？分别在监控中发挥什么作用？

第七章

健康保险公司风险管理信息与沟通

健康保险公司风险管理信息与沟通是企业风险管理流程中重要的功能要素，贯穿于企业风险管理的全过程，构成健康保险公司识别、评估和应对风险等其他七个功能要素的实际内容，信息是公司战略制定、经营管理和风险管理的基础，而沟通是实现信息在公司内外有效传递的措施和方法。

第一节 健康保险公司风险管理信息

在健康保险公司风险管理流程中，风险信息以及风险信息系统的建设对健康保险产品的开发、核保理赔业务、健康风险的评估和分析、风险应对和控制过程等重要环节都会产生直接影响。健康保险公司可以利用信息系统进行信息收集和处理，帮助管理层提炼大量风险信息以供决策参考。这类系统可以是正式或非正式的，但需考虑信息的质量、深度和及时性问题。在大数据使用推广的今天，信息的收集又在发生着极大的改变，对健康保险公司风险管理产生深远的影响。

一、风险管理信息的含义

依据 2004 年版 COSO 的企业风险管理框架，风险管理信息可以定义为：一个组织中各个层级所需要的，用以识别、评估和应对风险，以及从其他方面影响经营主体实现其相关目标的大量相关信息。这些信息可以支持一个主体的持续管理活动，包括流入组织和组织内的信息流，以及企业风险管理要素内在活动之间的信息流（见图 7.1）。

2016 年 COSO 发布的企业风险管理新版框架，定义风险信息为"相关信息"，指有助于做出知情决策的信息。相关信息越有助于提高决策的灵活性、积极主动性以及就绪程度，它的相关度就越高，而企业成功实施战略、实现业务目标和建立可持续竞争优势的可能性也越高。新版框架分为 5 个要素、23 项原则，其中"风险信息、沟

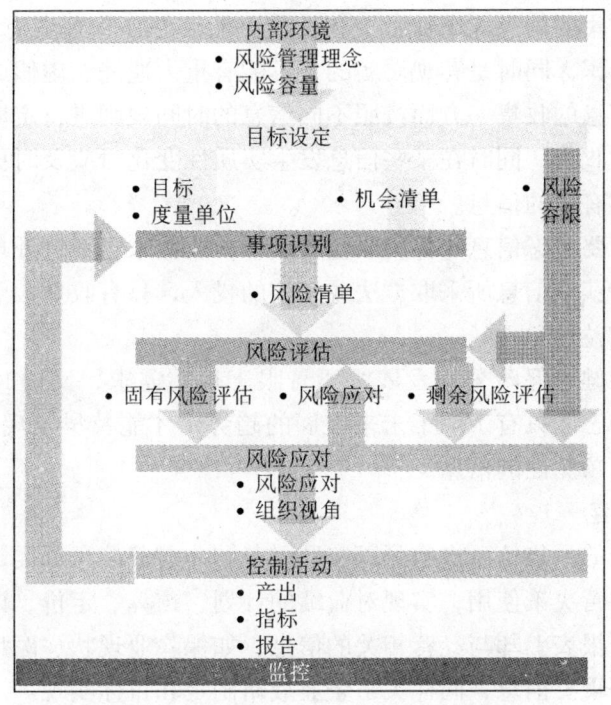

图7.1 企业风险管理内的信息流

资料来源：COSO发布：《企业风险管理——应用技术》，张宜霞译，东北财经大学出版社2006年版。

通和报告"要素包含了使用相关信息，充分利用信息系统，沟通风险信息，汇报风险、文化和绩效四条原则。

二、信息收集

我国商业健康保险业务已经开展了20多年，但数据积累和分析能力仍然不足。因此，一方面，各保险公司应当引进专业技术人才，建立健康保险数据库，从寿险等其他业务中挖掘健康保险的有关数据，使分散的信息变成集中的信息，使孤立的信息变成相互联系的信息，使一些潜在的原始信息变成现实的经过加工的信息，使无价值的信息变成有价值的信息。另一方面，各公司应当逐步实现保险数据的整合，一是要加强各保险公司之间的合作，建立行业内部的数据共享机制；二是各保险公司要通过与医疗服务提供者、医疗服务管理当局以及社保部门的多方联系获取更多的相关数据；三是各公司内部应在标准化的基础上利用网络来连接分支机构或各公司之间的作业系统，获得统一的数据。

（一）收集原则

健康保险公司在信息收集中应坚持全程性、准确性、及时性、效益性、超前性原则。全程性是指动态地关注某项流程的全部环节，如健康保险新契约业务流程，应对承接新单、初审录入、扫描上传、录入复核、核保和缮制保险合同等各环节信息进行收集。

准确性是指收集的信息应在数量上和性质上能够保证管理者有足够的判断依据，形成足够的判断意识，同时是客观真实的，不能有重大遗漏、虚假或不可利用性。

及时性要求信息的收集一方面按照不同信息的时间规则进行定期收集，另一方面新流程出现时及时收集，同时在某些信息发生实质性变化时应及时更改和补充，使管理者获得当前真实有效的信息。

效益性是同时要考虑信息收集的收益和成本，收益来自通过处理信息管理风险所能减少的损失和因获取信息所采取方法或措施的投入，只有收益大于成本，这种信息的收集才是具有效益的。

超前性是因为健康保险公司发展既要着眼于现实需求，又要时刻把握社会、经济、科技发展的动态，只有了解了未来发展的趋势，才能及早发现可能的风险所在，因此还要收集具有预测性的信息。

（二）收集内容

健康保险公司的采集信息内容可以按照财务和非财务信息分类，前者主要用于编制财务报表，供经营决策使用，实现对业绩的计划、预算、定价、评价等，后者主要是不能反映在财务报表上却与经营相关的信息，如保险业现状、医疗发展水平、产品开发、员工能力等重要信息，同样关乎企业战略制定和目标实现。

信息可以按照流程分类，收集流程每个环节中的风险信息，如个险保全管理流程可分为初审、录入、理算、二次核保、审批、批单、归档等环节，期间的变更情况应及时收集，严格按照权限规定审批。也可以按照风险管理要素划分，即风险识别、风险分析、风险应对、风险控制和内部监督等相关信息。此外，信息还可以按照风险种类来分，包括保险风险信息、市场风险信息、信用风险信息、战略风险信息、操作风险信息、声誉风险信息、流动性风险信息。下面按照风险种类具体阐述。

1. 保险风险需收集的信息

国家人口死亡率、疾病率、赔付率、退保率情况及变动；健康保险产品开发、产品管理、准备金评估、再保险管理、核保核赔等曾发生或已发生风险的环节；在售产品结构、销售政策、核保政策等；未到期责任准备金和未决赔款准备金；自留风险控制情况；核保核赔情况。

2. 市场风险需收集的信息

健康险产品或服务的保费及供需变化；主要客户的信用情况；税收政策和利率、汇率、权益价格的变化；潜在竞争者、竞争者及其主要产品、替代品情况。

3. 信用风险需收集的信息

被保险人信用状况和保险资金投资标的的信用状况，及时更新公司交易对手的信息等级；再保险的风险分散程度及成本；公司总体风险偏好和风险限额；应收保费的管理情况。此外，健康保险公司应注重收集第三方，如医疗机构、医生等信用情况信息。

4. 战略风险需收集的信息

国内外宏观经济政策以及经济运行情况、健康险行业状况、国家政策;精算技术、医疗技术、医疗管理的进步和创新内容;健康险市场对公司保险产品和服务的需求;与企业战略合作伙伴的关系,未来寻求战略合作伙伴的可能性;公司主要客户和竞争对手的有关情况;与健康险行业其他竞争对手相比,公司的实力与差距;公司发展战略规划、投融资计划、年度经营目标、经营战略,以及编制这些战略、规划、计划、目标的有关依据;公司对外投融资流程中曾发生或易发生错误的业务流程或环节。

5. 操作风险需收集的信息

健康险产品结构、新产品研发;新市场开发,市场营销策略;企业组织效能、管理现状、企业文化,高、中层管理人员和重要业务流程中专业人员的知识结构、专业经验;金融交易工具业务中曾发生或易发生失误的流程和环节;信息安全等管理中曾发生或易发生失误的业务流程或环节;因公司内外部人员的道德风险致使企业遭受损失或业务控制系统失灵;对现有业务流程和信息系统操作运行情况的监管、运行评价及持续改进能力;公司风险管理的现状和能力。

6. 声誉风险需收集的信息

公众对健康险公司的舆论;公司声誉管理文化,员工声誉风险意识;公司治理和信息披露情况;员工及营销人员的声誉风险教育;投诉处理、合规审查、审计稽核信息;重大并购重组、产品创新、法律诉讼;集中退保事件,有关投保人、营销人员群体性事件;违规事件;大范围理赔事件。

7. 流动性风险需收集的信息

健康险公司流动负债、负债率、偿债能力;货币资金、应收保费、应收利息及其占主营收入比重、资金周转率;各类责任准备金及比重;管理费用、财务费用、营业费用;成本核算、资金结算和现金管理业务中曾发生或易发生错误的业务流程或环节;与公司相关的行业会计政策、会计估算、与国际会计制度的差异与调节等。

(三) 收集方法

风险信息的收集主要通过划分职责,以及制定收集时间和管理办法,集合公司各部门力量共同完成。《中央企业全面风险管理指引》第十一条规定:"实施全面风险管理,企业应广泛、持续不断地收集与本企业风险和风险管理相关的内部、外部初始信息,包括历史数据和未来预测。应把收集初始信息的职责分工落实到各有关职能部门和业务单位。"

信息的收集可以分为收集、维护和处理。其中收集可由健康保险公司各职能部门与业务单位针对本部门与单位的特点收集相应信息,因为他们对自己所从事的工作更为了解,同时又可以提升他们的风险意识。维护信息依然是一个专业性很强的工作,且工作量较大,单一部门很难完成,通常还是由职能部门与业务单位完成,并由风险管理部门进行指导和监督。信息处理包括信息的筛选、提炼、对比、分类、组合等,可以由公司的风险管理部门完成。

信息收集的时间安排可以根据公司风险评估的周期，作为年度业务计划或预算的一个重要组成部分，也可以和风险与控制自我评估周期配合。信息收集应该是一个广泛、持续的过程，因此可以考虑融入日常工作，保证信息收集的及时性，提高风险应对能力。为了确保信息收集的执行，公司应制订信息收集的管理方法，建立风险信息收集的汇报与监督机制。同时，由于信息的多样性及涉及部门与单位的广泛性，应当建立规范流程与标准模板，便于对信息进行系统筛选、提炼、对比、分类和组合。

（四）收集渠道

信息的收集渠道可以分为外部渠道和内部渠道。概括起来，外部渠道包括：国家、行业宏观政策与信息的发布平台和网络；媒体报道及专业机构的出版物；商业伙伴提供的信息；私人商业与社会网络；专业机构报告；信用评级机构报告；专业机构的市场调研报告与竞争对手分析报告；政府、专业与行业网站与沟通平台；法律纠纷事件案例；重大安全环保事件案例；金融衍生品风险案例分析；医疗数据库、保险数据库、银行数据库、健康服务机构数据库；健康咨询服务系统；消费者教育；医疗服务监督等。

内部渠道包括：内部会议纪要及战略分析报告；以往战略决策的成功案例及重大偏差；健康保险公司自身的战略规划、计划等决策信息；公司战略规划方面的内部控制机制；管理报告信息体系；公司财务管理内部控制体系；内部监察与审计结果；以往公司财务损失事件分析；公司内部的市场信息与情报收集机制；客户关系管理系统；公司信用管理制度及损失事件；利率、汇率的敏感性分析；压力测试；公司主要业务流程；对现有流程制度的监管机制与报告；公司信息系统的管理与监控；公司法律部或外聘法律专家；公司合同条款法律审批流程；公司法律纠纷事件；员工道德行为准则的制度、发布、培训及监督机制；准备金评估；重大保险风险测试；分红保险红利分配；投资模式分析；资产战略配置；理赔统计分析等。

三、信息管理

2011 年，中国保监会下发的《中国保险业发展"十二五"规划纲要》指出要"强化应用，全面推进行业信息化建设"，坚持把信息化作为保险业加强风险管理的重要途径加以积极推进，充分发挥"科技是第一生产力"的重要作用，促进行业经营管理和信息技术深度融合，提高企业风险管理的水平，提升健康保险业服务社会的功能。

（一）信息系统

风险管理信息系统是公司整个风险管理体系中的重要组成部分，为风险管理部门进行风险评估、实施风险管理解决方案、执行风险管理的基本流程、履行内部控制系统提供必要的技术基础。风险管理信息系统有助于健康保险公司落实风险偏好体系、关键风险指标监控、专项风险计量、资本配置优化及风险管理报告生成等具体工作。它的重要性体现在：是公司风险策略和风险解决方案的支撑手段；是固化风险管理流程、推进全面风险管理的工具；是风险信息收集、输入、加工和输出的载体；提供跨组织、跨流程的信息集成和共享平台；通过系统实现风险的快速预警，及时采取必要的防范措施；提供公司风险状况的报告，并且追溯发生的原因。

风险管理信息系统应包含三个层级，即数据层、应用层、报告层（见图7.2）。数据层是风险管理信息系统的基础，是构建系统的首要任务。应用层是指在系统内设置的模型与情景，通过模拟对风险进行预测和分析。风险管理工作需要以公司经营战略为指导，同时应用相应的技术方法，构建应用层时应明确上述工作是不断发展变化的，因此需考虑系统延展性的问题。报告层的作用是呈现风险管理结果，不同的用户通过系统调整相应参数自动生成风险管理报告。

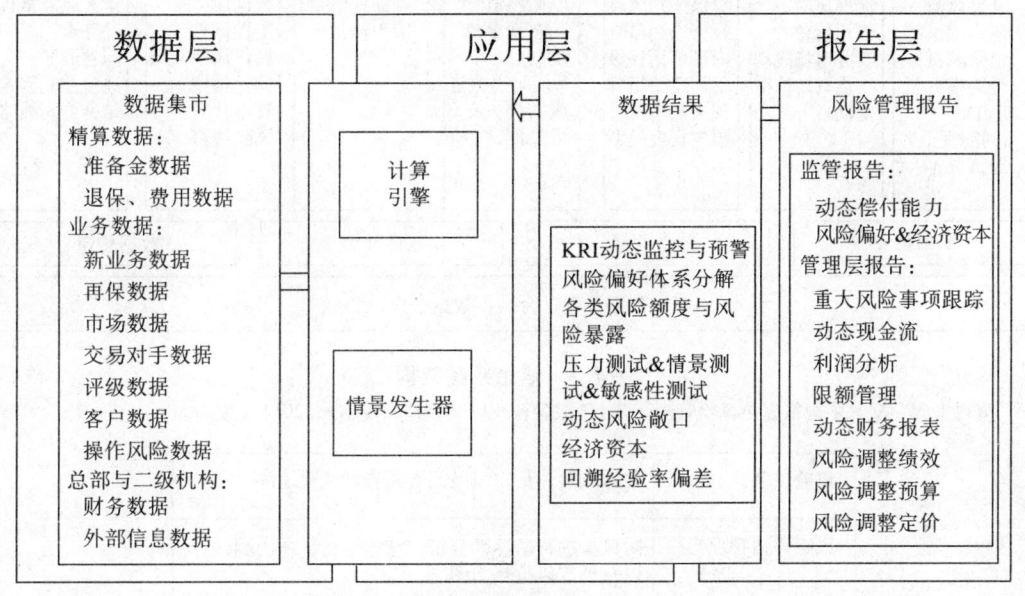

图7.2　风险偏好跟踪回顾与调整流程

资料来源：安永中国精算与风险管理团队：《保险行业风险管理白皮书》，2014年发布。

以数据库为基础，风险管理信息系统在公司整体层面下建立基于各大风险类别的定性、定量分析共七个模块，即：保险风险、市场风险、信用风险、资产负债匹配、流动性风险、操作风险定量模块和定性管理模块（见图7.3）。每个模块都具备该大类风险项下不同的计算引擎、情景发生器、数据结果与报告功能，同一数据源经过不同计算得到的结果应具备一致性。基于七个模块进行公司整体层面的风险计量，如经济资本、压力测试、情景测试、敏感性测试、相关性整合以及风险调整绩效等，最后实现公司整体层面的风险管理系统报告功能。

风险管理信息系统主要分为八大功能模块：风险识别、风险评估管理、风险应对管理、风险报告管理、风险预警、重大风险事件采集、风险管理基础数据库、风险监督管理（见图7.4）。风险管理信息系统，不仅仅关注业务财务相关的风险，同时还将IT风险、企业管理相关的风险等纳入风险管理范围，能够更全面地满足风险管理需求。

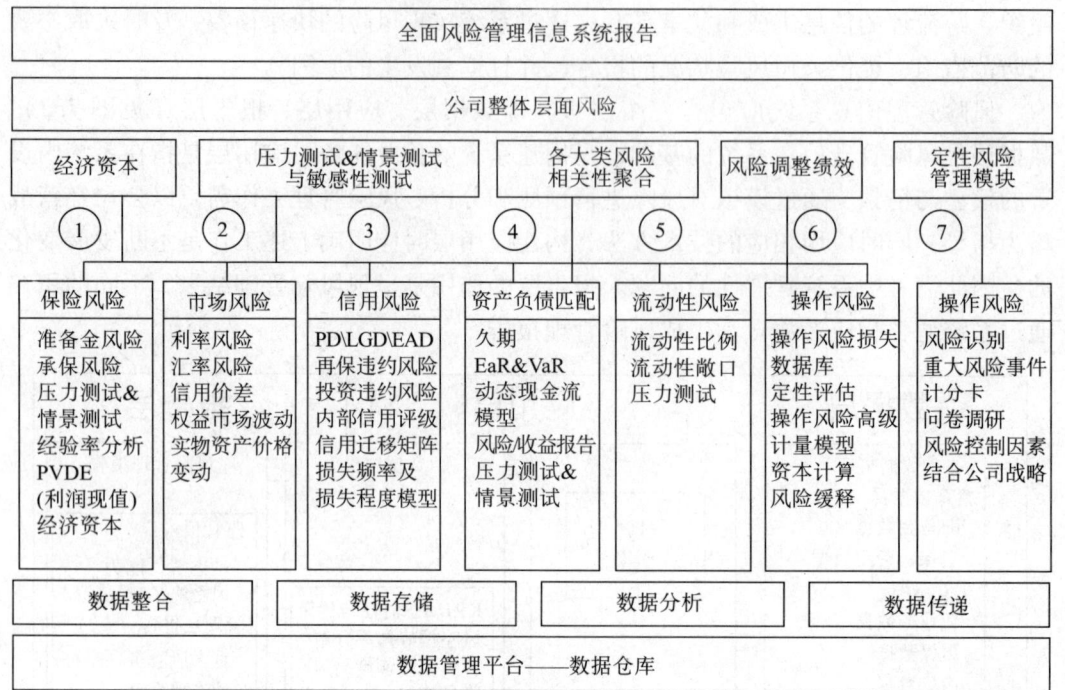

图 7.3　信息系统架构

资料来源：安永中国精算与风险管理团队：《保险行业风险管理白皮书》，2014 年发布。

风险识别	包括风险评估，风险问卷调查和风险矩阵
风险评估管理	对风险进行敏感性分析，情报分析，压力测试以及形成风险热力图
风险应对管理	包括体系文件，企业组织架构与业务流程，风险知识，风险指标和风险的应对计划
风险报告管理	产生风险应对执行报告和风险体系分析报告
风险预警	维护风险预警指标和预警规则，与企业其他IT系统进行数据集成，根据风险事件指标值所处的不同的预警范围，进行红、黄、绿灯预警
重大风险事件采集	重大风险事件采集功能：进行风险损失事件报备和损失事件统计分析
风险管理基础数据库	包括风险模型，KRI体系管理和标杆管理
风险监督管理	包括进行管理测试任务，整改跟踪，预警跟踪，例外事件缺陷评估和统计分析的功能

图 7.4　信息系统的主要功能

资料来源：安永中国精算与风险管理团队：《保险行业风险管理白皮书》，2014 年发布。

专栏 7.1

对信息系统缺陷的处理

1. 报告相关系统问题。相关岗位系统用户发现系统出现不符合正常业务处理要求的系统问题,通过 CQ 平台进行报告,并同时邮件通知总公司对应业务部门的 IT 协调人。

2. 会同进行问题讨论分析,确定问题并制定解决方案。人保健康总公司信息技术部系统对口人会同业务部门 IT 协调人对错误及缺陷报告内容进行讨论分析,确定并制定问题解决方案,然后将解决方案录入 CQ 平台。

3. 系统调整及测试。人保健康总公司信息技术部根据解决方案由系统开发人员对系统做针对性调整,总公司信息技术部系统对口人内部测试通过后,提请业务部门 IT 协调人组织用户验收测试。

4. 验收测试。相关岗位系统用户在收到要求进行验收测试的通知后进行验收测试。测试完成后邮件通知总公司信息技术部系统对口人,进行系统更新。

5. 更新系统。总公司信息技术部系统对口人更新应用系统后,在 CQ 平台关闭问题。

在处理信息系统缺陷时,主要有两个风险控制点:一是未明确系统错误及缺陷处理操作规范;二是未及时制定系统错误及缺陷解决方案。控制矩阵如表专 7.1 所示:

表专 7.1 控制矩阵

流程名称			风险点名称	控制措施或方法	控制属性		
一级流程	二级流程	三级流程			人工或自动	控制类型	控制频率
信息系统总体管理	应用系统运行维护管理	系统错误及缺陷处理	未明确系统错误及缺陷处理操作规范	总公司对系统错误及缺陷处理流程做了明确的规定。所有相关人员应统一通过运维管理平台(以下简称"CQ 平台")提交使用错误及缺陷,系统错误及缺陷的处理流程使用 CQ 平台管理	人工	预防性	业务发生时

续表

流程名称			风险点名称	控制措施或方法	控制属性		
一级流程	二级流程	三级流程			人工或自动	控制类型	控制频率
信息系统总体管理	应用系统运行维护管理	系统错误及缺陷处理	未及时制定系统错误及缺陷解决方案	总公司信息技术部系统对口人会同业务部门IT协调人对错误及缺陷报告内容进行讨论分析，确定并制定问题解决方案，然后将解决方案录入CQ平台。信息技术部根据解决方案由系统开发人员对系统做针对性调整，信息技术部系统对口人内部测试通过后，提请业务部门IT协调人组织用户验收测试。相关岗位系统用户在收到要求进行验收测试的通知后，进行验收测试，测试完成后邮件通知总公司信息技术部系统对口人，进行系统更新	人工	预防性	业务发生时

　　上述做法属于信息系统的一般控制，主要是日常的运行维护和系统升级。如果没有建立规范的信息系统日常运行管理制度，计算机软硬件的内在隐患易爆发，或一些人为恶意攻击长期隐藏在系统中，将会直接影响应用系统控制的有效性。如果对系统程序的缺陷和漏洞安全防护不够，可能会使系统运行不稳定或瘫痪，更严重的，如果遭到黑客攻击，将导致公司的机密信息遭到泄露。

　　通过IT技术和信息化手段，将从前手工操作的工作流程进行自动化管理，提高了公司风险管理和内部控制工作的效率。公司通过信息系统进行控制活动可以提高公司的现代化管理水平，减少人为操纵因素，同时公司信息系统的安全性、可靠性和合理性以及相关信息的保密性、完整性和可用性得到增强，为建立有效的信息和沟通机制提供了保障。

　　资料来源：中国人民健康保险股份有限公司：《中国人民健康保险股份有限公司内部控制手册》，2015年发布。

（二）信息的质量

确保信息系统输入业务数据和风险值的质量，是风险管理信息系统的重要基础。《中央企业全面风险管理指引》第五十四条规定，"企业应采取措施确保向风险管理信息系统输入的业务数据和风险量化值的一致性、准确性、及时性、可用性和完整性。输入信息系统的数据，未经批准，不得更改"。

信息的质量包括三点：一是随着公司对复杂信息系统和数据驱动的自动化决策系统和程序的依赖性与日俱增，数据的可靠性越发重要，这对数据的详细程度、可利用性、正确性提出要求；二是良好的数据规划是一切系统健康高效运行的基础，这是对数据的标准化提出要求；三是数据的时效性。

对于数据的可靠性而言，美国早已从立法上对信息质量提出要求，安然、世界通讯等公司的一系列丑闻使投资者对在美国上市的公司信息披露的真实性产生怀疑。《萨班斯－奥克斯利法案》的出台，对上市公司对外披露信息的真实性提出了更高的要求——"管理层对财务信息的准确性承担刑事责任"，实施该法案，引发企业从业务流程到技术架构的一系列变革。

对于数据的标准化而言，标准化的数据有助于健康保险公司建立风险数据库，进而支撑各种风险管理应用的数据模型，包括资产负债匹配管理、流动性风险管理、经济资本测试、限额管理、国际会计准则、监管口径最低资本、监管口径偿付能力充足率和风险调整后绩效管理等。风险数据库应包括保险风险、市场风险、信用风险、资产负债管理、流动性风险、操作风险相关数据以及各类风险定性分析所需数据（见图7.5）。

对于数据的时效性而言，同一信息在不同时间具有性质上的差异。因此，风险信息具有时间价值，在很大程度上制约着风险管理决策的客观效果。在风险管理活动中，信息的收集、处理都需要时间，这一系列过程要确保时效性，否则决策者不能及时进行风险评估、风险沟通，使相关人员及时采取措施，如此便失去了风险信息支持决策的作用，可能会给公司带来巨大的损失。

（三）大数据技术的应用

伴随信息技术发展，特别是云计算、大数据技术的应用，未来金融保险企业提升核心竞争力的着力点也在悄然转变。维克托·迈尔·舍恩伯格在《大数据时代》中提出："数据已成为一种商业资本，一项重要的经济投入，可以创造新的经济利益。事实上，一旦思维转变过来，数据就能被巧妙地用来激发新产品和新型服务。"

1. 大数据的定义

大数据（Big Data）并无统一的定义，根据 IDC 的定义，大数据是满足"4V"（Variety、Velocity、Volume、Value，即种类多、流量大、容量大、价值高）指标的数据。

大数据技术的定位是通过高速捕捉、发现和分析，从大容量数据中获取价值的一种新的技术架构，主要涉及大数据存储（PB 甚至 EB 级别的存储平台）和大数据分析（短时间内处理大量不同类型数据集）两个不同的技术领域。

基本数据	保险公司及分支机构数据 　　行业类型 　　业务线类型 　　行业重要性
财务数据	▶ 总账 ▶ 资产负债表 ▶ 利润表
保险数据	业务线及产品数据 　　新业务数据 　　再保数据 　　精算数据 　　准备金数据 　　退保、费用数据 　　预期现金流数据 　　经济情景生成器（ESG）
信用数据	▶ 评级 　　▶ 外部评级（债券、金融衍生品、发行公司主体评级、交易对手、国家主权评级等） 　　▶ 公司内部评级（再保交易对手评级、投资交易对手评级等） ▶ 再保交易信息 ▶ 重大信用风险事件
市场数据	币种和汇率 利率 按利率和币种绘制的利率曲线 波动性（如对选择权的定价） 波动性指标和相关性（用于蒙特卡洛模拟） 利差曲线（用于计算信用价差）

图 7.5　信息系统数据类型

资料来源：安永中国精算与风险管理团队：《保险行业风险管理白皮书》，2014 年发布。

2. 大数据在保险中的应用

保险业内积累了丰富的用户和交易数据，是数据资产构成的核心，为大数据技术的应用带来了极大的拓展空间，特别在多方面掌握客户及业务有效信息的基础上，可以在全面综合分析客户行为、提升产品创新、精准营销和风险管理等方面发挥重要作用。

（1）大数据在保险核心职能对应环节上的应用。保险的核心职能包括产品开发、营销和销售、保单管理、理赔管理和资产管理，每项职能又由相应的环节组成。从当今大数据发展的特点分析，最容易作为切入点的环节包括风险评估和定价（产品开发职能）、交叉销售（营销和销售职能）、防止客户流失（营销和销售职能）和理赔的各环节。其他职能的各个环节，在现有的大数据技术条件下，大数据应用尚无法全面深入，仍需按照传统的理论和方法进行管理。

在风险评估和定价环节，运用大数据，数据资源的获取方式得到了极大扩展，同时丰富了风险数据特征，有助于改变传统保险精算理论，提升精确程度，发现更多潜在风险，未来可保风险池有转移并缩小的趋势。

在交叉销售和防止客户流失环节，大数据可帮助保险公司进一步掌握客户关键需求，精确细分客户，挖掘现有客户价值，在应用于环境、价值、流失和购买分析后，既能促进客户资源在不同经营主体间的共享，又能制定有针对性的客户挽留策略与运营方案，防止最好的客户资源流失。

在理赔方面，大数据分析可以从欺诈、代位求偿权、赔付、赔款准备金、分配和诉讼六个方面充分展现自己的价值。

（2）大数据在保险营销上的应用。以保险业运用大数据精准营销，建立客户全景视图为例。保险公司要达到精准营销，关键在于精确了解客户。我国保险业一直采用"以保单为中心"的模式，随着大数据的应用，我国保险行业可以实现向"以客户为中心"的营销模式转变。所谓"以客户为中心"，是指从消费者利益出发，以消费者的价值主张为中心，将消费者体验作为核心评价标准，全面满足消费者需求。在此之前，需要解决全面客户关系管理和提供更好的客户体验两个关键问题。前者可以通过建立"客户全景视图"，利用大数据技术，实现基于社会数据和企业数据相结合的、相对自动化的客户数据和关系管理模式；后者则要打破单一渠道管理的思维，引入电子商务和社交媒体渠道。

因为长期以来大多数保险公司信息系统均处在以保单为核心的业务处理模式中，客户信息以及相关的管理措施都比较薄弱，所以面临的突出问题是客户数据质量不高，无法提供客户全角度视图并统一识别客户，缺乏客户数据管控体系和客户信息标准，无法共享客户信息，具体表现在：

第一，长期以保单为中心进行经营管理，不重视对客户信息的收集，导致客户信息质量普遍较差。

第二，客户数据在不同系统中重叠现象严重，而不同系统对统一客户的描述和识别又不一致，导致公司各渠道借出客户时无法提供一致性服务，客户体验差。

第三，缺乏相应的组织、流程及管理办法对客户数据进行统筹规划，统一管理。

第四，缺乏公司内部统一的客户定义、分类、数据质量标准、信息项标准、信息模型和相关业务规则。

第五，客户信息分散在各个系统中，系统之间缺少共享和快速传递通道，没有形成整合的集体层面的客户观念。

在构建客户全景视图过程中，可以逐步解决上述问题，首先要通过不同渠道和方式对已保客户和潜在客户的信息要素进行采集和整合，即构建"客户信息主题域"，形成多维度信息，一般涉及信息和策略两类，共11个主题域。信息主题域包括：客户基础信息（证件、车辆、房产、财产等信息，以个体/团体或已保/来划分），客户分类（价值、风险、忠诚度等信息），客户关系（客户之间的关系信息），联系（联系方式和偏好信息），行为（交易行为、社会行为信息），产品（产品、保单、购买倾向等信息），交互记录（营销活动、投诉等信息）；策略主题域包括：营销（营销策略），销售（销售策略），服务（服务策略）和分析模型（分析结果）。通过客户信息整合，收集到元数据，进行客户定义后，进行客户清洗、识别准入、客户归并、冲突处理、数据整合，完成客户信息自动加工处理。

（3）保险公司对大数据的管理。建立健全健康保险公司客户的档案信息库，如被保险人的既往病史、投保时的身体状况、投保后的发病以及住院、索赔情况；收集、管理各地区各部门和各类健康险业务经营数据，包括各类业务的承保人数、保费收入、申请索赔人数、人均申请索赔次数、次均赔付金额等数据和指标；建立疾病、手术的发生率及药品、检查等的收费标准的健康险专业数据库。

加强对操作人员的管理。数据操作人员应按照被授予的权限严格作业，不得越权接触系统，避免人为因素或操作不当给操作系统带来不必要的损失和风险；应建立数据库及过程管理的档案和建立管理系统数据控制过程的档案，对系统操作的事件类型、用户身份、操作时间、系统参数和状态等进行实时监控和记录；应加强对各级业务操作人员和信息技术管理人员的业务技能培训和职业道德教育工作，减少各种操作失误。

对数据以及数据库操作流程的控制。保险公司应当加强数据输入、数据通讯和处理、数据输出以及数据储存等相关环节的控制，避免数据在输入和传输过程中出现错误、损坏和丢失，保证信息系统数据的正确和完整。

3. 健康保险公司大数据举例——医疗健康大数据

健康保险公司可以运用医疗健康大数据进行健康管理。从数据来源上看，医院信息系统（Hospital Information System，HIS）是医疗数据的重要来源。医院信息系统包括：电子病例系统（Electronic Medical Record System，EMRS），实验室信息系统（Laboratory Information System，LIS），医学影像存档与通信系统（Picture Archiving & Communication System，PACS），放射信息管理系统（Radiology Information System，RIS），临床决策支持系统（Clinical Decision Support System，CDSS）等。除此之外，各种健康设备可以帮助收集用户的生命体征信息，比如心电图数据、血氧浓度、呼吸、血压、体温、脉搏、运动量。社交网络和搜索引擎也包含了潜在的人口健康信息。

从大数据的作用看，首先，对于健康保险公司来说，大数据技术的应用主要有助于预测与降低医疗成本，进而减少道德风险和逆向选择，有效控制成本。医疗保险使用目前的验证技术无法有效发现医疗服务中存在的欺诈、滥用、浪费、错误等现象，原因在于旧的验证技术只关注单个病例，无法利用多个病例间的联系。有学者以医疗账单为数据源，建立关于治疗费用、住院时间等数据的预测模型，使用数据挖掘技术发现账单中的异常数据；使用领域专家建立的规则库分析异常账单，发现其中可能存在的问题并给出警告。典型的应用环境包括医疗器材滥用、手术过程与病情诊断不符、过度收费等。提早检测出医疗过程中的问题可为健康保险公司节省大量花费。

其次，对于医疗健康机构和相关人员来说，信息化的医疗数据、医疗研究数据、病人特征数据以及移动设备、社交网络和传感器产生的医疗健康相关数据为医疗健康从业人员提供了新的思路，利用大数据技术可以从中发现潜在的关系、模式，从而帮助医生提高诊断精度、预测治疗效果、降低医疗成本，帮助医药公司发现潜在的药物不良反应，帮助公共卫生部门及时发现潜在的流行病。

最后，对于政府来说：目前医疗健康行业成本高昂的部分原因来自医疗失误和医疗浪费。美国在医疗健康上的费用超过1 700亿美元，而中国每年在医疗健康上的费用超过30 000亿元人民币。在此背景下，多国通过改革医疗系统来减少医疗失误及医疗浪费，最终削减医疗开支。美国于2011年通过的关于医疗健康信息技术的《HITECH法案》宣布：决定投入500亿美元在5年内使用信息技术解决医疗行业存在的问题。2009年，我国相关部门发布2009—2019年规划，计划先期投资1 200亿元人民币提升医疗系统的服务效率。

专栏7.2

大数据时代下的健康保险

当"互联网""云计算""大数据"这些词汇接踵而至，作为保险从业者，除了感到新鲜之外，更多的是感觉有点茫然和困惑。茫然是因为我们不知道这些技术究竟意味着什么；困惑则是因为我们不知道应该如何应对。

未来技术创新的"翻天覆地"是势不可挡，不仅是大数据、互联网，还有基因工程等，都将从根本上改变保险经营的基础，如风险的基础环境将发生根本性变化，再如保险赖以生存的大数法则和精算技术将面临挑战。那么，未来的保险将如何存在？这就需要我们回到根本，去看看保险存在的原始诉求是什么。

就健康保险而言，其根本诉求应当是如何更好地提高生命和生活质量，提高社会医疗和卫生管理绩效，然后才是保险补偿。顺着这个思路，我们再思考和回答健康保险能够和应该做什么，就能够找到解法和出路。

"看病难"和"看病贵"只是表象，深层次的原因是社会卫生和医疗管理的绩效问题。这两大难题背后是医疗体制改革的三大瓶颈问题：专业信息不对称、社会资源的利用效率、治疗方案的针对性和有效性。就健康保险而言，"看病难"和"看病贵"问题，既是面临的挑战，同时更是发展的机遇。关键是看保险业能否和如何破解这些难题，并发挥自身的独特作用，为政府和社会分担，其挑战的是保险行业的大局意识和创新能力。

保险业应通过健康保险这一平台，集合并成为广大被保险人的"利益代理人"，利用大数据、物联网、基因工程和人工智能等前沿科技，形成一种倒逼机制，推动我国卫生和医疗体制改革，同时利用这些技术探索全新的保险商业和服务模式。

首先，也是最重要的是解决观念问题。这个时代变化太快，新技术可谓日新月异，而推动这个时代进步的核心力量恰恰是基于新技术创新应用的模式创新。我们不少人对新技术和新领域知之甚少，这是一种"新无知"，更可怕的是有些人对新技术和新领域持一种"不屑"的态度。

其次，对于新技术，我们要始终保持着一颗好奇心，这是前提和关键。在"数字人生"和"数字医疗"的背景下，数字将成为社会的重要资源；与此同时，随着大数据时代的到来，企业不可能"拥有"所有数据，因此数据管理将面临"不求所有，但知所在"，了解相关数据的存在情况并能够获取是关键能力。同时，解构和重构数据将成为保险公司创新的核心能力。

最后，保险公司需要建立跨学科的"科学团队"跟踪和研究新技术和新领域，尤其是捕捉前沿领域的技术，并根据业务发展和提高效率的需要，构建全新的商业模式，如基因工程领域的发展就是保险需要特别关注的新领域。

资料来源：王和："大数据时代健康保险何去何从"，《健康大视野》2015年第5期。

第二节　健康保险公司风险管理沟通

沟通是信息凭借一定符号载体，在个人或群体间从发送者到接受者进行传递，并获取理解的过程。沟通是意义上的传递，同时还需要被理解[1]。沟通是健康保险公司风险管理的一个有机组成部分，是风险信息在企业内部各层级之间和企业与外部利益相关者之间的传递活动。企业风险管理的过程循环[2]包括风险识别、风险度量、风险决策和风险信息传递，信息与沟通作为风险管理要素的重要组成部分，对企业价值有着不可忽视的影响。

一、内部风险沟通

风险信息传递分为内部和外部。内部的风险信息传递即内部风险沟通，是指与公司相关的各种信息在公司内部的传递交流；外部的风险信息传递即外部风险沟通，是

---

[1] 苏勇，罗殿军主编：《管理沟通》，复旦大学出版社1999年版。
[2] Segal（2011）定义了企业风险管理的过程循环。

公司运用各种方式与外部利益相关者进行的风险信息交流。

（一）内部风险沟通的概念

内部风险沟通是公司管理部门提供着眼于行为期望和员工职责的具体的和指导性的沟通。它包括对主体的风险管理理念和方法的清楚表达以及明确的授权。有关流程和程序的沟通应该与期望的文化相协调，并支撑后者。以风险管理理念与公司文化如何结合为例，公司需要公司人员具备怎样的风险管理理念是通过内部风险沟通的方式灌输到公司的文化当中，可以通过自上而下的沟通来推动，并得到自下而上的信息流程的支持。

对于健康保险公司而言，内部风险沟通要求公司内部各管理层级之间通过内部沟通渠道传递经营管理信息。公司应当加强内部风险沟通管理，通过建立科学的内部信息沟通机制，实现内部风险信息的有效利用。

（二）内部风险沟通的作用

沟通是创造"正确的"内部环境和支持企业风险管理其他构建的关键。例如，把风险管理理念灌输到组织的文化中是通过就该理念是什么以及该组织的人员期望什么进行自上而下的沟通来推动的，并要得到自下而上的信息流程的支持。健康保险公司可以采用一种内部沟通程序，专门支持其风险管理理念的整合和帮助加强道德内部环境建设。

（三）内部风险沟通的方式

公司内部风险沟通方式有很多种，随着技术和方法创新，还将不断出现新的沟通渠道。常见的渠道有以下几种：

1. 内部报告

内部风险沟通最常见的渠道是内部报告（也是外部风险沟通的渠道之一），这是《企业内部控制基本规范》对公司内控提出的具体要求，各公司在《企业内部控制应用指引》指导下规范内部报告流程。

内部报告是一种常用的内部会计控制方法，其标志性成果就是建立起全面反映经济活动情况、及时有效提供各类业务信息，以加强内部管理的内部报告制度。报告的目的是为公司的管理层及时提供有效、相关、真实的会计信息，并进行正确的决策，从而提高经济效益，同时对管理政策进行监督，检查并反映现行管理行过程中的问题并及时反馈。基本内容包括内部报告的形式、格式、频数及时限、内容、使用对象等。

从形成和使用两个角度来看。健康保险公司内部报告的形成，需要根据发展战略、风险控制和业绩考核要求，结合全面预算管理，考虑成本费用预算执行情况，科学设计不同层级内部报告的指标体系，采用经营快报等多种形式，全面反映与企业生产经营管理相关的各种内部信息。内部报告需指定专人负责，充分利用信息技术，运用系统构建内部报告网络体系，实现信息集成与共享，为各级管理层及时提供风险信息，最终形成严密的内部报告流程。

健康保险公司内部报告的使用主要是各级管理人员借助内部报告了解各类产品和资金的运营情况，执行预算情况，协调公司内部相关部门和各单位的运营进度，严格绩效考核和责任追究，确保公司目标的实现。其根本目的是借助内部报告进行风险评估，发现风险点，确定风险应对策略，实现对风险的有效控制。公司在使用内部报告时需要注意三点：第一，及时解决内部报告反映出的问题，遇重大风险，启动应急预案；第二，建立严格的内部报告保密制度，明确保密内容、保密措施、密级程度和传递范围，防止泄露商业秘密；第三，定期评估内部报告，重点关注内部报告的及时性、安全性和有效性。

2. 内部会议

会议是现代管理的一种重要手段。管理人员的大部分时间要用于人际协调沟通，所以会议成为公司人员群体沟通的主要方式。随着科技的迅猛发展，人们的沟通方式越来越多，现在人们可以通过多媒体、互联网等形式进行沟通，但会议这种方式是任何其他沟通方式都无法替代的。它是一种最直接、最直观的方式，符合人类原本的沟通习惯。

会议属于多项交流，有助于实现有效沟通，通过会议可以向员工通报一些决定及新决策，自上而下传递相关资讯。会议还可以起到监督的作用，检查员工对工作任务的执行情况，了解员工的工作进度。同时，借助会议这种"集合"的、"面对面"的形式，可以有效协调上下级以及员工之间的矛盾。会议可以按照人数、开会方式和开会目的进行分类，每一种分类都从一个方面反映了会议的作用，每一种分类都与人们的实际需要、社会的不断发展密切相关。如按人数可以分为团体会议和一对一会议；按开会方式可分为面对面会议、电话会议、视频会议等；按开会目的可以分为人事安排会议、处理突发事件会议、集思广益会议等。每种会议都有其合理的发生频率，以期更高效地解决问题、达到目的。

健康保险公司应将内部会议作为主要的风险沟通手段，确立内部会议制度。例如，总公司主要通过召开总公司会的形式决定总公司重大事项，对议事原则、议事范围、议事程序等做出规定。总公司各部门定期召开部门会议，对内部工作进行沟通或者传达最新的管理层决议等信息。规定专人负责撰写会议纪要，经审核后通过 OA 系统监督会议中要求的工作落实情况，并及时反馈。

3. 内部培训

公司要在激烈的市场竞争下长期发展下去，就需要有人才、技术、信息、资源作支撑，其中人才素质高低对企业发展发挥着不可估量的作用。特别在金融行业，对于风险的相关培训显得更为重要。培训使员工的风险意识、风险管控能力明显提高与改善，由此提高公司价值，获得竞争优势。

对于健康保险公司，可以通过培训减少风险事件的发生频率，特别是操作风险的发生，同时改善员工工作质量，使员工掌握更多的风险识别方法，纠正错误或不良的工作习惯。高素质员工不仅能较快认同和实施公司各项风险管理的手段和措施，更善于将合理的管理行为转化为日常的自觉行动。除此以外，培训还有助于降低成本，使员工与公司风险管理意识融入企业文化，提升产品开发的创新意识，改进管理内容。

根据培训、会议实际运作流程中的环节及问题，可以逐渐形成一个明细的风险案例手册，制定标准化、通用的会议工作手册或差错提示。假如每次会议完毕后，要求每人至少提炼出 5 个风险案例，那么 10 个人就可总结出 50 多个案例，汇集起来就会形成一个明细、有效、可操作的风险案例指引，在以后类似的活动中，风险必然逐渐减少。

4. 内部邮件

电子邮件是一种用电子手段提供信息交换的通信方式，是互联网应用最广的服务之一。通过文字、图像、声音等多种形式，以公司内部网络架设的电子邮件系统为载体，可以帮助公司员工快捷、成本低廉地与其他员工进行沟通，促进了公司内部及时的信息发布与共享。内部电子邮件是一种较正式的沟通方式，其优势在于邮件是一种延时互动，可以作为全天候的交流工具；回复和对话方式方便使用者组织交流内容；可以存档和回顾，帮助使用者深度思考和交流。

健康保险公司内部使用邮件沟通有利于风险信息的保存，并可作为信息传递的凭证；同时，可以使所有参与员工对于所讨论论题、事实根据和结论以及达成的共识一目了然，并保持跟进直至工作结束；邮件内容可以准确及时记录事项进程、讨论内容和行动细则，充当了作为每个工作项目历史档案的功能；如遇意见分歧，可以充当证明文件。

二、外部风险沟通

企业风险管理的一个明显的特征是，从主要处理企业内部风险进化到一种将风险管理功能整合到更广泛的组织战略目标的解决方案。最为明显的改变是风险管理者使用更为复杂的金融方法处理更多种类的风险。然而，风险管理处理范围更广的风险同时也伴随着风险沟通角色的变革。目前，风险沟通在成功的风险管理中发挥着至关重要的作用，这对于不断增加的利益相关者来说，也变得越发重要。风险沟通的发展不仅涉及信息的数量、质量、参与主体的变化，同时也有一个共识，即风险沟通本身也是有效管理风险的重要工具[①]。

---

① Powell 和 Leiss（1997）研究了如何处理技术信息在公众中的传播问题，将风险沟通的概念扩展到更为广泛的领域，成为现代企业管理中企业向利益相关者提供及时信息的方法。他们定义风险信息发送者与预期接受者之间的缺口为"风险信息真空"。有效的风险沟通可以弥补这种真空，同时将专家的语言转换成公众更易理解的内容。

(一) 外部风险沟通的概念

与公司内部控制相关的信息无论是存在于企业内部还是来自企业外部，都应得到有效沟通，充分做好内部沟通和外部沟通，满足企业经营管理的需要。外部风险沟通主要指与客户、供应商、外部监管者、外部审计机构、投资者的沟通，企业可以通过多样化的沟通形式和渠道与外部利益相关者沟通。

利益相关者是指与组织有一定利益关系的个人或其他群体，他们能够被其他群体组织影响，同时也能对群体组织产生影响，可能是组织内部的，也可能是组织外部的。组织外部的利益相关者是外部风险沟通的对象。对于健康保险公司而言，利益相关者包括客户、政府、监管机构、媒体等合作伙伴。深入了解外部各利益相关方对公司风险管理工作现状的评价与改进的期望，可以帮助公司进一步发现存在的问题和不足，听取意见和建议，同时了解各方对公司在经济、社会和环境等责任领域的期望和诉求，以及公司在实际工作中对相关期望和诉求回应的渠道方式和成效情况。

(二) 外部风险沟通的作用

外部风险沟通在风险管理中的作用不仅是公司获取足够质量和数量的风险信息的需要，而且其本身就是有效管理风险的重要工具，能够提升公司价值。调整公司的组织结构是公司实现与外界有效沟通的重要手段，组织调整的目的是通过企业内部的运作来增加与外界沟通的有效性。有效的沟通是实现信息及时准确传递、保证风险管理工作顺利实施的重要渠道，因此企业应该对于风险信息和沟通给予足够的重视。

(三) 外部风险沟通的方式

根据信息传递的特性，外部风险沟通可以分为显性沟通和隐性沟通，区别在于信息传递的直观性。最为典型的显性沟通渠道是信息披露与投资者关系，而隐性沟通渠道是审计师选择。

1. 信息披露

信息披露是指公司为了保障投资者、债权人等的利益，同时为了方便公众监督而依照相关法律的要求，定期对公司经营状况进行评价，并通过一定的形式对外披露，以保证投资者在充分了解企业的情况下做出决策。典型的信息披露包括内部控制信息披露、财务信息披露和上市公司重大事项的披露等。信息披露的意义体现在：有利于投资者、债权人等利益相关者做出正确决策；在一定程度上降低委托代理成本；提高企业管理层内部控制意识；减少企业财务舞弊。

对于健康保险公司而言，为维护公司、股东、债权人及其他利益相关人的合法权益，需根据《中华人民共和国公司法》《保险公司信息披露管理办法》和公司章程等有关法律法规、监管规定、规范性文件，制定信息披露办法，规范信息披露的内容、方式、程序、职责及相应的惩罚措施。规定专门部门负责收集基本信息并起草信息披露初稿，交相应管理部门负责审核，最终发布。公司应定期进行信息披露，如遇重要信息，如基本信息变更、公司发生重大关联交易及重大事项时，需在规定时间内及时披露。信息化时代，公司可充分运用互联网技术采用多种方式进行信息披露，同时借助互联网大数据分析进一步挖掘市场信息。

2. 投资者关系

投资者关系是一种策略管理，它融合了金融、通讯、营销和证券法规的内容，在公司、金融界和其他相关主体之间建立起最为有效的沟通渠道，最终使公司股票获得合理估价（见图7.6）。投资者关系在公司中的事务操作是处理股东、投资者和其他对公司股票或财务稳定关注的经济主体的诉求。通常情况下，公司投资者关系由一个部门或个人负责，并向公司首席财务官（CFO）或财务主管报告。在一些公司中，投资者关系由公司公共关系部门或公司沟通部门管理，可以被看作"财务公共关系"或"财务沟通"。投资者关系的功能不仅是在投资界建立起清晰的形象，还可以帮助公司获得融资渠道、增加流动性和公司股票的合理估价。

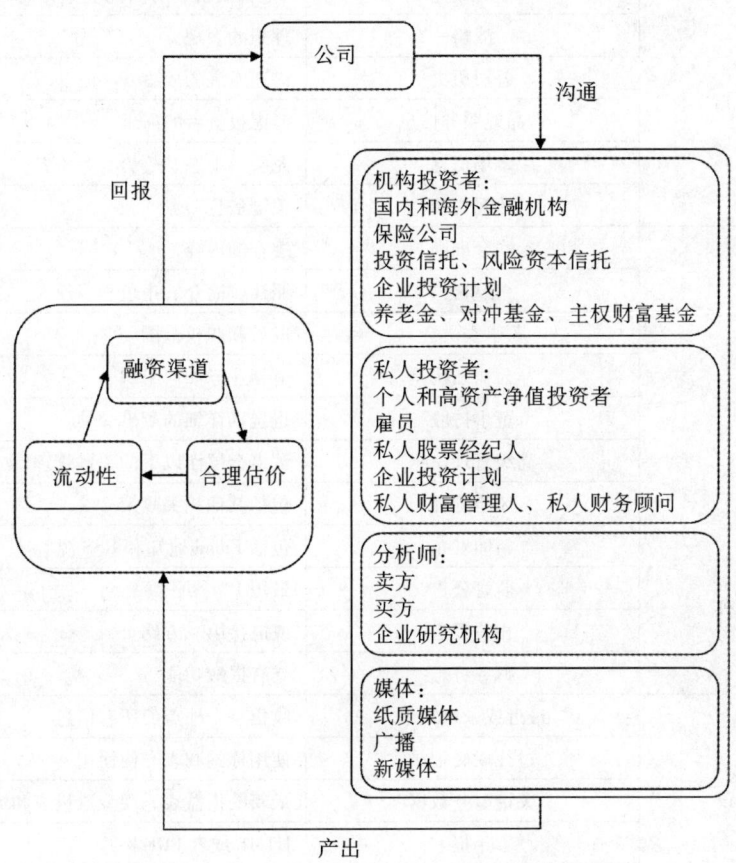

图7.6 投资者关系图

投资者关系管理主要是针对上市公司，我国现有的健康保险公司还没有上市，股权结构较为集中，面对的外部利益相关者类型相对简单，但不排除未来健康保险公司谋求更大的发展对资金需求而选择上市。

公司网站在投资者关系管理中极为重要。公司网站很多时候已成为投资者与公司的第一个接触点，公司网站实际上是公司品牌和价值的宣传平台。公司网站能向投资者传递细微却十分重要的信号：这个公司是否重视投资者关系管理？是否能期望这个公司与投资者建立有效的沟通？有调查显示，许多机构投资者认为如果一个公司拥有比较差的网站管理，则意味着这家公司缺乏透明度且管理令人失望。所有公司都应将公司网站作为一个投资者或其他利益相关者认知公司、与公司沟通的关键平台。表7.1对拥有好的投资者关系管理公司网站内容进行了总结。

表7.1 投资者关系网站内容和结构

目录	页面	注释
关于我们	业务概览	"电梯演讲"方式的业务介绍
	战略	理想的表现
	公司历史	讲述发展的故事
	产品或服务信息	考虑投资者的需求
	市场信息	龙头、动态、趋势、竞争者
	情况说明	关键信息一览
管理	联合准则	遵守的内容
	董事会	照片、简介、角色和责任
	董事委员会	成员和职权范围
	公司结构	解释业务如何组织
	董事持股	也包括详细的董事交易
	高级管理信息	董事会层面以下的关键管理
	风险管理	包括其他相关政策
新闻和事件	新闻发布	包括Email通知和RSS源
	监管公告	最短12个月
	相关报道	或链接第三方网页
	财务日志	具有提醒功能
结果和会议	最近或未来结果	收集一个地点的所有信息
	过往成交记录	使用标签和表方便使用
	关键财务数据	最新的损益表、现金流量表和资产负债表
	年报	HTML或者PDF格式
	展示	包括结果、分析师调研、会议等

续表

目录	页面	注　释
股价详情	股价显示	总结表和上市信息
	制图工具	允许股价和指数比较
股东信息	AGM 信息	注意监管要求
	关键股东	持股超过3%且按照规模分析
	登记员	联系细节、形式和网页链接
	分红	政策、支付历史和计算器
	股东文件	招股说明书
	分析师信息	包括评估信息
顾问和联系	关键顾问列表	经纪人、资助或名誉顾问、财务公关、审计师、律师等
	公司联系明细	详细的投资者关系和媒体联系方式

资料来源：London Stock Exchange：《Investor Relations – a Practical Guide》，March 2010.

3. 审计师选择

鉴于现代商业活动的复杂性，一个公司在参与其中时，不得不与众多利益相关者如股东和债权人等产生互动，而每个利益相关者都是基于自身利益最大化而采取行动，由于目标的差异，不可避免地在行动上出现矛盾，因此外部监管对于明晰公司发展目标、约束公司管理者行为显得尤为重要。这是在非国家法律强制外部监管环境下，公司倾向于雇用外部审计师的众多原因之一。有三个假说可以分析在无监管环境下外部治理对于审计师的需求，分别是监督假说（Stewardship Hypothesis）、信号假说（Information Hypothesis）和保险假说（Insurance Hypothesis）。第一种监督假说使用最为普遍，它与代理理论相关，管理者通过审计师选择向投资者展示其按照承诺所采取的行动。第二种信号假说指出，审计师可以帮助提升所提供信息的质量，进而增强财务报表使用者的信息质量。第三种保险假说认为审计师对于投资者、银行、经理人等而言扮演的是保险人的角色，后者的投资和其他决策都是基于审计师控制和保证真实性的财务报表做出的。

审计服务的质量应该是市场评估的联合概率，即审计师既能发现客户会计系统中的漏洞，又能指出漏洞的所在。通常将国际四大会计师事务所作为研究对象，也有的将国内"十大"作为研究对象。原因在于，大的会计师事务所的利润来源主要是更大的客户基数，而不仅是向几个大客户提供服务，保持良好口碑和吸引更多的客户资源要求大会计师事务所提供高质量的审计服务，极少犯错。同时大事务所更关注自己的品牌声誉，因为可以为其创造准租金，这为大事务所保持并扩大品牌声誉提供了动机。

专栏 7.3

健康保险交易所（Health Insurance Exchange）

健康保险交易所是一个健康保险保障产品的标准化交易平台。在信息经济时代，采用网上平台的形式是与时俱进的。欧洲健康保险交易所的出现是出于"引入竞争、提高效率"的目的。目前，荷兰、德国、瑞士、比利时、爱尔兰等国家已建立了健康保险交易所。政府通过引进市场化机制，建立健康保险交易所，允许参保人员自由选择医疗经办机构，实现医疗经办机构之间的竞争。

美国健康保险交易所的出现是出于"全民医保、自由选择"的需要。奥巴马实行医疗改革前的2008年，美国是OECD国家中唯一未实现全民参保的国家，未参保人群高达4 600万人，约占人口总量的16%。奥巴马实行医疗改革后，美国联邦政府要求各州建立针对个人和小型企业的健康保险交易所，以推进全民医保的实现，同时也给广大民众更多的健康保险产品的选择空间。

欧、美建立健康保险交易所的动因虽然不同，但作为医保的供需交易平台，交易所的运行机制有共性成分。交易标准化简易化、信息透明机制、风险调配与平衡机制是健康保险交易所的三大共性。美国健康保险交易所在交易标准化简易化方面尤为突出，在该交易所上市的产品须满足"合格健康保险计划"标准。比如，必须至少涵盖门诊、急诊、住院、预防服务及慢性病管理等10类医疗服务。同时，对低收入者实现保费补贴，小型企业为雇员购买保险享受健康保险税优政策。欧洲的德国等国家要求保障责任相同，荷兰等国家要求只能设置起付线不同的几款标准化产品，但所有人购买同一公司同类产品的价格相同。

信息透明机制的关键在于强制性的信息披露和消费者教育。欧洲健康保险交易所为消费者提供医疗经办机构的基本情况、保障内容、保险价格等进行比较。在美国健康保险交易所上市的健康保险计划须按时公布财务状况、定点医疗网络等相关信息；此外，还提供健康计划比较、保费计算器、推动公众健康保险教育等信息服务。

风险调配与平衡机制是健康保险交易所能够持续运行的技术保障。这个机制以投保人特征测算每个保险公司承担的风险度。风险度的识别信息主要包括人口统计学信息、自我报告的健康状况和历史医疗数据三大类。通过要求强制承保和实行风险平衡机制，保险公司从设法排除患病概率大的参保人中解放出来，集中精力控制成本和提高服务质量。

资料来源：石晓军，孙东雅，冯鹏程："中国健康保险交易所构想"，《中国金融》2017年第1期。

思考题

1. 健康保险公司的风险信息有哪些？
2. 信息系统如何改善健康保险公司风险管理的效率？
3. 外部风险沟通如何在健康保险公司风险管理中发挥作用？

第八章

健康保险公司的经济资本管理

经济资本方法是企业全面风险管理的最新技术和方法,如果把传统风险管理方法看作风险管理的 1.0 时代,VaR 方法等看作风险管理 2.0 时代,则经济资本管理方法就是风险管理的 3.0 时代。健康保险公司风险管理与经济资本管理是一个问题的两个方面,体现了风险管理的全面化、整体化、一体化的内在要求,也体现了公司战略管理、绩效管理与风险管理的一致要求。因此,健康保险公司经济资本管理能够实现保险公司资源的有效配置,达到风险与收益的最佳结合点,有助于公司改善业务结构、降低风险水平、提高价值创造能力。

第一节 经济资本的含义

作为社会稳定器的保险公司,其经营活动的主要内容就是吸收风险。资本是吸收损失的缓冲装置,是抵御风险的最重要防线,影响着保险公司的规模扩张能力和市场生存能力,因此从一定意义上说,企业风险管理的本质是资本管理。"健康是人的生命之所系,是人类社会永恒的追求。"[①] 健康保险公司时刻守护着人们的健康,直接影响家庭幸福与社会和谐,其资本的充足性具有更大的意义。处于快速发展阶段的健康保险公司,经营环境变化较快,经营风险不断加剧,需要有效的经济资本(Economic Capital)管理工具提高公司承担风险的能力,帮助公司实现持续经营。

一、经济资本的发展历程

经济资本的概念起源于银行业。在 1978 年,美国的信孚银行(Bankers Trust)在评估经营业绩时开发了风险调整后的资本收益率(Return on Capital)模型,提出

---

① 胡鞍钢,王洪川:"为人民创造健康红利",《光明日报》2016 年 10 月 26 日。

了经济资本的概念。20世纪80年代，J. P. 摩根（J. P. Morgan）、蒙特利银行（Bank of Montreal，BMO）等大型国际银行的信贷部门开始使用经济资本管理方法，并受到银行业的广泛重视。20世纪90年代中后期，经济资本管理开始在欧洲、美国等地的银行广泛使用，从最初的信贷部门扩展到其他部门，形成了银行所有部门范围内的经济资本管理体系。2004年6月发布的《巴塞尔协议Ⅱ》推动了经济资本管理体系在银行业的实施，实现了经济资本与监管资本的趋同，银行业进入利用经济资本进行风险管理的时代。

与银行业相比，保险行业使用经济资本模型的时间相对较晚，但仍有一些保险公司已成功建立了经济资本管理系统，并获得显著成效。1994年5月，瑞士再保险公司（Swiss Re）引入了经济资本模型，并运用该模型管理公司的保险风险、信用风险和金融风险。1998年，英国皇家太阳联合保险集团（Royal & Sun Alliance）建立了经济资本管理系统，并因为该系统的成功使用安全度过了2011年"9·11"重大理赔事件及由此产生的股市危机。1999年，法国安盛集团（AXA）引入经济资本的管理理念，2002年6月构建了统一的经济资本计算系统，2005年集团建立经济资本管理框架，用于判断各业务线的盈利状况，进行资本配置。2000年，荷兰国际集团（International Netherlands Groups，ING）第一次正式提出在保险业务中使用经济资本的管理方法，并于2005年要求其国外合资公司报告经济资本运用情况。随后，2006年，美国大都会集团（MetLife）也向其海外子公司提出同样的要求。

我国保险公司引进经济资本理念的时间较晚。2006年4月，ING集团与中国保监会合作，共同举办了一场经济资本的研讨会，对经济资本的概念、应用领域、重要性及对我国保险业的现实作用进行系统而深刻的介绍。在2006年的第七届中国精算年会上，"经济资本"成为讨论热点，引发业界的极大关注。从此，无论是学界还是行业内，我国保险界对经济资本的研究逐渐增多。2011年，在以"经济资本"为主题的区域联合国际精算研讨会上，中国保监会副主席、中国精算师协会会长魏迎宁表示，经济资本是保险公司风险管理的新理念，对保险公司正确进行战略决策、防范风险、稳健经营、获得最佳经济效益具有重要意义，希望中国保险业更加重视经济资本的作用，使其在中国保险业调整结构、转变发展方式过程中发挥积极作用[①]。2012年，中国保监会发布《人身保险公司全面风险管理实施指引》，提出"经济资本方法应成为公司内部使用的核心风险计量工具"，并列出相应的模型技术，但这仅仅是一个原则性导向，模型的估计方法、参数设定等具体度量内容都没有涉及。

虽然我国保险业对经济资本的研究已有十余年时间，但经济资本管理对保险公司仍是一个较新的概念。大多数公司在具体的实务操作中仍简单地根据偿付能力监管要求进行风险管理，没有建立真正的经济资本管理体系。我国专业的健康保险公司发展

---

① 康民："保险业应更加重视经济资本作用"，《中国保险报》2011年7月31日。

较晚，面临的赔付成本高，经营风险大，盈利状况不容乐观，公司风险管理有着更重要的地位。作为一种先进的风险管理技术，经济资本管理已经受到监管机构和保险公司越来越多的重视，可以确定，未来我国保险业实施经济资本风险管理势在必行，经济资本管理也会成为健康保险公司风险管理的有力工具。

二、经济资本的概念及特点

经济资本（Economic Capital，EC）首先是一个统计学的概念，有多种对经济资本的界定方式。

（一）经济资本的概念

关于经济资本，北美精算师协会（Society of Actuaries，2003）总结了三种主流定义：第一种定义认为经济资本是在特定时期内和给定的置信水平下，为弥补可能出现的负现金流、资产价值下降和负债价值上升而持有的资本盈余；第二种定义认为经济资本是在一定时间段内和置信水平下，公司持有的超出负债公允价值那部分资产的市场价值；第三种定义认为经济资本是在给定的时间段和置信水平下，为保证公司偿付能力所需要的充足资本盈余。虽然三种定义的表述不同，但从本质上来说，三种定义都认为，经济资本应能覆盖所有潜在的非预期损失，能包含公司经营中的所有风险。因此，保险公司的经济资本可定义为：在一定时间内，一定置信度水平下，保险公司为弥补可能面临的非预期损失而必须持有的资本数量。为清楚解释保险公司经济资本的内涵，首先介绍损失的相关概念。

根据保险公司损失的特点，按照损失程度和可预期程度，将损失分为预期损失、灾难性损失和非预期损失。

预期损失（Expected Loss，EL）指在一般情况下保险公司可以预见的、保险业务在未来的平均损失。如健康保险公司所售出保单的赔付成本，保险公司可以使用精算技术，利用相关历史数据资料进行分析，充分估计到未来可能的平均赔付金额。与其他两种损失相比，预期损失数额较小，但发生的可能性较大，保险公司通过提前预期，提取充足的准备金进行防范，并在保险定价中作为风险成本进行补偿。因此，预期损失通过保费收入来应对，一般不会对公司造成很大影响，更不会造成公司的偿付能力不足。

灾难性损失（Catastrophe Loss，CL）也称为异常损失，指当小概率极端事件发生时，给保险公司带来的极大损失，一般由不可抗力引起，如重大自然灾害、战争等。保险公司一般无法提前预料、评估灾难性损失，也不能采取任何措施来预防或降低损失程度，只能通过压力测试等手段给予关注。灾难性损失往往超出保险公司的承受范围，甚至给公司带来破产的风险。保险公司不能依靠自身抵御这种异常风险，一般采取再保险的方式将风险转移出去。

非预期损失（Unexpected Loss，UL）是超过预期损失，但低于灾难性损失的那部分损失，其本质是预期损失的波动性，反映了保险公司所面临的风险特征。非预期损失是保险公司没有预料到的风险带来的损失，是保险公司经营中面临的真正风险来源，存在着很大的不确定性，很难通过准备金的方式纳入经营成本，只能通过为其配置相应的资本进行防范，这也是经济资本概念的基础。图8.1给出了保险公司所面临的潜在损失分布。

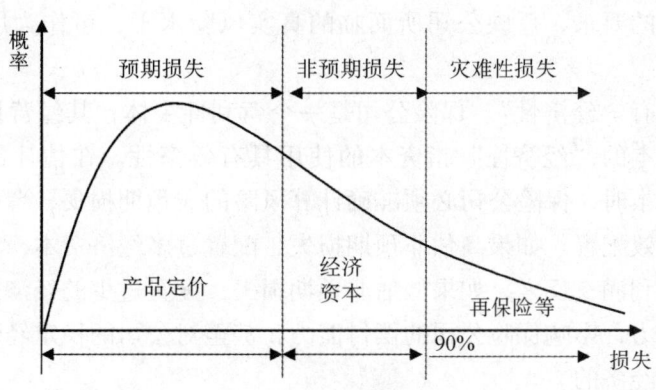

图8.1　损失分布

在一定的置信水平下，保险公司可根据风险损失分布的特点对其进行量化，将所预计的最大风险损失减去预期损失，得到的差额即公司为防范风险非预期损失所需要的最小资本数量，也是保险公司所需要的经济资本数额。从统计意义上讲，经济资本金的数量等于损失分布中第X分位数减去预期损失，其中X%就是给定的置信水平。可以看出，经济资本是在一定时期内，基于保险公司所面临的风险，通过统计和风险评估技术计算得到的一种虚拟资本，以帮助保险公司抵御非预期损失带来的不利影响。因此，经济资本包括三个要素：一是置信水平。置信水平是统计学概念，待估参数以一定概率落在置信区间内，这个概率即置信水平。在保险公司经济资本概念中，置信水平指风险发生后，非预期损失额小于经济资本的可能性。二是时间跨度。经济资本考虑的是在一定的时间区间内非预期损失的大小。三是经济资本，一种剩余资金。在损失分布中，非预期损失是尾部事件（Tail Event），反映的是尾部的分布特点。因此，经济资本体现了非预期性，是一种预留资本。当未来出现预期之外的损失时，经济资本就可以补充保险公司正常经营所需的资本，以防出现偿付能力不足的情况。

（二）经济资本的特点

经济资本有一个特定的估计对象。对于健康保险公司来说，可以计算某一险种（如女性重疾险）在未来一年内所需的经济资本，可以估计为吸收某类风险（如市场风险）的非预期损失所需要的经济资本，可以计算某个业务部门在未来一定时间可能面临的非预期损失，还可计算整个保险公司在一定时间期限内为保持正常经营所需要的经济资本数额。经济资本概念的适用范围很广，在计算时必须明确估计对象，以免产生误解。

经济资本是保险公司风险水平的度量。经济资本是保险公司为实施有效的风险管理,根据自身承担的实际风险损失分布估计出来的资本要求。经济资本不取决于会计制度,也不是保险公司实际拥有的资本,而是由公司面临的整体风险水平决定的,是为承担风险真正需要的资本。从这个角度讲,经济资本能够反映保险市场及公司内部风险管理的要求,反映公司所面临的真实风险水平,可作为风险度量的指标之一。

经济资本具有"经济性"。保险公司是一个营利性主体,其经营目标是追求利润最大化。经济资本的"经济性"指资本的使用具有效率性。在估计公司或业务层面所需要的经济资本时,保险公司必须准确计算风险的非预期损失,考虑资本的占用成本,实现资本有效配置。如果高估非预期损失,配置过多经济资本,将减少资本的营利性,影响公司利润;反之,如果低估非预期损失,配置过少的经济资本,将降低资本防范风险的能力,影响保险公司的偿付能力,甚至对公司的稳定经营造成威胁。这两种情况都是不经济的。

三、经济资本与账面资本、监管资本

保险公司关于"资本"的概念还有两个:账面资本和监管资本。账面资本(Book Capital)又称会计资本、权益资本,即保险公司财务报表中显示的所有者权益,等于资产负债表中的资产额减去负债额,包括股本、资本公积、其他综合收益和未分配利润,反映公司所有者的净资产数额。监管资本(Regulatory Capital)又称法定资本(Statutory Capital),指监管当局为保护投保人和被保险人的合法权益,促进保险业健康发展,要求保险公司根据其规模所应持有的最低资本要求,在我国就是《保险公司偿付能力监管规则》中定义的最低资本。经济资本作为一种先进的风险管理理念,科学地将风险与资本整合在一起,具有一定的风险属性。经济资本与账面资本、监管资本既有区别、又有联系。表8.1是对经济资本与账面资本、监管资本的比较。

表8.1　　　　　　　经济资本与账面资本、监管资本的比较

	经济资本	账面资本	监管资本
计算标准	风险损失分布	财务报表	相关法规
用途	风险管理工具	会计工具	监管工具
性质	虚拟资本	实际资本	虚拟资本
意义	经济意义	财务管理	监管意义

(一)经济资本与账面资本

账面资本从财务会计角度描述保险公司的资本量,是账面上可见的公司净资产数

额,在一定程度上反映了整个公司在经营过程中的风险敞口。账面资本是公司可以实际运用的资本,虽然不与风险直接联系,但风险产生的任何损失最终都会表现为账面资本的减少,因此账面资本也反映了公司实际偿付能力的大小。保险公司的经济资本不一定与账面资本相等:当账面资本大于经济资本时,说明保险公司的净资产足够应对非预期损失,有较强的偿付能力;当账面资本小于经济资本时,说明保险公司的净资产数额不能抵挡非预期损失的冲击,公司的风险防范能力不足。根据审慎经营的原则,保险公司应保证其实际持有的资本,即账面资本不低于经济资本,以保证充足的风险抵御能力。

(二) 经济资本与监管资本

虽然监管资本与经济资本都是吸收损失风险缓冲工具,但两者有很大不同。经济资本是公司管理者根据保险公司自身特征"量身定做"的,反映了股东价值最大化对风险管理的要求,而监管资本是按照监管部门统一的偿付能力规定计算的,与公司面临的具体风险和经营绩效等没有关系,反映的是监管部门对公司管理的要求。一般来说,监管部门根据保险行业的整体发展水平,考虑到实施可能性和效率性,通常制定具有普适性、计算简单和可操作性强的偿付能力监管规定,起到提前预警的作用。但是,监管者对保险公司所面临的风险往往没有充分了解,其认识与现实的经营活动也存在一定差距,监管规定不一定能反映公司具体的经营特征,监管资本也不一定代表保险公司为防范非预期损失所需要的资本。如果监管资本过高,就会使得保险公司投资不足,出现资本闲置的状况,降低收益率;如果监管资本低于保险公司所需要的经济资本,可能使得保险公司低估非预期损失,当非预期损失发生时,公司就没有足够的资本抵御风险,有可能发生偿付能力危机。

对于三种资本来说,最优的状态是三者数量趋于一致,但现实中往往是不可能的。为了保证保险公司的稳定经营,经济资本、账面资本与监管资本的大小排序应是:账面资本 > 监管资本 > 经济资本。

随着保险监管的不断发展,监管资本正在向经济资本的概念靠近。为强化偿付能力监管,美国保险业监督官协会(National Association of Insurance Commissioners, NAIC)于1993年、1994年分别向财产保险公司和人寿保险公司提出了以风险为基础的资本限额制度,即风险资本(Risk – Based Capital, RBC)系统。在 RBC 框架下,保险公司面临的风险划分为资产风险、承保风险、利率风险、营运风险等几类,并规定了各类风险的变量参数和计算方法,最后按照一定的规则将各类风险整合起来,得到公司的整体风险水平及应达到的监管要求。虽然 RBC 体系在一定程度上体现了经济资本的思想,但并不是真正意义上的经济资本监管体系。

欧洲偿付能力 II (Solvency II) 采用了三支柱框架。第一支柱包括偿付能力资本要求(Solvency Capital Requirement, SCR)和最低资本要求(Minimum Capital Requirement, MCR)。偿付能力资本要求(SCR)的定义是在一年内,在 99.5% 的置信度水平下的风险价值，包括风险的分散效应及其他降低风险的措施。在确保符合监管要求的前提下，监管机构鼓励保险公司根据自身实际特征开发合适的公司内部模型，评估公司的资本需求。经济资本的理念符合 Solvency II 的内部模型要求，越来越多的保险公司开始研究经济资本模型。

中国保监会推出的"中国第二代偿付能力监管规则"（简称"偿二代"），以风险为主要导向，包括"定量资本要求""定性监管要求"和"市场约束机制"三支柱，提出保险风险、信用风险和市场风险三大量化风险的最低资本、控制风险最低资本和附加资本要求，并通过风险综合评级对操作风险、战略风险、声誉风险和流动性风险予以评估，全面、科学地监督保险公司风险管理能力。

专栏 8.1

《保险公司偿付能力监管规则第 2 号：最低资本》解读

最低资本即我国的监管资本，《保险公司偿付能力监管规则第 2 号：最低资本》明确了"偿二代"体系下最低资本的构成、计量原则和计量方法。在"偿二代"体系下，偿付能力风险由固有风险和控制风险组成，而固有风险又由可量化风险和难以量化风险组成。"偿二代"体系下明确区分风险类别，并根据不同风险类别的性质采用不同的评价方式和控制方式，反映公司内部管理和控制体系的建设情况。这使得最低资本的计量不再仅仅是保险公司精算、风险管理等部门的责任，还需要包括保险公司董事会、管理层和各个部门更多职能部门的参与和更深入的互相配合。

保险公司的最低资本由量化风险最低资本、控制风险最低资本和附加资本组成，"偿二代"体系下最低资本结合定性定量因素最终确定。量化风险包括保险风险、市场风险和信用风险。不同于欧盟的"偿二代"体系，操作风险在"偿二代"中未纳入可以量化风险。量化风险最低资本的合并采用风险相关系数矩阵进行合并，并需要对分红、万能险业务考虑损失吸收效应。控制风险采用监管评价法计量，体现了监管对公司风险管理能力的综合评价。这意味着公司的风险管理能力直接影响资本评估结果，保险公司需要加强整体的风险管理水平。监管评价法结合了定性和定量的标准，使行业的资本预测难度增加。系统风险对应附加资本的量化要求。

资料来源：普华永道会计师事务所：《普华永道对"偿二代"17 个技术标准的全面解读》，2015 年发布。

可以看出，虽然当前的主流监管模式仍是从行业的平均水平出发，确定保险公司的最低资本要求，但都已经把风险作为监管框架的中心，与经济资本的理念有一定的相似之处。在保险公司风险管理中，经济资本是最低资本的补充工具，对保险公司和

监管者都有重要意义。

四、健康保险公司的经济资本

我国大部分健康保险业务都是和寿险混合经营，专业健康保险公司屈指可数，缺少有效的风险管理机制和成熟的经营模式。近几年来，健康保险业务发展迅猛，2016年健康保险实现原保险保费收入4 042.5亿元，同比增长67.71%[①]。虽然保费收入增速突出，但是过高的赔付成本和管理费用使得健康保险行业整体上"亏多赚少"，盈利难的问题一直没有得到解决。兼营健康保险的公司可以通过其他险种的盈利补贴健康保险业务的亏损，而专业健康保险公司面临着严重的发展困境。能否进行有效的风险管理以提高资本利用效率，是决定健康保险公司持续运营的关键。

健康保险公司使用经济资本方法进行风险管理有重要意义。首先，商业健康保险大部分为短期保险，一年期的保险占大多数，这要求专业健康保险公司资本具有较强的流动性。经济资本是由公司所面临风险的非预期损失决定的，处于一个可变换的合理水平。因此，应通过合适的估计方法，确定经济资本数额，并不断调整，减少资金的无效占用，提高资本的使用效率和流动性，满足健康保险公司的需求。其次，健康保险公司发展迅速，经营环境变化较快，需要根据风险的变化而不断调整其经济资本水平。经济资本有相应的风险期限，实际应用中多为一年。正如前面提到的，健康保险多是一年期险种，既符合经济资本模型的要求，也符合健康保险公司的经济资本要求。最后，我国的寿险和财产险公司发展相对成熟，对经济资本已经有了一定的研究成果，商业健康保险既与寿险有相似之处（以人身为保险标的），也有财产险的特征（保险期限较短和精算基础类似）。健康保险公司可以借鉴这些保险公司关于经济资本的研究成果，探索适合商业健康保险公司的经济资本管理体系。

保险公司能获取的资金往往是有限的，且成本较高。作为一种动态管理工具，经济资本在健康保险公司风险管理的各个方面都发挥着重要作用，能够提高资本的收益率。健康保险公司的经济资本管理，就是在确定经济资本计量方法的基础上，通过优化经济资本配置，控制公司的风险水平，确保股东收益率，使业务发展、资本回报率和风险水平相协调。其本质就是全面控制风险，以经济资本约束非预期损失，优化业务结构，达到资本的最佳使用效果。一个比较大众化的经济资本管理体系包括经济资本计量、经济资本配置与经济资本绩效评估（Merton，1993；Zaik，1996；James，1996）。王红梅（2008）指出，经济资本度量是从数量约束方面对保险公司风险管理的要求，经济资本配置和绩效评估是从质量约束方面提出的要求。健康保险公司必须在追求效益的同时把控好风险，提高资本管理水平，实现公司的价值最

---

① 中国保监会：2016年保险统计数据报告，http://www.circ.gov.cn/web/site0/tab5257/info4060001.htm。

大化。

第二节 健康保险公司经济资本管理的计量与配置

经济资本管理是基于资本的稀缺性和成本性建立的,因为资本是稀缺的,所以必须将有限的资本分配到能够增加公司价值的经营环节;因为资本有成本,所以必须在充分考虑资本所承担风险的基础上,重视资本的回报率,实现股东的价值创造。健康保险公司的经济资本管理即在计量经济资本的基础上,通过优化经济资本配置,调整业务结构,约束风险资本增长,提高资本回报率,实现价值的最大化。因此,健康保险公司经济资本管理的核心就是约束风险资产的增长和要求资本回报。

一、经济资本计量

经济资本计量是在明确风险损失及其分布的前提下,计算给定置信水平和风险期限下的非预期损失。经济资本是将健康保险公司所面临的风险损失这一随机变量转化为某一置信区间的确定值,可以站在全局的角度关注风险,其本质是风险度量。因此,选择经济资本的计量方法其实就是选择合适的风险度量方法。

(一) 风险度量方法

风险度量方法有很多种,传统的风险度量方法有方差法(Variance)、标准差法(Standard Deviation)、半方差法(Semi - Standard Variance)和半标准差法(Semi - Standard Deviation)。这些方法简单可行,但缺点十分明显:方差和标准差是描述样本离散程度的指标,反映了损失的波动性,波动性越大,在一定程度上损失也会更大,但这类指标不能量化具体损失的大小,无法确定经济资本数额。因此,我们在经济资本计量中一般使用概率分布的风险度量方法,当前被认为最经常使用的两个风险测度是风险价值(VaR)和尾部风险价值(TVaR)。

1. 风险价值(VaR)法

风险价值(VaR):在特定的一段时间和给定的置信水平上,一项资产或负债或其组合的最大可能损失。用 VaR 来计算经济资本时,X 表示随机损失变量,$E(X)$ 表示期望损失,在给定置信水平 $\alpha \in (0,1)$ 时,经济资本的数学表示是:

$$EC_\alpha = VaR_\alpha(X) - E(X)$$

VaR 是重要的风险度量工具,不限于正态分布的假设,但 VaR 有一定的不足之处。

首先,VaR 是从保险公司的角度来考虑的,忽视了超过 VaR 值的损失和尾部风险特征,只重视概率,即使最大损失扩大 10 倍,也不会影响 VaR 值。这从股东的角度是可以理解的,因为一旦保险公司破产,就会失去投入的所有资金,不再关心损失的严重程度。但是，损失的严重程度影响着被保险人的受影响程度，从监管角度来看，其分布的尾部特征是十分重要的。

其次，Artzneret Al（1999）提出了一致性风险度量（Coherence Risk Measurement）的概念，包括四个公理（$\rho(X)$表示X的风险度量）：次可加性（Subadditivity），对于任意风险$X,Y,\rho(X+Y)\leq\rho(X)+\rho(Y)$；正齐次性（Positive Homogeneity），对任意常数$k>0$，均有$\rho(kX)=k\rho(X)$；平移不变性（Translation Invariance），对所有实数c，有$\rho(X+c)=\rho(X)+c$；单调性（Monotonicity），如果$X\leq Y$成立，有$X\leq Y$。VaR满足单调性、正齐次性和平移不变性，但不满足次可加性。次可加性指两类风险组合在一起的整体风险水平一般不会超过单个风险的加总之和，体现了风险分散作用导致的减损效应，VaR不能体现这一点。鉴于此，Artzneret Al提出了符合一致性风险度量的尾部风险价值（TVaR）。

2. 尾部风险价值（TVaR）

尾部风险价值（Tail Value at Risk，TVaR），也称为条件风险价值（Conditional Value at Risk，CVaR）、条件尾部期望（Conditional Tail Expectation，CTE）和预期不足（Expected Shortfall，ES），指的是在特定的一段时间内和给定的置信水平下，一项资产或负债或其组合所发生的损失超出风险价值（VaR）的条件期望值，其计算公式为：

$$TVaR_\alpha = E[X|X\geq VaR_\alpha(X)]$$

如果$VaR_\alpha(X)$是连续函数，可用积分表示为：

$$TVaR_\alpha = \frac{1}{1-\alpha}\int_\alpha^1 VaR_p(X)dp$$

TVaR不仅考虑了损失发生的概率，还包含损失超过VaR后的平均潜在损失大小，即在最坏的100%的损失发生的情况下可能遭受的平均损失值，可以用图8.2比较VaR和TVaR。

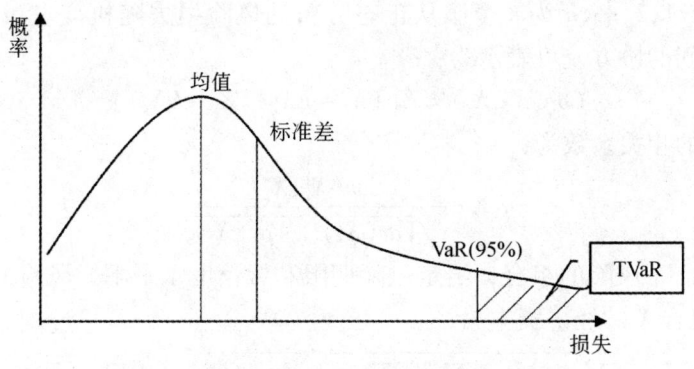

图 8.2 VaR 与 TVaR 对比

TVaR符合风险度量的一致性，能够体现风险的分散效应，更准确地反映了公司层面的整体风险，是一种有效的风险管理工具，在经济资本计量中也得到广泛应用。

用 X 表示随机损失，$E(X)$ 表示期望损失，在给定置信水平 $\alpha \in (0,1)$ 时，基于 TVaR 的经济资本数学表示是：

$$EC_\alpha = TVaR_\alpha(X) - E(X)$$

（二）经济资本计量方式

健康保险公司确定公司整体所需的经济资本，主要有两种思路：一种是"自下而上（Bottom – Up Approach）"的方法，即估计保险公司所面临的各类风险的非预期损失，并考虑风险之间的相关性，通过风险整合得到保险公司总体的经济资本需求；另一种是"自上而下（Top – Down Approach）"的方法，即选择一种风险评估方法，关注公司整体风险损失的分布，直接计算其可能遭受的非预期损失。两种风险各有优势，我们依次介绍。

1. "自下而上"法确定经济资本

利用该方法确定经济资本包括三个步骤：第一步是对健康保险公司面临的所有风险进行界定和分类；第二步是针对各类风险的特征，选择不同方法建立模型，准确估计风险发生的非预期损失；第三步是根据各类风险之间的相关性，对风险进行汇总，确定公司整体所需的经济资本。我们主要介绍第三步：风险整合（Risk Aggregation）。

在前两步中，我们得到的是每个独立风险类别的经济资本，第三步中的风险整合指选择合适的方法处理各风险的独立经济资本，以得到公司整体的经济资本水平。如果简单地把所有独立经济资本相加求和，那么对健康保险公司来说，结果一定是被高估的。原因在于风险的分散化效应：所有最坏情景不可能同时发生，各风险之间有一定的相关性。这使得公司总体需要的经济资本一定小于各风险的经济资本之和。我们简要介绍两种确定公司经济资本水平的风险整合方法。

（1）方差 – 协方差法（Variance – Covariance Method）。衡量风险之间相关性最简单的方法是计算它们的协方差或相关系数，在此基础上的风险整合方法是方差 – 协方差法。设 $X_i, i = 1, 2, \cdots, n$ 为 n 个服从正态分布的风险损失随机变量（$i = 1, 2, \cdots, n$），任两个风险之间的协方差可表示为：

$$Cov(X_i, X_j) = E[(X_i - EX_i)(X_j - EX_j)]$$

它们之间的相关系数为：

$$\rho_{i,j} = \frac{Cov(X_i, X_j)}{\sqrt{Var(X_i)} \sqrt{Var(X_j)}}$$

令 X 为这 n 个风险的组合，给定风险期限和置信度水平下，风险 i 的经济资本为 EC_i，那风险组合 X 的经济资本为：

$$EC_x = \sqrt{\sum_{i=1}^{n} EC_i^2 + \sum_{i=1}^{n}\sum_{j \neq i}^{n} \rho_{i,j} EC_i EC_j} = \sqrt{\sum_{i,j} \rho_{i,j} EC_i EC_j}$$

该方法比较简单直观，易于理解，但存在一定的局限性。首先，该方法意味着各风险的边际分布是正态分布或椭圆分布，实际上正态分布的假设并不总是成立，许多风险损失是有偏、厚尾的分布，这就可能产生较大误差。其次，相关系数只是刻画了

第八章
健康保险公司的经济资本管理

两个变量之间的线性关系,而两个风险之间可以有任意形式的相依关系,方差-协方差法无法解决非线性相依结构下的风险整合问题,有一定的片面性。

（2）Coupla 函数法。从统计学意义上来说，Coupla 函数通过特定的相依结构，把变量的边缘分布函数构建成联合分布函数,弥补了方差-协方差法的局限,可以度量非线性或高维相依结构。N 维 Coupla 是满足如下条件的函数 $C：[0,1]^n \to [0,1]$:

① $C(x_1, x_2, \cdots, x_n)$ 对每一个 x_i 来说都是增函数；

② $C(1, \cdots, 1, x_i, 1, \cdots, 1) = x_i, i = 1, 2, \cdots, n, x_i \in [0,1]$；

③ 所有满足 $a_i \leq b_i, i = 1, 2, \cdots, n,$ 的 $(a_1, \cdots, a_n), (b_1, \cdots, b_n) \in [0,1]$，都有：

$$\sum_{i_1=1}^{2} \cdots \sum_{i_n=1}^{2} (-1)^{i_1+\cdots+i_n} C(x_{1i_1}, \cdots, x_{ni_n}) \geq 0$$

其中，$x_{j1} = a_j, x_{j2} = b_j, j \in \{1, 2, \cdots, n\}$。

下面给出 Copula 理论中最重要的 Sklar 定理（1959）。

给定边缘分布函数 $F_1(x_1), F_2(x_2), \cdots, F_n(x_n)$，对于 $(x_1, x_2, \cdots, x_n) \in R^n$:

(a) 如果 C 是一个 Coupla,那么 $C[F_1(x_1), F_2(x_2), \cdots, F_n(x_n)]$ 是一个边缘分布为 $F_1(x_1), F_2(x_2), \cdots, F_n(x_n)$ 的联合分布函数。

(b) 如果 $F(x_1, x_2, \cdots, x_n)$ 的边缘分布是 $F_1(x_1), F_2(x_2), \cdots, F_n(x_n)$，则存在一个 Coupla,使得 $F(x_1, x_2, \cdots, x_n) = C(F_1(x_1), F_2(x_2), \cdots, F_n(x_n))$

当 $F_1(x_1), F_2(x_2), \cdots, F_n(x_n)$ 是连续函数时，Coupla 唯一。

可以看出,Coupla 是一种特殊的联合分布函数,其边缘分布为单位区间上的均匀分布。

对于（b）,如果对等号两边求导,可得：

$$f(x_1, x_2, \cdots, x_n) = \frac{\partial C(F_1(x_1), F_2(x_2), \cdots, F_n(x_n))}{\partial x_1, \cdots, \partial x_n}$$

$$= c[F_1(x_1), F_2(x_2), \cdots, F_n(x_n)] \prod_{i=1}^{n} f_i(x_i)$$

$f(x_1, x_2, \cdots, x_n)$ 为联合分布函数的密度函数，$c(F_1(x_1), F_2(x_2), \cdots, F_n(x_n))$ 为 Coupla 的密度函数，$f_i(x_i)$ 为边缘密度函数。这说明，一个联合密度函数可以分解成两部分：Coupla 密度函数和边缘密度函数的乘积。Copula 密度函数可以视为随机变量之间的相依结构,决定了变量共同变动的关系。因此,我们可以把对于联合分布函数的研究转化为对 Coupla 的研究。也就是说,在聚合风险时,可以先决定各类风险经济资本的边缘分布函数,根据总体经济资本水平的联合概率分布,即可找到合适的相依结构（即 Coupla）。

如健康保险公司分别计算 n 种风险的经济资本，在某时点它们的风险度量为 $(X_1, X_2, \cdots, X_n)$，保险公司总体经济资本水平是各类风险经济水平的聚合。设随机变量 X_i 的边缘分布为 $F_i(x_i) = P(X_i \leq x_i)$，那么根据 Sklar 定理，经济资本随机变量 $X_1, X_2, \cdots, X_n$ 之间的相依结构可以由它们的联合分布函数得到：

$$F(x_1, x_2, \cdots, x_n) = P(X_1 \leq x_1, X_2 \leq x_2, \cdots, X_n \leq x_n)$$

常见的 Coupla 函数有两大类：椭球 Coupla 和阿基米德 Coupla。椭球 Coupla 包括正态 Coupla 和 T-copula 函数，适合研究随机变量对称的尾部相依结构。阿基米德 Coupla 包括 Clayton Copula 函数、Gumbel Copula 函数和 Frank Copula 函数，其密度函数形状各不相同，如 Clayton Copula 密度函数呈现非对称性，上尾低下尾高，适用于上尾敏感的风险相依结构。Copula 函数具体特点在此不一一介绍，需要注意的是，在实际选择 copula 函数时需要结合 copula 和随机变量分布的特点，具体情况具体分析。

2. "自上而下"（Top-Down Approach）法确定经济资本

"自上而下"方法并不区分健康保险公司面临的各类风险，也不区分经营的不同险种或不同业务部门，而是为公司整体建立一个模型，直接估计公司承担的总体风险。该方法主要有两种思路：第一种是采用计算某类风险经济资本的思路，为公司可能遭受的全部损失建立一个分布模型，再用 VaR 或 TVaR 方法确定非预期损失，进而确定公司的总体经济资本金额。第二种是采用期权定价的思想，以公司资产市场价值的变化为对象，估计资产价值的波动率，建立一个违约模型，当健康保险公司资产的市场价值低于负债的市场价值时，公司就会发生违约，由此可得一个违约概率。再用这个估计的违约概率和建立的公司资产市场价值分布模型相匹配，确定公司的违约临界点。最后用违约临界点对应的公司资产市场价值减去预期资产市场价值，即可得到经济资本数额。

与"自下而上"方法相比，"自上而下"确定经济资本的方法原理更简单，实施过程中计算工作量更少，也不需要考虑风险分散效应，有一定的优越性。但是，该方法的缺点更明显：只能估计公司整体风险所需的经济资本金额，不能计算某类风险所需的经济资本；估计结果对模型参数较为敏感，各个参数值都会对经济资本金额起到关键作用。因此，虽然"自上而下"法为我们提供了一种很好的思路，但实际应用中仍建议使用"自下而上"的方法确定公司所需要的经济资本数额。

二、经济资本配置

经济资本的计算使得健康保险公司对其承担的总体风险水平有了明确的认识，并据此设置相应的吸收公司整体非预期损失的经济资本缓冲金额。但是，保险公司内部的资金总额是有限的，资本是一种稀缺资源，如何提高资本的使用效率，实现公司整体价值最大化，是经济资本配置解决的问题。健康保险公司的经济资本配置就是把有限的经济资本分配到公司的各个业务部门，使限额设定和风险控制成为可能，配置的原则是以最少的资本创造最大的价值。健康保险公司应依据各业务部门面临的整体风险大小和盈利状况，将经济资本优先配置给收益率高、发展潜力大的业务部门；之后，再根据公司所有者权益以及公司风险态度的变化，结合各部门实际业务的开展情况，不断进行调整，以充分发挥资本的价值创造作用，确保各业务线占用的经济资本都能够达到较高的回报水平。如图 8.3 所示，经济资本配置是一个动态的循环过程。下文简要介绍在健康保险公司中可应用的经济资本配置方法。

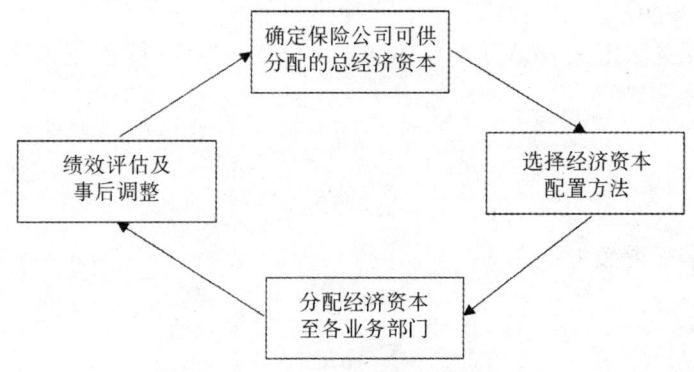

图 8.3　经济资本配置过程

（一）比例分配法（Proportionate Allocation）

如果健康保险公司拥有 n 条业务线（可以指公司内部 n 个部门分配，也可以是在 n 个险种之间分配），每条业务线面临的风险损失用向量：$X^T = (X_1, X_2, \cdots, X_n)^T$ 来表示，公司面临的整体损失随机变量为 X，K_i 表示第 i 条业务线分配得到的经济资本，K 表示公司总体的经济资本数额。比例分配法的思想是在给定总经济资本数额的前提下，按照一定比例将经济资本配置到各个业务部门，即：

$$K_i = \frac{\rho(X_i)}{\sum_{i=1}^{n} \rho(X_i)} K (i = 1, 2, \cdots, n)$$

根据比例确定方式 $\rho(\cdot)$ 不同，可分为如下三类方法：

1. 风险敞口配置法（Exposure at Default Allocation）

该方法对健康保险公司各业务线的风险敞口求和，依据各业务所占比重分配经济资本。用 $EAD(X_i)$ 表示第 i 条业务线的风险敞口规模，则该业务线的分配比例为：

$$\lambda_i = \frac{EAD(X_i)}{\sum_{i=1}^{n} EAD(X_i)}$$

获得的经济资本额为：

$$K_i = \frac{EAD(X_i)}{\sum_{i=1}^{n} EAD(X_i)} K$$

该方法使用的相关数据可以直接在公司内部得到，计算也比较简单，很容易确定经济资本的配置状况。但是，仅仅根据业务线的风险敞口规模，而不考虑实际经营状况是不合理的。比如当 A 业务线的风险敞口规模大于 B 业务线时，A 获得的经济资本较多，但实际上 A 违约概率低于 B，并不需要过多资本防范非预期损失，这就会造成资本闲置，降低资本回报率。

2. 风险价值配置法（Value at Risk Allocation）和尾部风险价值配置法（Tail Value at Risk Allocation）

风险价值配置法定义 $\rho(X_i) = F_\alpha^{-1}(X_i) = VaR_\alpha(X_i)$，每条业务线获得资本的比例为：

$$\lambda_i = \frac{VaR_\alpha(X_i)}{\sum_{i=1}^{n} VaR_\alpha(X_i)}$$

相应的资本配置额为：

$$K_i = \frac{VaR_\alpha(X_i)}{\sum_{i=1}^{n} VaR_\alpha(X_i)} K$$

尾部风险价值配置法定义 $\rho(X_i) = TVaR_\alpha(X_i)$，相应的配置比例为：

$$\lambda_i = \frac{TVaR_\alpha(X_i)}{\sum_{i=1}^{n} TVaR_\alpha(X_i)}$$

相应的资本配置额为：

$$K_i = \frac{TVaR_\alpha(X_i)}{\sum_{i=1}^{n} TVaR_\alpha(X_i)} K$$

这两种方法类似，但在给某业务配置经济资本时，没有考虑该业务与公司其他业务的相依结构，有可能产生较大误差。

3. 方差 – 协方差配置法（Variance – Covariance Allocation）

该方法令 $\rho(X_i) = Cov(X_i, X)$，根据方差和协方差确定比例，第 i 条业务线得到的经济资本配置额为：

$$K_i = \frac{Cov(X_i, X)}{Var(X)} K$$

该方法考虑了单个业务与公司整体业务的相关性，相关性越大，获得的配置资本越多。但是，正如前面提到的，方差 – 协方差只能度量它们之间的线性关系，不能反映非线性的相依关系。

（二）边际经济资本配置法（Marginal Capital Allocation）

边际经济资本指某一业务线带给整个健康保险公司的资本数量，或是出售某条业务线所能缓释的资本数量，能够衡量增加或减少某一业务线带来的风险变化。该方法包括 M – R 配置法和 M – P 配置法。

1. M – R 配置法

Myers 和 Read 在 1999 年提出了 M – R 配置法，第 i 条业务线得到的经济资本额为：

$$K_i = L_i \cdot \frac{dK}{dL_i}$$

其中，$K = \sum_{i=1}^{n} K_i$，L_i 代表第 i 条业务线的期望损失，$\frac{dK}{dL_i}$ 指增加一单位损失需要增加的经济资本金额。

该方法以损失变化产生的影响为基础，根据该业务线的盈余负债比进行资本配置，能够避免资本剩余，是一种完全配置方法。

2. M – P 配置法

M – P 配置法由 Merton 和 Perold 于 1993 年提出，是一种不完全的经济资本配置（即 $K \ne \sum_{i=1}^{n} K_i$）。该方法先计算经营所有业务线需要的经济资本 $K(X)$，再计算除去第 i 条业务线后，经营剩下的 $(n-1)$ 条业务线需要的经济资本 $K(X - X_i)$，两者之差即该业务线得到的经济资本配置额，其数学表达是：

$$K_i(X_i | X) = K(X) - K(X - X_i)$$

(三) 最优化经济资本配置（Optimal Economic Capital Allocation）

经济资本配置可以看作一个最优化问题：在保险公司总经济资本额度、最低资本收益率、风险偏好体系等约束条件下，将经济资本总额分配到各业务部门中，以实现公司价值最大化。可以简单描述如下：

$$\max V(w_1, w_2, \cdots, w_n)$$
$$\text{s. t.} \sum_{i=1}^{n} w_i \le 1$$
$$w_i \ge 0$$
$$\cdots$$

w_i 表示配置给第 i 条业务部门的经济资本在总经济资本中所占的比重，$\sum_{i=1}^{n} w_i \le 1$ 即 $\sum_{i=1}^{n} K_i \le K$，各业务线得到的经济资本之和不能超过公司整体的经济资本。保险公司的经济资本配置问题即如何确定 w_i 值。上面的描述中省略了其余可能存在的约束条件，并且用 $V(w_1, w_2, \cdots, w_n)$ 这个抽象函数表示股东价值最大化函数。在实际应用中，健康保险公司应根据具体经营特征进行设定和求解。

(四) 以 RAROC 为基础的经济资本配置

RAROC 明确了资本与风险之间的关系，在银行业得到广泛应用。随着现代金融业的发展，资本的重要性愈发凸显，而股东价值最大化的革命，使得保险公司开始关注 RAROC 指标。

1. RAROC 介绍

风险调整后的资本回报率（Risk Adjusted Return on Capital, RAROC）是美国信

孚银行于 1978 年提出来的,是对传统绩效评估指标权益资本收益率(Return on Equity,ROE)的改进。计算公式为:

$$RAROC = \frac{风险调整收益}{经济资本} = \frac{收益 - 经营成本 - 预期损失}{经济资本}$$

1999 年,美国 Oliver Wyman & Company 公司和 Risk Management Solution 咨询公司的精算师钊一针提出了一种基于 RAROC 的财险公司资本管理办法——P&C RAROC。RAROC 在保险公司中的计算公式如下:

$$RAROC = \frac{保费收入 - 成本 - 费用 - 预期损失}{经济资本}$$

健康保险公司在衡量一笔业务与收益是否匹配时,不能单一地看收益的绝对值,而要考虑取得这些收益所占用的资本额大小。RAROC 将资本、风险和收益纳入同一指标,根据承担的风险大小评估取得的收益,改变了传统上以绝对量衡量收益的标准。RAROC 的计算直接把预期损失作为成本冲减当期收益,并计算其与为弥补非预期损失所必需的资本(即经济资本)的比例,更适用于比较不同业务线或产品的风险收益率。当某一业务的风险过大时,那么该业务为吸收非预期损失所占用的资本额就较大,即使能带来高利润,与其占用的经济资本相比,RAROC 也不一定很高。

2. 根据 RAROC 分配经济资本

在得到各业务线实际的 RAROC 后,将其与基准收益率进行比较,确定每个业务线对公司价值的贡献,进而分配、调整经济资本。基准收益率(Hurdle Rate)是公司股东要求的或期望的最低收益率,也是公司经济资本的最低收益率。目前确定基准收益率的主要方法是资产定价模型(Capital Assets Pricing Model,CAPM),该模型认为基准收益率等于无风险利率加上公司无法避免的风险(β 因素)乘以市场风险价格(市场风险溢价),计算公式为:

$$r_i = r_f + \beta(r_m - r_f)$$

其中,r_i 为基准收益率,r_f 为无风险收益率,r_m 指预期的市场收益率,β 指健康保险公司业务相对于市场的风险系数。

CAPM 模型假定股东在投资健康保险公司时,非系统性风险已经通过多元分散到最小,保险公司的全部风险都是系统性风险,只应预设资本以防范系统性风险。系统性风险是由公司资产、业务的波动性与市场整体波动性的关系决定的,即 β 值。如果公司的实际风险水平高于系统性风险水平,那么股东就会期望获得相应的价值回报。可以看出,投资的系统性风险越大,股东要求或期望的收益越高。

在获得基准收益率 HR 后,将各业务线的 RAROC 与 HR 比较:如果 RAROC ≥ HR,说明该业务能够增加股东价值,应维持或增加其经济资本的配置额度;反之,如果 RAROC < HR,说明该业务会减少固定价值,应配置更少的经济资本,甚至关闭业务线。在经济资本配置过程中,RAROC 与 HR 的不断比较能帮助风险管理人员与业务人员有效沟通,实现经济资本管理的时效性。

第八章
健康保险公司的经济资本管理

> **专栏 8.2**
>
> **经济资本——健康保险公司的战略工具**
>
> 经济资本可在多个方面服务于健康保险公司,但最重要的一个作用是改善业绩的同时降低收入的波动,这被称为"战略组合管理"。它的核心是以经济资本的思路关注公司的 RAROC,为管理层的战略决策提供更加透明的信息。战略组合管理不只是经济资本中的一个公式,还体现为商业智能的运用,为公司提供解决方案。
>
> 经济资本已经在许多大型、复杂的金融机构中得到应用,健康保险公司已经处于落后地位。健康保险公司的经济资本管理包括四个方面的内容:成长战略,通过比较不同业务线的业绩及风险水平和公司整体的业绩及风险水平,帮助管理层做出正确的发展策略;资本/评级机构管理,考虑给定偿付能力目标或评级水平时所需要的经济资本数额,决定资本和现金流在风险缓冲和新投资等直接的配置;定价优化,研究长期的价格竞争性和风险承受能力,确定合适的产品价格;风险管理,经济资本是重要的风险量化标准,可以为防范风险提供更多信息。
>
> 资料来源:Mike Weissel,David Fries,Tom Robinson:《Economic Capital:A Strategic Tool for Health Insurers》,奥纬咨询 2008 年发布。

第三节 健康保险公司的经济资本应用

随着"偿二代"体系的全面实施,监管部门对保险公司的资本和风险管理能力要求逐渐提高。最初仅仅作为一种风险管理工具的经济资本已经成为健康保险公司全面风险管理的核心支柱,企业风险管理的顶层设计、具体流程等都可以通过经济资本管理实现。在"偿二代"监管制度体系下,健康保险公司构建经济资本管理体系,不仅可以满足偿付能力监管要求,而且可以有效实施企业全面风险管理,提高企业风险管理效率,确保企业的稳健经营和可持续发展。

一、经济资本管理和偿付能力监管

健康保险公司的基本职能是损失补偿,偿付能力就是指健康保险公司对所承担保险责任的经济补偿能力,也就是保险公司履行赔付、给付义务的能力,即偿债能力,反映了公司资产和负债的关系。

(一)"偿二代"技术标准介绍

监管部门对偿付能力的监管是健康保险行业健康发展的保证。"偿二代"包括"定量资本要求""定性监管要求"和"市场约束机制"三支柱,各支柱具体内容如图 8.4 所示①。

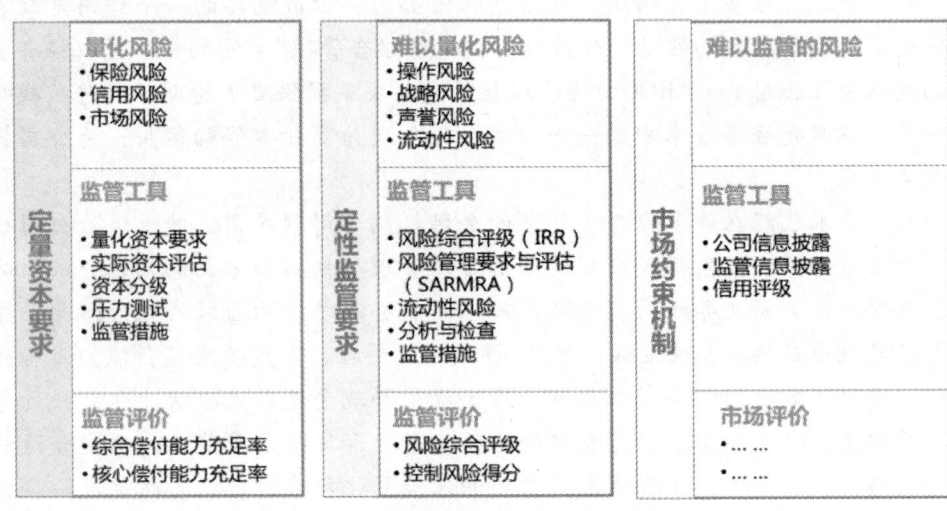

图 8.4 三支柱监管框架

1. 定量资本要求

第一支柱——"定量资本要求"是对可量化风险的评估。健康保险公司在"偿二代"体系下,为满足定量资本要求,必须计算综合偿付能力充足率和核心偿付能力充足率,根据《保险公司偿付能力监管规则第 9 号:压力测试》,计算公式为:

$$核心偿付能力充足率 = \frac{核心资本}{最低资本}$$

$$综合偿付能力充足率 = \frac{实际资本}{最低资本}$$

偿付能力充足率的计算需要实际资本、核心资本和最低资本,首先介绍这三类资本的技术标准。

《保险公司偿付能力监管规则第 1 号:实际资本》是关于实际资本的技术标准。首先,与"偿一代"相比,认可资产标准发生原则性变化:除了个别资产外,以会计账目价值作为认可价值,这减少了风险管理人员的工作量;保险公司根据中国保监会有关规定发行的应急资本属于认可资产,这意味着健康保险公司补充资本的途径更加多样化。其次,认可负债中的准备金负债认可标准也发生了变化:非寿险准备金以

---

① "中国第二代偿付能力监管规则"包括 17 项监管规则,其中,Ⅰ支柱定量资本要求包括 9 项规则,Ⅱ支柱定性监管要求包括 3 项规则,Ⅲ支柱市场约束机制包括 3 项监管规则,另外还有 1 项保险集团规则和 1 项报告规则。

会计账面价值认可，寿险准备金依据《保险公司偿付能力监管规则第3号：寿险合同负债评估》认可。短期健康保险属于非寿险业务，长期健康保险属于寿险业务，应分别计算认可负债。最后，《保险公司偿付能力监管规则第1号：实际资本》提出了全新的保险业实际资本分级标准。第二十三条规定：根据资本吸收损失的性质和能力，保险公司资本分为核心资本和附属资本。核心资本是指在持续经营状态下和破产清算状态下均可以吸收损失的资本。核心资本分为核心一级资本和核心二级资本。附属资本是指在破产清算状态下可以吸收损失的资本。附属资本分为附属一级资本和附属二级资本。第三十四条规定了保险公司各级资本的限额标准：附属资本不得超过核心资本的100%；核心二级资本不得超过核心资本的30%；附属二级资本不得超过核心资本的25%。限额要求是健康保险公司资本管理的重点，公司应特别考虑计算核心（附属）一级资本的具体要求，以优化资本结构，提高资本质量。

《保险公司偿付能力监管规则第2号：最低资本》提出了最低资本的技术标准。最低资本是基于审慎目的，为使保险公司具有适当的财务资源，以应对各类可量化为资本要求的风险对偿付能力的不利影响，中国保监会要求保险公司应当具有的资本。正如前面所说的，经济资本和最低资本（监管资本）的最终目的是相似的，都是为了保证健康保险公司的稳健经营，只不过最低资本是中国保监会对公司的监管要求，而经济资本是公司自身风险管理的需要。在第一节中已经对最低资本作了介绍，这里不再重复。

2. 定性监管要求和市场约束机制

第二支柱——"定性监管要求"是对难以量化风险的评估，健康保险公司风险的大小体现为风险综合评级和控制风险得分。

根据《保险公司偿付能力监管规则第10号：风险综合评级（分类监管）》第五条：风险综合评级，即分类监督，是指中国保险监督管理委员会根据相关信息，以风险为导向，综合分析、评价保险公司的固有风险和控制风险，根据其偿付能力风险大小，评定为不同的监管类别，并采取相应监管政策或监管措施的监管活动。在对操作风险、战略风险、声誉风险和流动性风险评价的基础上，中国保监会结合保险公司的偿付能力充足率指标，得到对保险公司偿付能力风险的综合评级。可以看出，风险综合评级是健康保险公司量化风险水平和难以量化风险水平的综合体现，偿付能力风险水平直接与风险综合评级挂钩。根据偿付能力风险大小，中国保监会将保险公司分为四个监管类别（见表8.2）。

表8.2　　　　　　　　　　　　保险公司的监管类别

类别	可定量风险	难以量化风险
A	偿付能力充足率达标	操作风险、战略风险、声誉风险、流动性风险小
B	偿付能力充足率达标	操作风险、战略风险、声誉风险、流动性风险较小
C	偿付能力充足率达标或不达标	操作风险、战略风险、声誉风险、流动性风险较大
D	偿付能力充足率达标或不达标	操作风险、战略风险、声誉风险、流动性风险很大

根据《保险公司偿付能力监管规则第11号：偿付能力风险管理要求与评估》，中国保监会定期对保险公司偿付能力风险管理能力进行评估，确定保险公司控制风险水平及相应的最低资本。在统一监管的政策特征下，提出根据保险公司的发展阶段等分为Ⅰ类公司和Ⅱ类公司，分别提出偿付能力风险管理要求，实现差异化监管。另外，健康保险公司风险管理水平能不同程度地控制风险，影响资本需求，规则评估量化风险和难以量化风险的控制风险①，并计算最低资本，连接了第一支柱和第二支柱，体现"偿二代"整体的有机结合。

第三支柱——"市场约束机制"主要依据保险公司的信息披露、监管机构的信息披露和保险公司信用评级，引导和发挥相关方对保险公司偿付能力的监督，防范难以发现的风险。

总体上，"偿二代"体系下的偿付能力风险评估是从两个维度进行的：一是将可量化的固有风险和控制风险通过最低资本计量；二是将难以量化的固有风险纳入风险综合评级进行评估。从这两个维度评估健康保险公司的风险，不仅考虑了健康保险公司在经营中面对的各类风险，还考虑了公司本身的风险管理水平，能够得到健康保险公司真实的风险轮廓，准确衡量健康保险公司的偿付能力风险水平。

（二）经济资本与偿付能力

经济资本与偿付能力在概念上十分相似。当提到某个健康保险公司具有偿付能力时，往往意味着该公司按照监管部门的标准，其拥有的资产足以与负债相匹配。如果说某个健康保险公司有足够的经济资本，就意味着该公司在一定置信水平下，有足够的资本缓冲非预期损失。可以看出，作为综合风险管理工具，两者有极大的相似性。

经济资本与偿付能力并不完全相同。首先，偿付能力多用于监管领域，按照监管部门的要求计算得到，更大程度上是一个外部的概念。前面已经介绍了在"偿二代"体系下保险公司偿付能力的评估技术，监管部门通过偿付能力充足率和风险综合评级就能判断保险公司的偿付能力大小，将其归到相应的监管类别，并采取不同监管措施。保险公司也可以根据监管部门的标准计算偿付能力充足率，对自身的偿付能力有一个大致判断。经济资本则主要应用于保险公司内部的风险管理，是一个内部的概念。前面也介绍了经济资本的计量方法，经济资本的确定要综合精算学、统计学和金融学等多门学科，并依赖于先进的计算机软件进行建模、处理，是公司自身的风险管理工具。

其次，偿付能力是保险公司实际拥有的偿债能力，是根据当前公司的资产负债结构计算出来的；经济资本则是一个虚拟的概念，是保险公司根据自身风险水平确定

---

① 控制风险指因保险公司内部管理和控制不完善或无效，导致固有风险未被及时识别和控制的偿付能力相关风险。

的、公司应该具有的偿债能力。从一定意义上讲，经济资本是为了保证保险公司稳健经营所需要的"理论偿付能力"，实际偿付能力可能高于这个值，也可能低于这个值。

最后，经济资本与偿付能力充足率计算中的最低资本类似，都是一个虚拟的概念，是理论上应具有的值。经济资本与最低资本的联系已经在第一节中介绍，这里不再重复。

经济资本作为一种先进的风险管理工具，已经可以与健康保险公司日常的风险管理相融合。无论是经济资本还是偿付能力，其最终目的都是保证健康保险公司的稳健经营，本质上是同一枚硬币的正反两面。将经济资本管理机制引进公司风险管理体系，不仅能提高健康保险公司的偿付能力水平，满足监管部门的要求，还能提高公司的价值创造能力，实现股东价值最大化。

二、经济资本管理的应用

经济资本是保险公司为了在极端不利的情况下吸收非预期损失，保证公司偿付能力和稳定经营所需要的资本，是健康保险公司风险管理的有力工具。经济资本除了前面提到的用途，还能在绩效评估、风险偏好、产品定价、信息披露等方面有重要作用。

（一）绩效评估

我国保险公司现有的绩效评估体系存在着很大缺陷：绩效评估指标多为保费或利润等绝对量指标；没有加入风险因素；缺少针对业务线或产品的评估等。这使得员工更注重短期利润，容易产生短期行为，长此以往，将会伤害到股东的利益。资金的使用是有成本和风险的，健康保险公司评估各条业务线的收益，必须考虑其所占用的资金成本和承担的风险。经济资本将风险与收益放到一个绩效评估体系中，满足上述要求，有效克服了传统绩效评估方法的缺陷。

在经济资本绩效评估方面主要有两类方法：一类是以风险调整后的绩效考核（Risk–Adjusted Performance Measurement，RAPM）为代表的评估指标，另一类是以经济增加值（EVA）指标为核心的绩效评估。这两类方法以风险为导向，诠释了风险、资本与收益三者之间的关系，具有前瞻性和战略性，能够促进健康保险公司稳健经营和可持续发展。

风险调整后的绩效考核（Risk–Adjusted Performance Measurement，RAPM）包括四个指标：风险调整资产回报率（Return on Risk–Adjusted Assets，RORAA），资产的风险调整回报率（Risk–Adjusted Return on Assets，RAROA），风险调整资本回报率（Return on Risk–Adjusted Capital，RORAC）和风险调整后的资本回报率（Risk–Adjusted Return on Capital，RAROC）。RAROC 包括了前三种模型的所有调整，是国际上首选的资本配置及绩效评估指标。上一节已经对 RAROC 作了详细介绍，在此不再

重复。这部分主要介绍以经济增加值为核心的绩效评估。

经济增加值（Economic Value Added，EVA）是美国 Stem Stewart 公司于 1991 年提出来的，是一种新型的管理理念。EVA 以资本成本为基础，计算过程中既包括利润，也包括风险，把保险公司的风险管理和经济价值的创造有效结合在一起，计算公式为：

$$EVA = 税后净利润 - 投入资本 \times 加权资本成本$$

从公式中可以看出，EVA 是健康保险公司在特定期限内经营所得的税后总利润减去经济资本成本的经济利润，实际上是剔除所有成本后的剩余价值，是股东价值的增加。首先，EVA 是一个绝对值，在绩效评估中与 RAROC 比率互相补充。如果一项业务的 EVA>0，说明该业务能够创造价值；反之，EVA<0，说明该业务其实对公司价值有负面影响。其次，EVA 通过加权确定资本成本，在考虑各业务线占用经济资本的基础上，得到各业务部门所创造出的剩余价值，将业务部门承担的风险与经营绩效联系在一起，能够真实反映业务部门的盈利情况。但是，EVA 也有一定的不足之处。EVA 是绝对指标，不能反映不同业务线之间的规模差异，可能导致绩效评估结果存在偏差。

经济资本反映了健康保险公司承担的风险及风险的分散和集中效应，RAPM 和 EVA 包括风险调整因素，反映了单位风险的收益，为不同业务线提供了统一的绩效评估标准。健康保险公司通过建立 RAROC 和 EVA 两大指标，实施风险导向的经济资本绩效评估方法，能够直接获得各业务线对公司价值创造能力的评价，简单统一，真实合理。

（二）风险偏好

健康保险公司可以使用经济资本模型确定风险容忍度。风险偏好体系各要素之间的层级关系如图 8.5 所示。

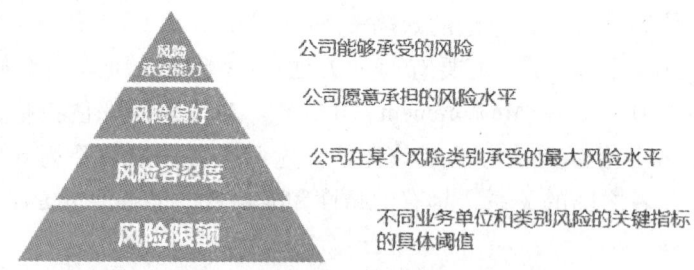

图 8.5 风险偏好体系的层级关系

风险偏好的相关概念在前面章节已经作了介绍，这里不再涉及。经济资本是用来吸收非预期损失的资本，风险容忍度是健康保险公司在某个风险类别承受的最大风险水平，因此风险容忍度与经济资本是正相关的。风险偏好越保守，则置信水平越高，占用用来弥补非预期损失的经济资本也越多。使用经济资本模型确定风险容忍度，即将总体风险容忍度分配到业务线和业务单位形成风险限额。可以看出，本质上，经济资本确定风险容忍度和经济资本配置使用的方法是一致的。

另外，当经济资本对风险水平的变化较敏感时，经济资本能有效评估风险容忍度，控制风险的增加。如当健康保险公司为获得高收益而投资了一些信用评级较低的资产时，公司所承担的风险肯定会增加，但考虑到收益的增加，并不能判断风险是否超出了风险限额。如果经济资本的计算能够准确、及时地对风险波动做出响应，使风险管理人员意识到该投资对风险容忍度的影响，就能及时采取措施，将风险水平控制在风险限额之内。

（三）产品定价

运用经济资本可以提高定价的科学性。健康保险公司的收益最终要通过产品销售来实现，产品价格是影响公司盈利的重要因素。健康保险公司以风险为经营对象，保险产品承担着各种各样的风险，占用一定的经济资本。通过经济资本的计量，健康保险公司可以更加明确各产品的经济资本占用情况。要想获得经济资本的收益，健康保险公司必须把占用经济资本的成本纳入产品定价，虽然可能加重保险产品的成本，但对保障保险公司正常经营会有很大帮助。经济资本可以影响产品的设计和销售，比如健康保险公司想要推出一款保费相对较低的重疾险，通过估计该业务的经济资本水平，发现该产品的保证续保条款并不可行。

（四）对外信息披露

经济资本能够促进与不同利益相关者的沟通。不同利益相关者的关注点往往不同。股东通常会关注公司的价值创造，RAROC 和 EVA 可以满足其需求。投保人关注公司的经营稳定性，健康保险公司通过经济资本披露其风险承担状况，展示资本充足性。保险公司通过主动向外界说明他们是如何运用经济资本这一风险管理工具的，可以加强与公司外部利益相关者的沟通，赢得良好声誉，进一步提升公司价值。

我国的保险公司对经济资本的运用还不成熟，处于起步阶段。健康保险公司本身就处于发展初级阶段，关于经济资本的使用更是少而又少。随着健康保险行业竞争的不断加剧，健康保险公司使用经济资本进行风险管理势在必行。首先，公司要加强对经济资本重要性的培训，全面宣传经济资本理念，把经济资本上升到公司战略层面。其次，经济资本的准确计量是经济资本管理体系的出发点，健康保险公司要从实际出发，不断完善数据库，研究有效且适合公司状况的经济资本计量方法和模型。最后，健康保险公司应围绕资本的高效配置原则，向各业务线合理配置资本，平衡资本与风险的对应关系，提高经济资本使用效率。

专栏 8.3

安联集团（Allianz Group）的经济资本管理机制

安联集团的经济资本管理体系已经比较完善，将风险管理与公司的战略目标结合起来，并积极将经济资本应用于公司业务的方方面面。根据蔡玲、邝岚（2008），安联集团的风险管理流程如图专 8.1 所示：

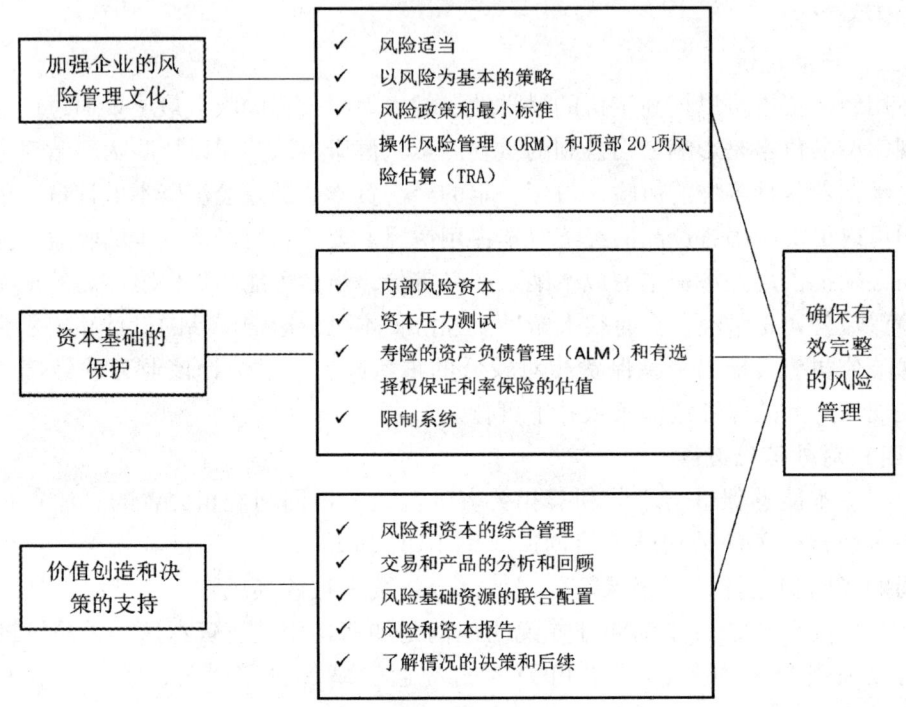

图专 8.1 安联集团的风险管理流程

可以看出，安联集团将 EVA 作为各业务线的价值衡量尺度，并将 EVA 用于评价保险风险和信用风险，作为产品定价的依据。经济资本理念贯穿于安联集团的整个风险管理流程中，将风险预警、风险评估、资本配置等不同阶段结合在一起，提高了风险管理的效率。安联集团的经济资本管理是一个循环反馈的系统，对公司风险水平和资本水平进行实时监控和修改，不断完善上一环节的设定，是动态过程。

资料来源：蔡玲、邝岚："国外保险公司经济资本的应用实践及其启示"，《区域金融研究》2008 年第 5 期。

思考题

1. 请简述经济资本的概念和特定，并指出其与账面资本和监管资本的不同。
2. 在度量风险时，风险价值（VaR）和尾部风险价值（TVaR）有何不同？
3. 请简述经济资本的配置方法，并指出各种方法的优缺点。
4. 请指出偿付能力与经济资本的联系与区别，并举例说明经济资本在健康保险公司中的应用。

第九章

健康保险公司可持续风险管理

健康保险公司风险管理的终极目标是确保企业的稳定可持续发展。企业的经营和发展不仅是为股东寻求利益的最大化,还要考虑社会整体利益及长远发展,作为企业公民,承担社会责任。公司重视环保风险、员工福利计划、利益相关者诉求等可持续风险管理,不仅可以减少公司的负外部性和声誉风险,而且有利于提升公司价值。本章介绍可持续风险管理的概念和作用及其与社会责任之间的关系,分析和研究健康保险公司如何通过建立与利益相关者的沟通,承担相应的社会责任,进行可持续风险管理。

第一节 可持续风险管理的概念和作用

自20世纪50年代西方企业界的经理革命以来,随着现代企业制度的不断发展和完善,企业治理结构和风险管理理论越来越强调公司应该承担社会责任,关注社会、政府、社区、员工等利益相关者的利益,主要目的是促进自身、社会、环境的可持续发展。因此,企业风险管理也必须重视可持续风险管理,将可持续发展的理念融入公司的风险管理流程。

一、可持续风险管理的概念和作用

可持续风险管理是指既能满足企业正常盈利的需要,又不对利益相关者的正常利益构成危害,实现企业长期持续发展的一种管理过程。可持续风险管理主要是用来应对企业经营的负外部性,这种负外部性主要分为环境风险、社会公正风险以及由此引发的经济风险,因此可持续风险管理也主要是在这些领域展开。

(一)可持续风险管理的概念

可持续风险管理源于可持续发展这一理念。可持续发展最清晰的早期阐释出现在1987年出版的名为《我们共同的未来》的"布伦特兰报告"中。这份由挪威首相格

第九章
健康保险公司可持续风险管理

罗·哈莱姆·布伦特兰主持撰写并由世界环境与发展委员会出版的报告认为可持续发展的定义是："满足当代人的需要而不牺牲后代人满足他们自身需要的能力。"将可持续发展的理念融入企业风险管理,就是可持续风险管理。

1997年,《餐叉食人族》作者、英国知名可持续咨询公司主席约翰·埃尔金顿引入了"三条底线"的概念。"三条底线"包括企业的财务绩效、环保记录以及公正对待工人、公众和社区的社会努力。可持续发展要求关注"三条底线"的"所有三条腿"。正如两条腿的缺失将使凳子侧翻一样,如果企业仅关注财务底线的话,也将招致风险。丹·安德森以这三条底线为框架展开,通过大量事例来说明,如果公司仅关注"财务表现",而不关注"环保表现"和"社会公正表现",将会危及公司的财务表现,进而威胁公司的生存。丹·安德森在其所著的《企业生存:可持续风险管理》中提出:"可持续风险将日益影响企业和相关组织。那些未能积极管理可持续风险的企业是在冒险;那些积极进行可持续风险管理的企业则会增强声誉,赢得竞争优势,同时降低成本并增加利润。"他同时指出,在可持续风险管理的过程中能创造新的商机,保险经纪人、保险业应当在制定可持续风险管理体系方面起带头作用。

尽管许多管理大师并没有明确提出"可持续风险管理"的概念,但其管理理念无处不在诠释这一思想。彼得·德鲁克曾提出,公司首先是对股东负有责任,就是使他们的投资能够获利,这是对公司的经济责任,"不赚钱是不道德的"。同时彼得·德鲁克还指出:公司首先是做得好,然后是做好事。把社会问题转化为公司发展的机会可能不在于新技术、新产品、新服务,而在于社会问题的解决,即社会创新。一个长期奉公守法、善待社会、勇于承担社会责任的公司,还可以提升自己的形象,增加无形资产,这有利于公司的长远发展。

专栏9.1

稻盛和夫的管理哲学

两家"世界500强"企业(京瓷集团和KDDI集团)创始人稻盛和夫,总结其管理哲学,在《成功的真谛》中指出,要将"敬天爱人"作为企业哲学的理论和实践。以稻盛和夫拯救日航为例:2010年前后,日航公司濒于破产。这家老牌航空公司已经陷入入不敷出、官僚化和人浮于事的困局当中。稻盛和夫临危受命,他拒绝要任何薪酬,完全是出于敬天爱人的观念,来拯救这家公司和公司的员工,不到一年就实现了100亿元人民币以上的盈利。稻盛和夫还提出以"利他之心"经营企业。在他创办KDDI之前,稻盛和夫反复自问:进入一个陌生的行业到底出于什么目的?当他想清楚,创办通信公司的目的是让更多人享受通信的便利、让更多人享受便宜的资费之后,他决定排除万难,创办KDDI。

资料来源:稻盛和夫著:《活法》,曹岫云译,东方出版社2012年版。

（二）可持续风险管理的作用

可持续风险管理可以用道德伦理方面的理由去约束，但对于经济方面的考虑才更符合市场经济的规律，而可持续风险管理也确实可以发挥作用，帮助企业降低成本、增加利润、产生竞争优势、提升股价，为公司及其股东赢得更大的财务收益。如果忽视可持续风险，则会产生相反的结果，在最坏的情况下，甚至会危及公司的生存。

1. 增加公司利润

可持续风险管理可以帮助企业降低成本，增加利润。通用汽车公司曾在 2005 年对能源和环境技术方面加倍投资——新技术包括风力发电、太阳能电池板、煤气化发电站、以柴油发动机发电的混合型火车头、更有效的飞机引擎和配件，改进的水净化和保存系统以及可以降低喷洒农田所需的水和杀虫剂用量的农用硅——意在降低温室气体的排放。这一举措降低了公司经营对环境的负外部性，尽管短期会增加成本，但从可持续风险管理的角度来看，此举也降低了通用汽车公司未来的责任风险和联合抵制风险，同时提升了公司的信誉和形象。从更为长远的角度看，这一举措实际是提升了公司的收入和利润，从而提升了公司的价值。

2. 提升公司竞争能力

可持续风险管理可以帮助企业改善竞争能力。沃尔玛公司是世界零售业巨头，按营业额计算是全球最大的公司，但好事多公司的挑战却让沃尔玛感到"恐惧"。好事多会员制仓储店是会员制仓储零售业的老大，与沃尔玛的山姆会员店竞争激烈。好事多通过产品差异定位、服务改良和不断创新等方式与沃尔玛区别开来，在资金规模不占优势的情况下，仍能在会员制仓储零售业占据重要地位。其中，员工工资和福利水平方面，两者也有很大的差距。在零售业中，沃尔玛的低价格优势无人能及，而这是以其低成本运作为基础的。员工的低工资和福利水平是其低运营成本的保障之一。曾有 160 万名女性员工对沃尔玛提起集体歧视诉讼，沃尔玛声称需通过压低工资和福利水平以维持商品的低价，可见沃尔玛具有很大的社会公正风险。

好事多以其优秀的高效率员工见长，通过高工资来实现员工忠诚和高生产率，进而实现员工的低成本。尽管沃尔玛的人力资源也非常出名，员工的效率也很高，但仍不及好事多（见表 9.1）。

表 9.1 好事多与沃尔玛山姆店员工绩效各项指标比较

	好事多	山姆店		好事多	山姆店
平均每小时工资（美元）	15.97	11.52	员工流失率（第一年）（%）	6	21
年健康费用/人（美元）	5 735	3 500	员工及其日常成本/营业额（%）	9.8	17
企业支付健康费用的比例（%）	82	47	每平方英尺营业额（美元）	795	518
年退休费用/人（美元）	1 330	747	每个员工产生的收益（美元）	13 647	11 039
参与退休计划的比例（%）	91	64	每个员工的年营业收入增长（%）	10.1	9.8

资料来源：The Costco Way: Higher wages mean higher profits. But try telling Wall Street, Business Week, April 12, 2004。

2003年在美国本土，山姆会员店用102 000个员工创造了350亿美元的营业收入，好事多却只用差不多1/3的员工创造了340亿美元的营业收入。除此之外，沃尔玛每年还因为很高的员工流失率而花费几千万美元来重新招聘和培训。好事多的战略不但降低了像沃尔玛公司的集体歧视诉讼案件那样的可持续风险成本，而且还提高了员工满意度和工作效率，实现了有竞争力且有利可图的经营模式。

3. 保障公司股价

多种投资者和股东行动都可能引发可持续风险。环境事故常常会导致公司的股价下跌，因为人们预期公司将会发生财务损失。研究发现，当公司涉及非法的或对社会不负责任的活动时，其股东价值将受到负面影响。负面事件的发生有可能引发针对公司董事和高管的诉讼，从而促使公司股价下跌。

二、可持续风险管理与社会责任

在现代经济社会中，如何处理社会和公司的关系是社会进步和公司持续成长的关键问题之一，关系到社会和公司的可持续发展。社会作为公司的依托，其正外部性为公司发展提供了必要的条件和机遇，因此公司必须履行社会责任。同时，公司作为经济社会的组成部分，其正常的经济活动和持续成长也有利于促进经济发展，履行社会责任更是保障社会安定发展的必要条件。所以，公司的社会责任来源于公司活动对社会产生的影响，是构建公司与社会和谐关系的一种基本理念。美国是最早具有公司履行社会责任观念的国家，19世纪末20世纪初，美国的公司在经济社会中的力量不断壮大，在不断提升利润的同时，行业垄断力逐渐增强，对社会的影响力也在增大，而在法律法规尚不完善的环境下，追逐利润"最大化"的本能给社会带来极大的负外部性，特别是工业领域的企业，表现在对社会秩序和伦理漠不关心，很少考虑消费者、环境、雇员、少数群体和社区等的利益和感受，由此引发公众呼吁公司承担社会责任的运动。

商业健康险公司作为经济社会的企业公民，应在法律法规允许的范围内，努力实现盈利，在此期间履行社会责任。但是，再好的公司，社会责任也不是无限的，需要划分责任边界，否则公司也无力承担。学术界在研究公司社会责任边界时，通常以公司对其利益相关者的社会责任为限，涉及的对象包括投资者、客户、员工、政府及社会环境等。公司在履行社会责任时，一方面可以推动自身可持续发展，另一方面也能制约自身的错误行为。

（一）履行社会责任对可持续发展的推动作用

公司履行社会责任对公司的可持续发展的推动表现在以下方面。

1. 有利于营造良好的内外部环境

现代观点认为，公司的盈利是公司利益相关者的共同作用，所以公司在承担社会责任时，应全面考虑公司利益相关者的诉求和期望。

对于公司的权益人，是否履行社会责任可以作为投资者选择投资对象的标准，投资者通过资本投资的方式，鼓励公司进行"社会责任投资"，有利于公司的稳定和可持续发展。同时，公司努力实现资产的保值和增值，为投资者提供较高的资本回报率，提高投资者的投资积极性。

对于投保客户，履行社会责任可以提高投保客户的忠诚度，有利于改善公司的业绩表现。同时，公司应做到诚实守信，为投保客户提供高质量的产品和服务，将客户满意度作为公司产品销售的最高目标和价值追求。

对于公司员工，履行社会责任在于是否能够严格执行劳动法律、法规，保障员工人身及财产安全，做好员工福利、培训等的工作，提升员工士气和改善劳动生产率，进一步改善劳资关系，减少公司的边际成本，有利于提升产品与服务的国际竞争力，降低社会公正风险。

对于政府的责任，公司需遵守法律、法规，照章纳税，积极执行政府的各项政策和履行相关责任等。

对于社会环境的责任，公司在经营改善的同时，可以积极参与社会公益事业，如开展慈善捐助等活动，树立公司形象，提高公司声誉，在客户和公众心目中形成良好形象的同时，实现公司业绩的进一步改善。

2. 有利于提升社会形象和声誉

社会公众对公司活动社会影响方面的评价塑造了公司在社会公众中的形象。影响评价的因素来源于两个方面：一是社会公众对公司的期望值，二是公司如何在社会利益和自身利益出现矛盾时进行权衡。公司履行社会责任有利于改善在上述影响因素的表现，有助于赢得投保客户的信任。欧美国家近年来的调查显示，70%的消费者将公司是否履行社会责任作为购买产品或服务时的一项重要参考，50%以上的消费者面对缺乏社会责任的公司时，不仅自己不购买，还会采取负面行动，如阻止亲友购买相关产品[①]。

3. 有利于吸引和留住优秀人才

知识经济时代，人口红利逐渐向人才红利过渡，公司之间的竞争关键是人才竞争。人才作为公司最重要和最稀缺的资源，不再限于被选择，而是具有了更多的选择权。具有社会责任感的公司往往有很高的知名度，会在求职者心中留下深刻的印象，所以更容易招募和留住优秀人才。调查显示，在美国超过3/4的人在找工作时会考虑到未来雇主的社会形象。如此，公司不仅可以招到优秀的员工，还能给公司带来节省招聘、培训及管理费用、降低企业运营成本等好处。

---

① Brown 和 Dacin（1997）的研究表明，消费者会对履行社会责任的公司有积极的评价，但具有负面影响的公司，其生产的产品将会遭到抵制。Maignan（1999）的研究得出了相似的结论。美国的金融分析师指出，公司在履行社会责任、改善社会形象和声誉的同时，也有利于公司股票的长期走势。

（二）履行社会责任对可持续发展的制约作用

履行社会责任可以制约公司有违社会责任的经济活动，并保障公司的可持续发展。公司会在是否履行社会责任中进行权衡，考虑公司经营的经济效益和成本：

公司如未尽到对权益人的责任，他们会选择"用脚投票"，卖掉公司股票，进而导致公司市场价值下降，造成公司的融资环境恶化，迫使公司提升融资成本，公司将会陷入融资困境或无法继续生存。

公司如未尽到对投保客户的责任，如欺骗客户，客户的合法权益受到侵害，一方面，客户将不再购买公司的产品及服务，减少公司产品销售，影响公司利润，另一方面，客户可依法对侵害行为对公司提起诉讼，要求索赔损失，行政或司法机关将对公司行为进行法律制裁，如此将使公司的声誉和收益同时遭受损失。

公司如未尽到对员工的责任，将面临社会公正风险。如在经营中，违反劳动合同或劳动法等侵犯员工合法权益、情节轻微的情形，公司将遭到员工的抵制，打击员工的工作积极性，进而影响劳动生产率，同时受到行政机关的罚款，增加运营成本；情节严重时，行为人和公司均将受到国家法律的制裁，公司有可能被依法吊销营业执照，将无法继续经营。

公司如未尽到对社会环境的责任，如在经营过程中偷税、漏税、掠夺性开发资源、破坏生态平衡，将会遭到国家法律的制裁，影响公司的发展和声誉。

专栏9.2

社会责任投资（Socially Responsible Investing，简称SRI）

社会责任投资是一种特别的投资理念，即在选择投资的企业时不仅关注其财务、业绩方面的表现，而且关注企业社会责任的履行，在传统的投资模式上增加了企业环境保护、社会道德以及公共利益等方面的考量，是一种更全面的考察企业的投资方式。社会责任投资者同时还可以用他们企业股东的身份，通过积极的股东行动，促使企业良好社会责任的履行。

社会责任投资是近年在全球发展较快的一种新型投资产品，它是将投资决策与经济、社会、环境相统一的一种投资模式，是一种具有三重考量的投资。投资者不单应该对传统的金钱回报感兴趣，还应考虑到社会公义、经济发展、世界和平与环境保护等，这样才能实现可持续发展。SRI是一种特别的投资取向，投资过程中会通过投资者结合对社会、经济发展和环境健康的关心，再加上传统财务的考虑，使经济和社会都能得益。

当代西方社会责任投资起源于政治萧条的20世纪六七十年代，而后接连发生的工业灾害、核电站泄漏、油轮泄油以及日益严重的环境问题，促使越来越多的投资者把社会责任融入投资决策。

社会责任投资包括三种投资方法：筛选、股东倡导和社区投资。其中，筛选是最重要的投资方法。早些时间，主要是运用规避筛选法，规避那些具有较差劳工和人权问题，或者在内战、恐怖主义、流行疾病频繁的商业环境中运作的公司。如今，新的积极筛选法陆续涌现。运用积极筛选原则，投资者可以积极地寻求社会、环境记录较好、企业治理优良的公司。

社会责任投资者包括个人、企业、学校、医院、基金会、养老退休基金、宗教团体及非营利组织机构等，希望在获取财务目标的同时，又可以创造一个更美好、公平及可持续发展的经济社会。在这些目标的指引下，社会责任投资策略可分为三类：筛选（Screening）、股东主张（Shareholder Advocacy）和社区投资（Community Investing）。

在海外，社会责任基金数十年的实践表明，企业能做到既盈利又履行社会责任。社会责任基金的投资限制并没有影响基金业绩，其长期投资报酬率优于其他基金。西方多数学者的研究表明，企业社会表现和财务绩效之间存在正相关关系。正是由于良好的理念和投资业绩，使得过去30年，社会责任基金资产规模的增长率是所有其他共同基金的5倍。

社会责任投资在我国目前还处于初期阶段。过去20多年全力发展经济，出现了越来越严重的环境及社会问题，人们越来越感到企业社会责任的重要性，因此政府也不断出台一些提高公司治理、保护环境、防治污染及提升社会道德的法规。

资料来源：朱明忠等著：《社会责任投资——一种基于社会责任理念的全新投资方式》，中国发展出版社2010年版。

第二节 健康保险公司可持续风险管理

不同于传统风险，可持续风险管理具有一定的难度。传统风险的界定已相对清楚，公司可以借助较为成熟的方法和措施，对其进行评估和控制。相比较而言，可持续风险管理更为复杂，没有简单明了的调查表或流程图可供公司及其风险管理部门进行可持续风险管理的评估和控制。本节针对健康保险公司的特点，提供一般性的指南和实例。

一、健康保险公司可持续风险管理的内涵

健康保险公司可持续风险管理的内涵与其他企业相似，主要包括环境风险、社会公正风险、社会责任风险等。

（一）环境风险

健康保险公司不同于制造型企业，不存在生产中的污染问题，但可以在固定资产建设和办公中开展环保活动，减少环境风险，开发绿色保险产品，开展绿色公益活动等。例如，公司办公楼的建设可以采用绿色施工技术和绿色施工管理，在设计中做到节水、节能、节材、节地，并增加环保措施，保障大楼建设中和使用后的节能环保；同时在实施中采用软件模拟工程进展，优化工序，大大减少人工和材料浪费。绿色办公主要是在日常经营管理中倡导绿色环保，引导员工践行节能减排、低碳办公、节约环保等各种低碳行为，降低能耗消耗量，厉行节约，在采购电脑设备、打印机时，设置功耗要求，并且在设备选型时，优先选择能耗低的设备型号。打造电子商务全流程的保险产品销售服务模式，具体包括电子保单、电子支付等功能，实现无纸化经营。

（二）社会公正风险

健康保险公司的社会公正风险主要体现在如何关注员工职业发展和身心健康，如何助推社会建设和保障民生。例如，公司可以制定民主管理制度，保障员工在公司面临重大运营变化时的知情权、参与权、表达权、监督权；设置劳动保护专项科目，根据公司用工管理制度文件，保障员工就业权；持续关注员工职业发展和身心健康，提升员工幸福感。

（三）社会责任风险

参与深化国家医疗保障体系改革，助力医疗卫生体制改革，深化民生保障和维护社会稳定；关注弱势群体，积极参与公益项目，有针对性地开发、创新相关产品。

二、可持续风险识别

恰当地识别潜在风险和评价潜在损失情况是运用损失控制方式降低可持续风险的基础。因此，通常将使用风险评估技术进行风险识别作为风险管理的第一步。当前我国健康险市场仍处于起步阶段，公司要持续发展壮大就要具有充分的风险意识。

在识别可持续风险方面，健康保险公司可以基于以下几个角度：如何在市场中保持稳健发展？如何立足于居民的普遍医疗保障需求和特殊化要求，不仅与国家医疗保障政策相配套，作为基本医疗保障的补充，还要满足不同阶层多样化的保障需求？如何在规模增长的同时保证产品定价的精准程度，借助现代技术和健康管理提升精算水平，给消费者提供更高性价比的产品？如何在提升消费者服务管理，给予消费者持续关怀，由简单的产品销售到打造全方位医疗就诊—结算—审核—理赔平台，赢得消费者始终如一的贴心感受和赞誉度？

识别的方法主要是传统的风险评估技术，如流程图、事故分析树、问卷、财务报表清单、检查、访谈和过往损失记录等，依然可以作为健康保险公司风险管理部门识别社会公正风险、声誉风险等可持续风险的技术工具。除了传统工具外，健康保险公司还需要新的工具识别可持续风险，如使用社交网络的数据收集和挖掘技术分析公司舆情，及时进行管理。风险范围可以包括社会公正风险、新兴的责任风险、投资和股东相关风险、董事高管风险等。其中直接影响公司财务状况和声誉的风险应得到足够关注。除此以外，竞争对手和其他相关公司也应在可持续风险的识别范围内。

三、可持续风险评估

评估可持续风险是需要极大创造性的。首先，传统的企业风险评估应该将可持续风险一开始就纳入评估过程。如英国保险人协会的一项研究——"社会责任投资：风险与机遇"中提到的：社会风险、伦理风险和环境风险是管理层所面临的挑战的一部分，但在大多数公司里他们通常并没有被纳入既有的风险评估工作。

可以雇用第三方专业评估机构来进行相关风险评估。在评估某些风险事件发生的可能性和后果时，可能需要使用专业的模型，如概率风险评估和专业组织，如1989年成立的国际风险分析协会。对于健康保险公司而言，可能的评估包括雇主满意度调查、消费者满意度调查、居民健康保障调查等。

一项有效的可持续风险评估策略就是准备一份可持续报告，通常检查公司所面临的各种可持续风险和公司的风险控制系统。准备报告的过程本身就有助于收集、组织公司内部可持续风险数据和相关工作情况，经过不断的积累，可持续负责发展报告就能为衡量公司一段时期内的进步程度以及相对于竞争对手或领先的公司的前沿距离提供基准。

可持续风险评估是一个动态过程。公司的风险管理部门需要不断将新的风险管理技术和法规、监管动态信息整合到他们的风险评估方法中去。如果可持续风险得到准确的评估并确定优先级，风险管理过程就能顺利进入风险控制阶段。

四、可持续风险控制

风险控制包括防损和减损，在没有保险的情况下，风险控制是减少损失唯一可用的工具。对于健康保险公司，采用对环境友好的产品和运作方式，公正平等地对待员工和其他利益相关者，减少导致责任诉讼、抵制、负面舆论、股东行动、声誉损害的风险。减少包括可持续风险成本在内的总体风险成本是公司管理层和风险管理部门需要解决的问题，可以通过制定和执行强有力的社会公正风险管理计划来履行这些责任。最重要的是公司承担必要的社会责任，与利益相关者建立有效沟通（见表9.2）。

第九章
健康保险公司可持续风险管理

表 9.2　　　　　　　　　　　利益相关者期待及沟通渠道

利益相关者	相关方期待	沟通渠道
股东	稳定的价值增长 完善的公司治理 有效的风险管理 廉洁的商业环境	股东大会 企业年报和公告 业绩发布会 投资者交流
监管机构	合规经营 防范风险 维护公平竞争环境 为行业整体发展做出积极贡献	参与监管机构各种会议和课题研究 汇报文件 专题报告配合监管机构调研、开展相关方调查
投保客户	丰富的保险产品体系 便捷优质的服务 客户权益保护 满足多样化需求	客户节 座谈和回访 满意度调查 微博、微信等新媒体 服务专线
员工	民主参与的权利 职业健康安全 良好的职业发展平台 和谐的工作氛围	职工代表大会工会 员工座谈会 绩效管理 面授及网络培训 内部网络信息平台互动交流 互助关爱
合作伙伴	合作共赢的伙伴关系 促进行业发展和交流	战略合作协议 规范和评估 参加行业协会、学会 重大课题探讨、政策建议
社会	改善民生 促进社会管理 慈善公益 履行社会责任	与政府、企业合作 志愿者活动 慈善捐助 定点扶贫

（一）对股东的责任

对于股东的责任体现在健康保险公司可持续风险管理，可以完善公司治理，增强风险管理能力，不断提高公司价值。公司价值的提高需要公司全方位的提升，但最为重要的几点包括发展战略、发展模式和路径选择等。例如，拓展业务范围，构建新的业务板块，寻找新的盈利模式。对于现阶段我国健康保险公司而言，健康管理依然是市场蓝海，可以在做大做优现有业务的基础上，进一步将健康管理作为战略业务，同步施行，同时在业务开展中寻找新的利润增长点，构建多元化盈利模式。战略实施一定要有计划和方法，选择合适的路径稳步推进。

我国健康保险公司起步较晚，公司治理结构首先需符合各种法律法规的要求，同时持续加强内部管控能力、监控能力和风险管理能力，完善关联交易管理制度，加强合规建设和管理，注重维护良好的投资者关系，特别注重信息披露管理，确保信息披露充分及时、真实公平。在风险管理方面，内审和外审相结合，监督公司风险管理的实施。我国健康保险公司还需对照"偿二代"的要求，改进风险管理方式，建设风险偏好体系，开展风险监控预警、重大风险事项专项评估等。

（二）对监管机构的责任

健康保险公司应该通过积极配合监管部门和行业协会的工作，有效地促进行业秩序的规范和行业健康有序的发展。公司需积极参与健康保险行业热点问题的研究与交流，为相关政策制度提供建议，如健康保险税收优惠政策、"偿二代"监管体系实施等。健康保险公司需充分认识健康保险在国民经济中扮演的角色，利用建言献策平台、同业交流活动、专题研究等形式发挥作用，如参与各类行业组织，包括：中国保险学会、中国保险行业协会、保险资产管理业协会、中国精算师协会、健康险行业发展平台、保险标准化委员会等；还可以参加国外同业交流活动，加强与国际同业的互访和交流，及时追踪全球健康保险、医疗健康产业发展动态，借鉴先进经验，提高自身专业化经营水平。

（三）对投保客户的责任

"以客户为中心"是公司始终应该贯彻的服务升级和产品开发理念。对于消费者，健康保险公司的责任主要体现在提高服务品质和效率，加强产品创新。可以采取线上线下协同推进的方式，线下可以尝试社保、团险、个险、银保等多种销售渠道，增加分支机构建设，同时运用先进医疗手段协助产品销售；线上可以借助互联网技术，搭建服务平台，也可使用现有的社交网络平台，开发服务应用，连接线上线下，提高服务效率。可以通过与医院合作，尝试构建覆盖全球的服务网络，满足不同消费者的需求。同时在健康管理方面，借助消费者健康问卷、健康体检、电子病历等，构建消费者健康档案，协助改善消费者健康、控制医疗风险。除此以外，由于保险合同具有附和性，投保人只能表示选择或不选择，一般没有权利修改某项条款，保险公司应确保向消费者提供并使其获取透明、准确的产品信息，向消费者全面、如实地披露保险产品覆盖范围、风险、投保流程、理赔流程等关系到消费者切身利益的相关信息。

（四）对员工的责任

健康保险公司应以《劳动法》和《劳动合同法》等相关法律法规为底线，保障和维护员工的合法权益，依法提供平等的就业机会和公平的就业条件。首先，坚持以人为本的原则，为员工提供健康安全的工作环境，提高员工的福利待遇。例如，贯彻执行国家有关劳动时间、年休假、劳动保护、计划生育等方面的法律法规，保障员工享有国家法定休息休假权益；定期足额为全体在岗员工缴纳基本社会保险及住房公积金；持续为员工开办商业补充医疗保险计划、雇主责任险计划、团体意外及重大疾病保险等计划；组织开展丰富多彩的文体活动，繁荣员工文化建设，鼓励员工发挥特长、展示风采。

其次，关注员工职业发展，定制员工职业发展规划，设置对应的激励方案。例如，针对新员工举办入司培训，使其尽快融入公司文化、熟悉公司业务、提高工作技能。公司内构建学习型组织，持续培养核保师、核赔师、精算师、销售人员等，通过面授培训、网络培训、考试认证等多种形式提高员工技能。开发员工内部沟通和学习的平台，总结业务实践、典型案例等知识并进行推广，邀请内部专家解答工作业务问题和疑惑，解决工作中的实际问题。

最后，保障员工切身利益，提升员工幸福感。例如，完善公司民主管理制度，通过职工代表大会的形式，保障员工在公司面临重大运营变化时的知情权、参与权、表达权、监督权。根据员工任职岗位特征，设置劳动保护专项科目，根据公司用工管理制度文件，保障员工就业权。

（五）对合作伙伴的责任

健康保险公司需加强外部合作，注重为合作伙伴创造价值。公司可以与专业保险中介机构、银行、医疗健康服务机构等建立战略伙伴关系，开展多种形式的合作，共同开拓市场。例如，协助中介机构完善管理制度和内控体系；通过高层互访、培训支持，加强与银行合作，在客户、产品、品牌、渠道等方面深层次合作，实现双赢；与医疗健康服务机构共建共享医疗健康信息，共同整合扩展产业资源，推动产品服务创新，为消费者提供更加优质的医疗服务和健康管理服务。

（六）对社会的责任

健康保险公司因涉及国家医疗保障体系建设，更应积极服务于民生事业，参与公益活动，为社会创造价值。可以定位于医保经办管理者和医疗服务付费方的角色，在城乡居民大病保险、基本医保经办、护理保险、基本公共卫生服务等方面，为居民提供更完善的医保管理解决方案。同时关注低收入人群的医疗保障问题，可以与多地政府合作，在尽量不增加政府与居民支出情况下，运用商业健康保险机制，扩展保障范围，切实解决"因病致贫""因病返贫"的问题。

开展公益活动，通过多种形式和途径奉献爱心、回馈社会。如参与慈善事业，开展扶贫工作，实施特色产业扶贫、公益扶贫和保险扶贫等；组建志愿者服务队伍，敬老助残、无偿献血、植树造林、低碳出行、文明交通、结对助学、美化环境、进行应急救护和爱心捐助等；还可以尝试开展健康保险和健康知识的宣传活动，提高居民的健康意识，普及推广疾病预防知识，倡导健康生活。

五、健康保险公司可持续风险融资

可持续风险融资是指为可持续风险可能造成的损失获得资金补偿。健康保险公司可持续风险主要指环境风险和社会公正风险，包括增加的责任、联合抵制、股东行动和声誉损失。

（一）环境风险融资

健康保险公司所面临的环境风险相对较低，除自身采取相关措施外，也可以购买环境保险，有助于减少针对董事和高管的诉讼。当前社会环境，公司面临着更大的充分披露其环境责任的压力，因此环境保险变得尤为重要。股东有可能对环境责任的披露结果感到不满，进而提起诉讼指责董事和高管没有更早进行披露。为这些责任购买保险保障能缓和股东的怒气。

（二）社会公正风险融资

健康保险公司可以购买雇用责任保险来应对歧视（性别、年龄、种族），性骚扰和不法行为所引起的索赔。虽然不是所有的公司都购买了这类保险产品，但这类产品越来越多地出现在企业的风险融资组合中。

社会公正风险融资可能会引起很多问题。某些社会公正风险可以在标准的商业责任险保单中获得保障。例如，在强制工伤保险或自保计划下，遭受工伤的员工可以获得医疗费用和工资损失的补偿；有些则是要求所有的补偿成本由企业来承担，如此却为企业营造安全工作环境提供了财务激励。美国《职业安全与健康法》等联邦法规及其他国家的类似法规都强化了这种财务激励，包括为员工争取充足工资和福利的工会以及最低工资法等法规。与员工待遇恶劣相关的联合抵制会影响公司声誉，由此引起的销售额及利润的损失无法通过风险融资来弥补。某些类型的索赔可能会在董事高管责任险保单下获得赔偿。

（三）融资充足性问题

许多公司的可持续风险融资并不充足，因为标准责任险保单已经将环境风险列为除外风险。另外一些公司则认为自己没有面临重大的环境风险。据美国机构估计，美国市场上0.5%的保险代理人或经纪人控制了80%的环境保险业务。因此，许多保单持有人和风险经理的代理人或经纪人对环境保险市场和环境风险并不熟悉，没有参与此项业务。

社会公正风险的风险融资较环境风险更为充足。强制的工伤保险覆盖了员工受伤害的风险。尽管社会公正风险的融资更充足一些，但伴随着高工伤率、歧视或性骚扰索赔而来的负面影响和声誉损失仍能给公司造成巨大损失。

尽管保险是风险融资中极为重要的一个方面，但永远不动用保险总是最好的。我们应重视风险控制和防损，从根本上消除提出保险索赔的必要。特别是环境风险和社会公正风险，因为这类风险索赔性质复杂，还往往伴随着负面的宣传效果和声誉损失。由此引致的财务损失（通常是收入和利润的下降），不能通过任何一种风险融资计划得到补偿。此外，缺乏特别有针对性的可持续风险融资方式。这意味着风险控制拙劣的公司可能最终不得不自留风险或是在收入和利润的损失之外还得承担辩护费用、身体伤害和财产损失赔偿等负面财务后果。减轻这些负面影响要求具备完善的可持续风险管理策略与实践。

思考题

1. 什么是可持续风险管理？
2. 可持续风险管理与社会责任有怎样的联系？
3. 健康保险公司如何开展可持续风险管理？

[术语对照表]

［1］风险（Risk）：事项发生并影响战略和业务目标之实现的可能性。

［2］健康风险（Health Risk）：在人的生命过程中，因自然、社会和人自身发展的诸多因素，导致人出现疾病、伤残以及造成健康损失的可能性。

［3］疾病风险（Disease Risk）：狭义的疾病风险是指由于人体内部患染疾病的风险；广义的疾病风险是指除了疾病引起的风险外，还包括生育及意外伤害事故等方面引起的人身风险。

［4］残疾风险（Disability Risk）：疾病、伤害事故等导致人体机体损伤、组织器官缺损或功能障碍等的风险。

［5］健康保险（Health Insurance）：被保险人的医疗服务需求提供经济补偿的保险，也包括为因疾病或意外事故导致工作能力丧失所引起的收入损失提供经济补偿的失能保险。

［6］医疗保险（medical insurance）：以保险合同约定的医疗行为的发生为给付保险金条件，为被保险人接受诊疗期间的医疗费用支出提供保障的保险。

［7］疾病保险（Disease Insurance）：以保险合同约定的疾病的发生为给付保险金条件的保险。

［8］护理保险（Nursing Care Insurance）：因保险合同约定的日常生活能力障碍引发护理需要为给付保险金条件，为被保险人的护理支出提供保障的保险。

［9］失能收入损失保险（Disability Income Insurance）：因保险合同约定的疾病或者意外伤害导致工作能力丧失为给付保险金条件，为被保险人在一定时期内收入减少或者中断提供保障的保险。

［10］保险风险（Insurance Risk）：由于死亡率、疾病率、赔付率、退保率等假设的实际经验与预期发生不利偏离而造成损失的风险。

［11］市场风险（Market Risk）：由于利率、汇率、权益价格等的不利变动而遭受非预期损失的风险。

［12］信用风险（Credit Risk）：由于交易对手不能履行或不能按时履行其合同义务，或者信用状况的不利变动，导致遭受非预期损失的风险。

［13］战略风险（Strategic Risk）：由于战略制定和实施的流程无效或经营环境的变化，而导致战略与市场环境和企业能力不匹配的风险。

［14］操作风险（Operational Risk）：由于不完善的内部操作流程、人员管理、系统缺陷或外部事件而导致直接或间接损失的风险，包括法律、合规、洗钱、欺诈等风险（但不包括战略风险和声誉风险）。

[15] 声誉风险（Reputation Risk）：由于公司的经营管理或外部事件等原因导致利益相关方对企业负面评价，从而造成损失的风险。

[16] 流动性风险（Liquidity Risk）：公司无法及时获得充足资金或无法及时以合理成本获得充足资金以支付到期债务或履行其他支付义务的风险。

[17] 公司风险管理（Enterprise Risk Management，ERM）：企业风险管理是一个过程，它由一个主体的董事会、管理层和其他员工实施，应用于战略制定并贯穿于企业之中，旨在识别可能会影响主体的潜在事项，管理风险以使其在该主体的风险容量之内，并为主体目标的实现提供合理保证。

[18] 健康管理（Health Management）：通过对个体或群体健康状态和危险因素的监测、分析、评估、干预，防止或延缓疾病的发生发展，提高健康管理对象的健康状况和生活质量，降低医疗成本。

[19] 偿付能力（Solvency）：偿付能力是保险人可以偿还债务的能力。偿付能力充足率等于保险公司的实际资本除以最低资本。其中，保险公司的实际资本，是指认可资产与认可负债的差额；保险公司的最低资本，是指根据监管机构的要求，保险公司为吸收资产风险、承保风险等有关风险对偿付能力的不利影响而应当具有的资本数额。

[20] 金融衍生品（Derivative）：价值依赖于标的资产（Underlying Asset）价值变动的合约。这种合约可以是标准化的，也可以是非标准化的。标准化合约是指其标的资产（基础资产）的交易价格、交易时间、资产特征、交易方式等都是事先标准化的，因此此类合约大多在交易所上市交易，如期货。非标准化合约是指以上各项由交易的双方自行约定，因此具有很强的灵活性，比如远期合约。

[21] 非预期损失（Unexpected Loss，UL）：银行超过上述平均损失以上的损失，它是对期望损失的偏差——标准差（σ）。换言之。非预期损失就是除期望损失之外的具有波动性的资产价值的潜在损失。

[22] 风险容忍度（Risk Tolerance）：在企业目标实现过程中对差异的可接受程度，是企业在风险偏好的基础上设定的对相关目标实现过程中所出现差异的可容忍限度。

[23] 置信水平（Confidence level）：特定个体对待特定命题真实性相信的程度，概率是对个人信念合理性的量度。

[24] 风险偏好（Risk Preference）：为了实现目标，企业或个体投资者在承担风险的种类、大小等方面的基本态度。

[25] 风险对冲（Risk Hedging）：通过投资或购买与标的资产（Underlying Asset）收益波动负相关的某种资产或衍生产品来冲销标的资产潜在的风险损失的一种风险管理策略，如资产组合、多种外币结算、战略上的分散经营、套期保值等。

[26] VI：视觉识别（Visual Identity）系统，包括基本要素系统，如企业名称、

企业标志、企业造型、标准字、标准色、象征图案、宣传口号等；应用系统，如产品造型、办公用品、企业环境、交通工具、服装服饰、广告媒体、招牌、包装系统、公务礼品、陈列展示以及印刷出版物等。

[27] 银保（Bank Insurance）：我国银行业与保险业的合作模式。双方目前仅局限在银行充当保险公司代理中介这一层面上，即银行通过向保险公司收取手续费的模式介入保险领域，保险公司通过银行代售来完成保险销售业务。

[28] 风险调整资本收益（Risk Adjusted Return on Capital，RAROC）：信孚银行（Banker Trust）于 20 世纪 70 年代提出的，旨在度量银行信贷资产组合的风险指标。RAROC =（净收益 – 预期损失）/经济资本。

[29] 经济附加值（Economic Value Added，EVA）：又称经济利润、经济增加值，即公司每年创造的经济增加值等于税后净营业利润与全部资本成本之间的差额。

[30] 组织架构（Organization Structure）：是表明组织各部分排列顺序、空间位置、聚散状态、联系方式以及各要素之间相互关系的一种模式，是整个管理系统的框架。

[31] 董事会（The Board of Director）：由董事会组成代表全体股东利益执行公司业务的常设权力机构。它是公司最重要的领导和管理机构，也是企业法人代表，具有执行和决策的双重权力。

[32] 利益相关者（Stakeholders）：受主体影响的各个方面，如股东、主体运营所在的社区、员工、客户和供应商。

[33] 风险管理委员会（Risk Management Committee）：风险管理组织体系的重要组成部分，主要负责对公司的整体风险状况进行评估，是一个公司风险管理体系的最高控制和决策层。

[34] 审计委员会（Audit Committee）：美国《萨班斯 – 奥克斯利法案》的定义是指由发行证券公司的董事会发起并由董事会成员组成的委员会（或同等意义的团体），其目的是监督公司的会计、财务报告以及公司会计报表的审计。

[35] 独立董事（Independent Director）：不在上市公司担任除董事外的其他职务，并与其所受聘的上市公司及其主要股东不存在可能妨碍其进行独立客观判断关系的董事。

[36] 首席风险官（Chief Risk Officer）：负责评估和迁移企业中重大竞争性、法规性及技术性风险的行政人员。

[37] 战略（Strategic）：与目标连用，必须致力于与主体的使命（或愿景）相协调并支持它的高层次的目的。

[38] 信息系统（Management Information System）：一个以人为主导，利用计算机硬件、软件、网络通信设备以及其他办公设备，进行信息的收集、传输、加工、储存、更新、拓展和维护的系统。

[39] 企业文化（Organization Culture）：一个企业共同分享和遵守的价值观、社会理想和信念。

[40] 价值观（Value）：基于人的一定的思维感官之上而做出的认知、理解、判断或抉择，也就是人认定事物、辨定是非的一种思维或取向，从而体现出人、事、物一定的价值或作用。

[41] 道德（Ethic）：社会意识形态之一，是一定社会或借机通过各种形式的教育和社会舆论的力量使人们逐渐形成一定的信念习惯传统而调整人们之间相互关系的行为规范的总和。

[42] 道德准则（Code of Ethics）：企业对其员工的道德行为所设定的一套规定。

[43] 企业社会责任（Corporate Social Responsibility）：企业在创造利润、对股东和员工承担法律责任的同时，还要承担对消费者、社区和环境的责任，企业的社会责任要求企业必须超越把利润作为唯一目标的传统理念，强调在生产过程中对人的价值的关注，强调对消费者、社区和环境的贡献。

[44] 风险识别（Risk Identification）：企业认识和发现在经营活动中所面临的风险的过程。

[45] 风险目录（Risk Inventories）：特定行业内企业所共通的或不同行业之间所共通的特定过程或活动的潜在风险事项清单。

[46] 内部分析（Internal Analysis）：企业内部人员利用自己的知识，识别某过程或活动的潜在风险。该方法是制定经营策略的一部分，多通过一个业务单元的员工会议完成。

[47] 推进式的研讨（Facilitated Workshops）：当风险事项与公司的战略和业务单元有关时，需要把不同职能或不同层级的员工聚集在一起，利用经过设计的讨论，通过管理者、员工和其他利益相关者的知识和经验来识别具体风险，利用团队的集体知识设计一个风险清单。

[48] 访谈（Interview）：通过一对一或二对一的方式，获得被访问者对过去风险和潜在风险的客观认识。

[49] 调查法（Field Investigation）：对于可能存在风险的各项活动，风险识别人员深入其所涉及的各个职能部门、业务单位和分支机构现场，直接观察公司的各种设施和各项操作程序，进行风险判断和分析的风险识别。

[50] 问卷调查（Questionnaires）：在一定程度上可以看作现场调查的替代，其成功的关键是合理编制调查问卷。在设计调查问卷时，要提出被调查者需要考虑的一系列问题，把他们的思维集中在影响风险形成的内外部因素上。

[51] 流程分析法（Process Flow Analysis）：将公司的各项经营活动过程按照其内在逻辑绘制成流程图，以更好地了解该过程的输入、任务、输出和职责之间的相互关系。

［52］首要事项指标和扩大或底线触发器（Leading Event Indicators and Escalation or Threshold Triggers）：指首要风险指标，公司通过监控与风险相关的数据，来识别可能导致风险发生的一个情形是否存在。

［53］损失事项数据追踪（Loss Event Data Tracking）：通过监控关于某个损失风险的相关数据，帮助公司识别过去风险，并量化损失，预测未来可能发生的风险。

［54］财务报表分析（Financial Statement Analysis）：指通过资产负债表、利润表和现金流量表等财务信息的分析来识别风险。

［55］风险因素（Risk Factor）：可能导致公司保险金给付或管理成本增加的原因或条件。

［56］外部因素（External Factor）：在公司的经营环境中发生的、不受其控制的变化或事件，且这些变化或事件将增加公司的风险，导致其经营成本增加。

［57］内部因素（Internal Factor）：公司内部存在的、可能导致公司保险金给付或管理成本增加的条件或原因。

［58］风险评估（Risk Assessment）：在风险识别的基础上，结合公司实际情况，运用定量或定性评估技术，分析风险发生的可能性和影响程度，并对公司的风险状况进行综合评价，同时分析风险的相对重要性。

［59］设定基准（Benchmarking）：是一组主体之间的协作过程，专注于特定事项或流程，采用共通的标准比较计量指标和结果，并识别改进的机会。

［60］概率模型（Probability Model）：根据风险行为分布的特定假设，概率模型技术将一系列风险及造成的后果与风险的可能性联系起来，在历史数据和对未来行为模拟结果的假设上，对风险发生的可能性和影响程度进行评估。

［61］随机模拟（Stochastic Simulation）：应用计算机程序，利用随机数对实际过程进行模拟，在模拟结果的基础上评估风险发生的可能性、造成的损失等变量在未来变化的概率分布。

［62］风险价值（Value at Risk）：在对某一项目或某一组项目价值变化的分布做出假设的基础上，在特定的一段时间内和给定的置信水平下，预计它潜在的最大损失金额。

［63］非概率模型（Non-Probabilistic Model）：利用历史或模拟数据及对未来的假设，量化潜在风险的影响，但没有评估风险发生的可能性。

［64］敏感性分析（Sensitivity Analysis）：在保持其他风险因素不变的情况下，分析单个风险要素（如利率、退保率等）的变化对健康保险公司风险暴露、经济价值等的影响。

［65］情景分析（Scenario Analysis）：定义一个或多个风险情景，并详细说明每个风险情景中决定风险影响程度的各种因素，并考虑其相关性，估计对目标的影响程度。用来评估一个或多个风险对公司目标的影响。

[66] 压力测试（Stress Test）：将金融机构或资产组合置于某一特定的极端情境下，然后测试该金融机构或资产组合在这些关键市场变量突变的压力下的表现状况，看是否能经受得起这种市场的突变。

[67] 经济资本（Economic Capital）：在一定时间内，一定置信度水平下，保险公司为弥补可能面临的非预期损失而必须持有的资本数量。

[68] 预期损失（Expected Loss，EL）：在一般情况下可以预见的、在未来的平均损失。

[69] 灾难性损失（Catastrophe Loss，CL）：亦称异常损失，指小概率极端事件给保险公司带来的极大损失，一般由不可抗力引起，如重大自然灾害、战争等。

[70] 非预期损失（Unexpected Loss，UL）：超过预期损失，但低于灾难性损失的那部分损失，其本质是预期损失的波动性，反映了组织所面临的风险特征。

[71] 账面资本（Book Capital）：又称会计资本、权益资本，即保险公司财务报表中显示的所有者权益，等于资产负债表中的资产额减去负债额，包括股本、资本公积、其他综合收益和未分配利润，反映公司所有者的净资产数额。

[72] 监管资本（Regulatory Capital）：又称法定资本（Statutory Capital），指监管机构为保护投保人和被保险人的合法权益，促进保险业健康发展，要求保险公司根据其规模所应持有的最低资本要求，在我国就是《保险公司偿付能力监管规则》中定义的最低资本。

[73] 一致性风险度量（Coherence Risk Measurement）：满足次可加性（Subadditivity）、正齐次性（Positive Homogeneity）、平移不变性（Translation Invariance）和单调性（Monotonicity）的风险度量指标。

[74] 尾部风险价值（Tail Value at Risk，TVaR）：也称条件风险价值（Conditional Value at Risk，CVaR）、条件尾部期望（Conditional Tail Expectation，CTE）和预期不足（Expected Shortfall，ES），指在特定时间内和给定的置信水平下，一项资产或负债或其组合所发生的损失超出风险价值（VaR）的条件期望值。

[75] 经济增加值（Economic Value Added，EVA）：以资本成本为基础，计算过程中既包括利润，也包括风险，把保险公司的风险管理和经济价值的创造有效结合在一起。

[76] 回避（Avoidance）：风险回避是指企业在风险发生的可能性较高以及风险的影响性较大的情况下，采取的终止、放弃某种决策方案或调整改变某种决策方案的风险处理方式。

[77] 风险降低（Reduction）：对不愿放弃、也不愿转移的风险，降低其损失频率、缩小其损失幅度的各种控制技术。

[78] 损失预防（Loss Prevent）：在损失发生前为了消除或减少可能引起损失的各项因素所采取的具体措施。

[79] 损失抑制（Loss Reduction）：在损失发生前为了消除或减少可能引起损失的各项因素所采取的具体措施。

[80] 第二外科手术意见（Second Surgical Opinion，SSO）：当审查部分手术治疗的必要性时，要参考第二外科医生的意见，对未通过SSO的部分择期手术降低赔付比例。

[81] 分担（Sharing）：通过转移来降低风险的可能性或影响，或者分担一部分风险。常见的方法有非再保险风险转移和再保险。

[82] 再保险（Reinsurance）：保险公司购买保险称为再保险。

[83] 承受（Retention）：不采取任何措施降低风险的可能性和影响。

[84] 结构性金融产品（Structured Financial Products）：将固定收益证券的特征与衍生产品特征相结合的一类新型金融产品。

[85] 结构性融资交易（Structured Finance）：是指企业通过利用特定目的实体，将拥有未来现金流的特定资产剥离开来，并以该特定资产为标的进行融资。

[86] 结构性公司证券（Structured Corporate Security）：期权或者远期合约同债券的混合工具。它的本金偿还一般包括固定支付部分和变动部分，后者的数额随着某种商品的价格波动而变动。

[87] 混合证券（Hybrid Security）：将单一发行人资本结构的几个构成成分综合或捆绑于一个金融资本索偿权中的证券。

[88] 可转换证券（Convertible security）：是混合债务证券的一种，可以明确地转换为优先股或普通股。

[89] 结构性票据（Structured Notes）：是一种结合"固定收益型产品"及"衍生性金融产品"的投资工具，通过发行机构将大部分本金投资于固定收益产品，利用剩余少数本金从事衍生性金融产品的操作，同时达到保障本金与资产增值的目的（如利用95%的本金购买零息债券，5%的本金投资选择权等衍生性金融商品）。

[90] 保险连结证券（Insurance Linked Security）：风险证券化过程中发行的结构性保险产品，保险风险证券化的基本理念在于发行以保险风险为基本主题的证券，将资本市场引入到传统保险公司，使保险市场上的风险得以分割和标准化，将风险转嫁给更为广泛的资本市场，从而达到在资本市场上投资者之间分散风险的目的。

[91] 巨灾债券（Catastrophe Bonds）：通过发行收益与指定的巨灾损失相连结的、将保险公司部分巨灾风险转移给债券投资者的债券。

[92] 特殊目的机构（Special Purpose Vehicle，简称SPV）：指特殊目的的载体，也称特殊目的机构/公司，其职能是在离岸资产证券化过程中，购买、包装证券化资产和以此为基础发行资产化证券，向国外投资者融资，接受发起人的资产组合，并发行以此为支持的证券的特殊实体。

[93] 巨灾期权（Cat Option）：以巨灾损失指数为标的物的期权合同。

[94] 或有资本票据（Contingent Surplus Notes）：或有资本票据属于或有资本的范畴，是通过赋予保险公司以事前约定的利率发行资本票据的权利，以便在较低融资成本下实现灾后短期融资以应对巨灾后的巨额赔付。

[95] 巨灾股权卖权（Catastrophe Equity Put）：一种以股票权益为标的的卖权，本质上类似于看跌期权合同，保险公司通过向金融中介机构支付卖权权利金，间接通知本市场投资者购买卖权。合同规定，当保险公司所承担的巨灾损失超过约定金额时，保险公司可以以预定的价格，将公司普通股或优先股出售给投资者，以防止灾后保险公司股票大跌难以以合理的价格进行股本融资。

[96] 行业损失担保（Industry Loss Warranty）：一种特殊的再保险协议，赔付主要由巨灾所造成的整个保险行业损失所触发的保险连接证券。

[97] "侧挂车"（Sidecars）：一种由资本市场投资者注册成立的、通过有担保的比例再保险合约为原发起保险公司提供额外承保能力的特殊再保险公司。"侧挂车"本质上与比例再保险合约相似，只是以一个独立的公司形式出现。

[98] 单一母公司式自保公司（Single‐Parent Captive）：公司为了管理自身的自留风险而设立的保险公司。单一母公司式自保公司是结构最为简单的自保公司，一般情况下被认为是公司整体风险管理结构中的一部分。

[99] 租赁性自保公司（Rent—A—Captive）：由市场参与者，如（再）保险公司或保险经纪人设立、管理和拥有，为缺少资源或不愿出资设立和管理他们自己的自保公司的公司提供服务。

[100] 有限风险（Finite Risk）：一系列结构性保险管理工具，实质上是风险融资和风险转移的混合体，但是其重点在于风险融资。

[101] 综合性多年度/多险种产品（Integrated Multi‐year/Multi‐Line Products，简称MMP）：在一个保险计划中将多个险种，如火灾、营业中断和责任等风险捆绑在一起，再在多年度的基础上形成一种综合性、整体性的保险。这些险种并非独立的，而是采用同一个综合费率，费率水平根据投保人自身整体风险的大小来厘定。

[102] 多触发型产品（Multi‐Trigger Products，MTP）：多触发型产品也是综合风险管理方法。多触发型产品的主要特点是损失必须至少有两种以上的触发原因时才能得到赔偿。MTP合同一般规定：在保险期内，除了保险合同条款内的保险事件（第一触发原因）外，还需要有另一个非保险事件（第二触发原因）发生，承保人才会支付赔款。

[103] 寿险债券（Life Insurance Bonds）：在寿险证券化过程中，保险公司将其收取死差益、费差益的权利，或者是销售保单获取保费的权利卖给一个特殊目的公司。该特殊目的公司通过向资本市场发行证券来筹集购买这些权利的资金，所发行的证券就称为寿险债券。

[104] 控制活动（Control Activities）：直接或通过对技术的应用帮助确保管理者

的风险应对得以实施的政策和行动。

［105］高层复核（Top-level Reviews）：高层管理者对照预算、预测、以前期间和竞争者来复核实际的业绩，并对新产品开发、合营企业或筹资计划的执行进行监控。

［106］指导并管理业务活动（Direct Functional or Activity Management）：负责职能机构或活动的管理人员整理和分析业绩报告，并据此调整以后的业务活动。

［107］信息处理（Information Processing）：实施一系列的控制来检查交易的准确性、完整性和授权。对新系统的开发和现有系统的改变，以及对数据、文件和程序的进入都要加以控制。

［108］实物控制（Physical Controls）：对设备、存货、证券、现金和其他资产进行实物性的保护，定期盘点，并与控制记录上所反映的数额相比较。

［109］业绩指标（Performance Indicators）：把不同系列的数据彼此联系起来，分析数据间的相互关系。业绩指标与调查和矫正措施一起构成一项控制活动。

［110］职责分离（Segregation of Duties）：把不同人员的职责予以分开或隔离，以便降低错误或舞弊的风险。

［111］PBMs（Pharmaceutical Benefit Managers）：药品福利管理，是医疗服务市场中的一种专业化第三方服务。提供该服务的机构一般介于市场内的支付方（商业保险机构、雇主等），药品生产企业，医院和药房之间进行监督管理和协调工作。PBMs基于患者就诊数据的采集分析、药品处方审核等对整个医疗服务流程进行管理和引导，从而达到对医疗服务进行有效监督、控制医疗费用支出、促进治疗效果的目的。

［112］NBEV（New Business Embedded Value）：新销售业务所创造的价值。NBEV是较好评价新业务价值的尺度，综合反映影响新业务价值的各种因素，包括：保险责任、保障类型、产品类型、保费规模和交费时间。

［113］DRGs（Diagnosis Related Groups）：诊断相关分类，是一种运用统计控制理论的原理将住院病人归类的方法。根据住院病人的出院病历，按照ICD-10的诊断码和操作码，参照住院时主要诊断、手术处置、年龄、性别、合并症或并发症、出院转归和住院时间等病情和诊治内容，采用聚类方法将临床特征、住院天数和医疗资源消耗近似的出院病人归类到同一诊断相关组，并规定各组的编码和制定各组相应的偿还费用标准。

［114］风险控制矩阵（Risk Matrix）：一种能够把危险发生的可能性和伤害的严重程度综合评估风险大小的定性的风险评估分析方法，是一种风险可视化工具。

［115］一般控制（General Controls）：包括对信息技术管理、信息技术基础结构、安全管理和软件获取、开发和维护的控制，适用于所有的系统——从主机到客户服务器到桌面和手提电脑环境。

[116] 应用控制（Application Controls）：直接关注数据获取和处理的完整性、准确性、授权和有效性，有助于确保在需要时能获取或生成数据，可以利用支持性的应用，而且界面错误能够迅速被察觉。

[117] 持续的监控活动（Ongoing Monitoring Activities）：持续监控包含于一个主体正常的、反复的经营活动之中。持续监控被实时地执行，动态地应对变化的情况，并且植根于主体之中。

[118] 个别评价（Separate Evaluations）：由于保险公司内外部环境不断变化，为了协助确认内部控制系统和持续性监督的有效性，定期挑选高风险流程进行个别评价，保证内部控制系统随时间变化仍能保持其有效性。

[119] 保险准备金（Insurance Reserves）：保险人为保证其如约履行保险赔偿或给付义务，根据政府有关法律规定或业务特定需要，从保费收入或盈余中提取的与其所承担的保险责任相对应的一定数量的基金。

[120] 未到期责任准备金（Unearned Premium Reserve）：也称未赚保费准备金，是指在会计年度决算时，对未满期保险单提存的一种准备金制度。之所以规定这种资金准备，是因为保险业务年度与会计年度是不一致的。

[121] 未决赔款准备金（Outstanding Claims Reserve）：保险公司在会计年度决算以前发生保险责任而未赔偿或未给付保险金，在当年收入的保险费中提取的资金。

[122] 风险限额（Value–at–Risk Limits）：风险限额是指对按照一定的计量方法所计算的市场风险设定的限额，如对内部模型计量的风险价值设定的限额和对期权性头寸设定的期权性头寸限额等。

[123] 敏感性测试（Sensitivity Analysis Method）：从众多不确定性因素中找出对投资项目经济效益指标有重要影响的敏感性因素，并分析、测算其对项目经济效益指标的影响程度和敏感性程度，进而判断项目承受风险能力的一种不确定性分析方法。

[124] 关键风险指标（Key Risk Indicators，KRI）：代表某一风险领域变化情况并可定期监控的统计指标。关键风险指标可用于监测可能造成损失事件的各项风险及控制措施，并作为反映风险变化情况的早期预警指标。

[125] 平衡计分卡（The Balanced Score Card）：根据企业组织的战略要求而精心设计的指标体系。按照卡普兰和诺顿的观点，"平衡计分卡是一种绩效管理的工具。它将企业战略目标逐层分解转化为各种具体的相互平衡的绩效考核指标体系，并对这些指标的实现状况进行不同时段的考核，从而为企业战略目标的完成建立起可靠的执行基础"。

[126] 信用迁移矩阵（Credit Transition Matrix）：通过将客户的期初信用等级状况与期末信用等级状况进行比较计算，度量某个客户群在特定的时间内从目前的信用等级迁移到其他信用等级的概率。

[127] 情景分析（Scenario Analysis）：假定某种现象或某种趋势将持续到未来的

前提下，对预测对象可能出现的情况或引起的后果做出预测的方法。

[128]负外部性（Negative Externality）：又称外部不经济，是指未能在价格中得以反映的、对交易双方之外的第三者所带来的成本。

[129]社会责任投资（Socially Responsible Investing，简称SRI）：是一种特别的投资理念，即在选择投资的企业时不仅关注其财务、业绩方面的表现，同时关注企业社会责任的履行，在传统的选股模式上增加了企业环境保护、社会道德以及公共利益等方面的考量，是一种更全面的考察企业的投资方式。

[130]责任风险（Liability Risk）：因个人或团体的疏忽或过失，造成他人的财产损失或人身伤亡，按照法律、契约应负法律责任或契约责任的风险。

[131]"偿二代"（China Risk Oriented Solvency System）：即中国第二代偿付能力监管体系，建设目标是要科学准确地计量风险并提高对风险的敏感度，推动中国保险行业不断提升风险管理能力。

[132]风险融资（Loss Financing）：是指风险管理单位为管理风险、补偿损失而采用各种方式融通资金的技术，风险融资也是风险管理单位财务管理的重要方面。

[133]QFII（Qualified Foreign Institutional Investors）："合格的境外机构投资者"的简称，是一国在货币没有实现完全可自由兑换、资本项目尚未开放的情况下，有限度地引进外资、开放资本市场的一项过渡性制度。

参考文献

［1］COSO 发布. 企业风险管理——整合框架［M］. 方红星，王宏译. 大连：东北财经大学出版社，2005.

［2］陈晓涵. 中国商业健康保险风险管理探析［D］. 西南财经大学，2006.

［3］何兴强，史卫. 健康风险与城镇居民家庭消费［J］. 经济研究，2014.

［4］刘月星，宗文红，姚有华. 我国商业健康保险风险控制问题分析及对策［J］. 卫生经济研究，2012（7）：29—31.

［5］潘兴. 我国商业健康保险风险管理研究［D］. 对外经济贸易大学，2014.

［6］袁宗蔚. 保险学——危险与保险［M］. 北京：首都经济贸易大学出版社，2000.

［7］Arrow, K. J. Uncertainty and the Welfare Economics of Medical Care［J］. America Economic Review, 1963（53）：942–973.

［8］Brown J. R., Finkelstein A. Insuring Long–Term Care in the United States［J］. Journal of Economic Perspectives, 2011, 25（4）：119–42.

［9］Cole C. R., He E., McCullough K. A., et al. An Empirical Examination of Stakeholder Groups as Monitoring Sources in Corporate Governance［J］. Journal of Risk and Insurance, 2011, 78（3）：703–730.

［10］COSO. Enterprise Risk Management——Aligning Risk with Strategy and Performance, June 2016 edition.

［11］Cummins J. D., Trainar P. Securitization, Insurance, and Reinsurance［J］. Journal of Risk and Insurance, 2009, 76（3）：463–492.

［12］Cummins J. D., Weiss M. A. Systemic Risk and the US Insurance Sector［J］. Journal of Risk and Insurance, 2014, 81（3）：489–528.

［13］Dafny L. Are Health Insurance Markets Competitive?［R］. National Bureau of Economic Research, 2008.

［14］Dutta K. K., Babbel D. F. Scenario Analysis in the Measurement of Operational Risk Capital: a Change of Measure Approach［J］. Journal of Risk and Insurance, 2014, 81（2）：303–334.

［15］Farrell M., Gallagher R. The Valuation Implications of Enterprise Risk Management Maturity［J］. Journal of Risk and Insurance, 2015, 82（3）：625–657.

［16］Gatzert N., Kolb A. Risk Measurement and Management of Operational Risk in Insurance Companies from an Enterprise Perspective［J］. Journal of Risk and Insurance,

2014, 81 (3): 683 -708.

[17] Gatzert N. , Schmit J. T. , Kolb A. Assessing the Risks of Insuring Reputation Risk [J]. Journal of Risk and Insurance, 2015, 83 (3): 641 -679.

[18] Grace M. F. , Leverty J. T. , Phillips R. D. , et al. The Value of Investing in Enterprise Risk Management [J]. Journal of Risk and Insurance, 2015, 82 (2): 289 -316.

[19] G. A. Holton. Defining Risk [J]. Financial Analysts Journal, 2004, 60 (6): 19 -25.

[20] Harrington S. , Niehaus G. Basis Risk with PCS Catastrophe Insurance Derivative Contracts [J]. Journal of Risk and Insurance, 1999: 49 -82.

[21] Kim C. , Choi Y. Securitization of Longevity Risk Using Percentile Tranching [J]. Journal of Risk and Insurance, 2011, 78 (4): 885 -906.

[22] Knight Frank H. Risk, Uncertainty and Profit [M]. Boston MA: Hart, Schaffner and Marx; Houghton Mifflin, 1921: 233.

[23] John Haynes. Risk as an Economic Factor [J]. The Quarterly Journal of Economics, 1895, 9 (4): 409 -449.

[24] John J. Hampton. Fundamentals of Enterprise Risk Management: How Top Companies Assess Risk, Manage Exposure, and Seize Opportunity [M]. New York: American Management Association, 2009: 4 -5.

[25] Liebenberg A. P. , Sommer D. W. Effects of Corporate Diversification: Evidence from the Property - liability Insurance Industry [J]. Journal of Risk and Insurance, 2008, 75 (4): 893 -919.

[26] Michael Barton. Review [J]. The American Historical Review, 1990, 95 (3): 911 -912.

[27] Miller. A Framework for Integrated Risk Management in International Business [J]. Journal of International Business Studies, Washington, Second Quarter 1992, 23 (2) .

[28] Pagach D. , Warr R. The Characteristics of Firms That Hire Chief Risk Officers [J]. Journal of Risk and Insurance, 2011, 78 (1): 185 -211.

[29] Rothschild & Stiglitz. Equilibrium in Competitive Insurance Market [J]. Quarterly Journal of Economics, 1976, 90: 629 -649.

[30] Scanlon W. J. Possible Reforms for Financing Long - term Care [J]. The Journal of Economic Perspectives, 1992, 6 (3): 43 -58.

[31] Stephens E. , Thompson J. R. Separation without Exclusion in Financial Insurance [J]. Journal of Risk and Insurance, 2015, 82 (4): 853 -864.

[32] Van Vliet J. A. A Statistical Analysis of Mandatory Pooling across Health Insurers [J]. Journal of Risk and Insurance, 2000: 197 -217.

[33] Willet A. H. The Economic Theory of Risk and Insurance (1901) [M]. Philadelphia: University of Pennsylvania Press, 1951.

[34] Zhang L., Nielson N. Solvency Analysis and Prediction in Property – Casualty Insurance: Incorporating Economic and Market Predictors [J]. Journal of Risk and Insurance, 2015, 82 (1): 97 – 124.

[35] COSO 制定发布. 企业风险管理——应用技术 [M]. 张宜霞译. 大连: 东北财经大学出版社, 2006.

[36] 杜莹芬主编. 企业全面风险管理——理论与实践 (第二版) [M]. 北京: 经济管理出版社, 2014.

[37] 顾昕. 中国商业健康保险的现状与发展战略 [J]. 保险研究, 2009 (11): 26—33.

[38] 黄娟. 我国上市保险公司内部控制评价研究 [J]. 保险研究, 2012 (5): 45—52.

[39] 国务院国有资产管理监督管理委员会. 中央企业全面风险管理指引 [R]. http://www.sasac.gov.cn.

[40] 林钟高, 曾祥飞, 王海生. 内部控制、风险管理与企业价值 [J]. 财政监督, 2011 (3): 15—19.

[41] 刘霄仑. 风险控制理论的再思考: 基于对 COSO 内部控制理念的分析 [J]. 会计研究, 2010 (3): 36—43.

[42] 魏迎宁, 陈戈. 论保险公司经济资本 [J]. 保险研究, 2008 (5): 61—84.

[43] 谢志华. 内部控制、公司治理、风险管理: 关系与整合 [J]. 会计研究, 2007 (10): 37—45.

[44] 徐邵林. 专业健康保险公司的内部控制 [J]. 中国保险, 2006 (5): 56—57.

[45] 张立民, 唐松华. 内部控制、公司治理与风险管理——《托普典章》为什么不能拯救托普 [J]. 审计研究, 2007 (5): 35—41.

[46] Andre P. Liebenberg, Robert E. Hoyt. The Determinants of Enterprise Risk Management: Evidence from the Appointment [J]. Risk Management and Insurance Review, 2003, 6 (1): 37 – 52.

[47] Anne E. Kleffner, Ryan B. Lee, Bill McGannonthe. The Effect of Corporate Governance of the Use of Enterprise Rrisk Management: Evidence from Canada [J]. Risk Management and Insurance Review, 2003, 6 (1): 53 – 73.

[48] Bartram, S., G. Brown, F. Fehle. International Evidence on Financial Derivatives Usage, Working paper, Kenan – Flagler Business School (University of North Carolina), 2004.

[49] Cyree, K, P. Huang. Bank Hedging and Derivatives Use: The Impact on and

Sources of Shareholder Value and Risk, Working paper, University of Mississippi and Massey University, 2004.

[50] David M. Willis, Susan S. Lightle. Management reports on internal controls. Journal of Accountancy, 2000, 190 (4): 57-62.

[51] George Allayannis, James Weston. The Use of Foreign Exchange Derivatives and Firm Market Value [J]. The Review of Financial Studies spring, 2001, 14 (1): 243-276.

[52] James Lam. Enterprise Risk Management: From Incentive to Controls. John Wiley and Sons, 2003.

[53] J. David Cummins, Richard D. Phillips, Stephen D. Smith. Derivatives and Corporate Risk Management: Participation and Volume Decisions in the Insurance Industry [J]. The Journal of Risk and Insurance, 2001, 68 (1): 51-92.

[54] KA Froot., D. Scharfstein, JC Stein. A Framework for Risk Management [J]. Journal of Applied Corporate Finance, 1994, 7 (3): 22-33.

[55] Kristian Kallenberg. The Role of Risk in Corporate Value: A Case Study of the ABB Asbestos Litigation [J]. Journal of Risk Research, 2007, 10 (8): 1007-1025.

[56] Kim, Y., I. Mathur, J. Nam. Is Operational Hedging a Substitute for or a Complement to Financial Hedging? Working paper, Northern Kentucky University, 2004.

[57] Lisa Meulbroek. The Promise and Challenge of Integrated Risk Management [J]. Risk Management and Insurance Review, 2002, 5 (1): 55-66.

[58] Marc Newson, Craig Deegan. Global Expectations and their Association with Corporate Social Disclosure Practices in Australia, Singapore, and South Korea [J]. The International Journal of Accounting, 2002, 3 (2): 183-213.

[59] Mark S. Beasley, Richard Clune, Dana R. Hermanson. Enterprise Risk Management: An Empirical Analysis of Factors Associated with the Extent of Implementation [J]. Journal of Accounting and Public Policy, 2005, 24 (6): 521-531.

[60] McMullen, Dorothy A., Ragahunandan, K. Internal Control Reports and Financial Reporting Problems [J]. Accounting Horizons, 1996, 10 (4): 67.

[61] Nain, A. The Strategic Motives for Corporate Risk Management [J]. Working paper, University of Michigan, 2004.

[62] Neal Enriquez. Company Need an Integrated Risk Program, Best Review, 2001.

[63] Neil A. Doherty. Risk Management, Risk Capital, and the Cost of Capital [J]. Journal of Applied Corporate Finance, 2005, 17 (3): 119-123.

[64] Norma L. Nielson, Anne E. Kleffner, Ryan B. Lee. The Evolution of the Role of Risk Communication in Effective Risk Management [J]. Risk Management and Insurance

Review, 2005, 8 (2): 279-289.

[65] R. K. Mautz and Donald L. Mini. Internal Control Evaluation and Audit Program Modification [J]. The Accounting Review, 1996, 41 (2): 283-291.

[66] RL Kimbrough, PJ Componation. The Relationship Between Organizational Culture and Enterprise Risk Management [J]. Engineering Management Journal, 2009, 21 (2): 18-26.

[67] Robert E. Hoyt, Andre P. Liebenberg. The Value of Enterprise Risk Management: Evidence from the U. S. Insurance Industry, the Society of Actuaries, 2008.

[68] 董进才, 黄玮. 企业社会责任理论研究综述与展望 [J]. 财经论丛, 2011 (156): 112—116.

[69] 德勤. 全球风险管理调查 (第七版), http://www.deloitte.com.

[70] 严复海, 党星, 颜文虎. 风险管理发展历程与趋势综述 [J]. 管理百科, 2007 (2): 30—33.

[71] 卢代福. 国外企业社会责任界说述评 [J]. 现代法学, 2001 (3): 137—144.

[72] 宋福兴. 专业健康保险公司的转型 [J]. 中国金融, 2015 (2): 57—59.

[73] 武剑. 商业银行董事会在风险管理中的地位和作用 [J]. 银行家, 2010 (1): 72—75.

[74] 许谨良. 风险管理 [M]. 北京: 中国金融出版社, 2006.

[75] 中国保险监督管理委员会. 人身保险公司全面风险管理指引: 保监发〔2010〕89号.

[76] 中国保险监督管理委员会. 保险公司风险管理指引: 保监发〔2007〕23号.

[77] 中国保险监督管理委员会. 保险公司合规管理办法: 保监发〔2016〕116号.

[78] 中国保险监督管理委员会. 保险公司偿付能力监管规则 (1—17号): 保监发〔2015〕22号.

[79] 中国保险监督管理委员会. 中国保监会关于保险业履行社会责任的指导意见: 保监发〔2015〕123号.

[80] 国有资产监督管理委员会. 中央企业全面风险管理指引: 国资发改革〔2006〕108号.

[81] 张敏. 保险公司全面风险管理研究 [D]. 南开大学, 2010.

[82] 张琴. 基于价值创造的保险公司全面风险管理研究 [D]. 南开大学, 2009.

[83] COSO. Enterprise Risk Management Aligning Risk with Strategy and Performance, 2016.

[84] Georges Dionne. Handbook of Insurance, Springer - Verlag New York Inc.,

2013.

［85］Incorporating strategic Risk into Enterprise Risk Management：A Survey of Current Corporate Practice［J］. Journal of Applied Corporate Finance，2006，18（4）：81－90.

［86］Jones Thomas. Corporate Responsibility Revisited［M］. Redefined. California Management Review，1980.

［87］John C. Hull. Risk Management and Financial Institutions. Wiley，March，2015.

［88］M. Friedman. The Social Responsibility of Business is to Increase its Profits［J］. New York Times Magazines，September 13，1970.

［89］Social Responsibilities of Business Corporations by the Re－search and Policy Committee of the Committee for Economic Development 1971. pp. 36－40.

［90］The Conference Board of Canada. International Risk Management Conference：Integrating Enterprise Risk Management into Business Practices，http：//www. conference-board. ca/ conf/ dec06/ risk/ overview. asp，2006.

［91］贝利斯等. 精算管理控制系统［M］. 王晓军等译. 北京：中国人民大学出版社，2006.

［92］陈兵. 保险公司财务管理［M］. 北京：中国财政经济出版社，2007.

［93］陈滔，李良军，杨树勤. 论商业医疗保险的风险控制［J］. 保险研究，2001（2）：7—8.

［94］陈滔. 中国商业健康保险经营和发展战略［J］. 财经科学，2003（3）：26—30.

［95］陈滔，谢洋. 影响我国商业健康保险发展的内因及其对策［J］. 保险研究，2008（11）：52—55.

［96］陈滔. 健康保险［M］. 北京：中国财政经济出版社，2011.

［97］陈晓涵. 中国商业健康保险风险管理探析［D］. 成都：西南财经大学，2006.

［98］COSO制定发布. 企业风险管理：整合框架［M］. 方红星，王宏译. 大连：东北财经大学出版社，2005.

［99］COSO制定发布. 企业风险管理：应用技术［M］. 张宜霞译. 大连：东北财经大学出版社，2006.

［100］冯鹏程，王忠生. 对我国发展商业健康保险的思考［J］. 金融教学与研究，2006（4）：63—65.

［101］华涛. 关于我国商业健康保险公司盈利问题的思考［J］. 金融纵横，2012（5）：53—57.

［102］刘钧. 风险管理概论［M］. 北京：清华大学出版社，2008.

[103] 刘金章，王晓珊．人寿与健康保险（第2版）［M］．北京：清华大学出版社，2015．

[104] 李琼．中国商业健康保险发展研究［J］．经济评论，2004（4）：118—123．

[105] 刘新立，董峥．论我国保险公司的整合风险管理［J］．保险研究，2003（2）：31—34．

[106] 刘新立．风险管理（第2版）［M］．北京：北京大学出版社，2014．

[107] 刘月星，宗文红，姚有华．我国商业健康保险风险控制问题分析及对策［J］．卫生经济研究，2012（7）：29—31．

[108] 欧伟，冯博．健康保险的风险特征与产品创新［J］．保险研究，2007（3）：54—55．

[109] 孙立娟．风险定量分析［M］．北京：北京大学出版社，2011．

[110] 宋明哲．现代风险管理［M］．北京：中国纺织出版社，2003．

[111] 宋蔚蔚．内部控制理论与实务［M］．北京：北京交通大学出版社，2013．

[112] 王春峰．金融市场风险管理［M］．天津：天津大学出版社，2001．

[113] 王超．商业健康保险的专业化经营及实务探讨［D］．西南财经大学，2006．

[114] 魏巧琴．保险企业风险管理［M］．上海：上海财经大学出版社，2002．

[115] 吴岚．资产负债管理［M］．北京：中国财政经济出版社，2011．

[116] 谢非．风险管理原理与方法［M］．重庆：重庆大学出版社，2013．

[117] 徐绍林．专业健康保险公司的内部控制［J］．中国保险，2006（5）：56—57．

[118] 肖争艳．精算模型［M］．北京：中国人民大学出版社，2015．

[119] 张大龙．我国专业健康险公司经营困境及发展对策［J］．保险研究，2010（6）：56—59．

[120] 张君．论我国保险公司的风险管理［J］．保险研究，2003（3）：10—12．

[121] 卓志．保险精算通论［M］．成都：西南财经大学出版社，2006．

[122] Baicker K. Improving Incentives in Health Care Spending［J］. Business Economics，2006，41（2）：21 - 25.

[123] Black K.，Skipper H. D. Life and Health Insurance［M］. Illinois：Irwin，1989：1 - 2.

[124] Covello V. T.，Mumpower J. Risk Analysis and Risk Management：An Historical Perspective［J］. Risk Analysis，1985，5（2）：103 - 120.

[125] Crouhy M.，Galai D.，Mark R. The Essentials of Risk Management［M］. New York：McGraw - Hill，2006：492.

[126] Dr. Karen Hardy. Enterprise Risk Management［M］. San Francis：John Wiley

& Sons, Inc. 2015.

[127] Fraser J., Simkins B. J., Hargreaves J. Quantitative Risk Assessment in ERM [M]. John Wiley & Sons, Inc. 2011.

[128] Hull J. C. Risk Management and Financial Institutions [M]. China Machine Press, 2009.

[129] Jorion P. Financial Risk Manager Handbook, 6th Edition [M]. Hoboken: John Wiley & Sons, 2009.

[130] Klugman S. A., Panjer H. H., Willmot G. E. Loss Models: From Data to Decisions [M]. 3th ed. Hoboken: John Wiley&Sons, 2012.

[131] Mcneil A. J., Frey R., Embrechts P. Quantitative Risk Management [M]. Princeton: Princeton University Press, 2005.

[132] Zweifel P., Breyer F., Kifmann M. Health Economics [J]. Journal of Risk & Insurance, 1997, 18 (4): 1356–1358.

[133] 陈秉正. 国外非传统风险转移产品介绍 [J]. 保险研究, 2000 (10): 46—48.

[134] 克里斯托弗·L. 卡尔普. 管理资本和风险的艺术——结构性金融和保险 [M]. 杜墨, 仁建昌译. 北京: 中国金融出版社, 2008: 184—365.

[135] 肯尼斯·布莱克, 哈罗德·斯基博. 人寿与健康保险 [M]. 孙祁祥, 郑伟译. 北京: 经济科学出版社, 2003: 653—721.

[136] 刘经纶. 重大疾病保险 [M]. 北京: 中国金融出版社, 2001: 53—113.

[137] 美国COSO制定、发布. 企业风险管理——整合框架 [M]. 张宜霞译. 大连: 东北财经大学出版社, 2004: 70—79.

[138] 缪里尔·L. 克劳福特. 人寿与健康保险（第八版）[M]. 周国平, 金海军等译. 北京: 经济科学出版社, 2000: 56.

[139] 尼尔·A. 多尔蒂. 综合风险管理——控制公司风险的技术和策略 [M]. 陈秉正, 王珺译. 北京: 经济科学出版社, 2005: 142—171.

[140] 潘兴. 我国商业健康保险风险管理研究 [D]. 北京: 对外经济贸易大学, 2014.

[141] 普拉卡什·A. 希马皮. 整合公司风险管理 [M]. 王瑾瑜, 郑海涛译. 北京: 机械工业出版社, 2003: 91—217.

[142] 宋明哲. 风险管理 [M]. 台北: 中华企业管理发展中心, 1984: 171—252.

[143] 宋明哲. 现代风险管理 [M]. 北京: 中国纺织出版社, 2003: 52—57.

[144] 王一佳, 马泓, 陈秉正. 寿险公司风险管理 [M]. 北京: 中国金融出版社, 2003: 133.

[145] 魏华林, 林宝清. 保险学 [M]. 北京: 高等教育出版社, 2006.

[146] 翁小丹. 人身意外伤害和健康保险 [M]. 北京：中国财政经济出版社，2007：199—207.

[147] 谢世清. 保险连接证券的最新发展动态分析 [J]. 保险研究，2010 (7)：84—89.

[148] 谢世清. 寿险证券化及其借鉴 [J]. 商业研究，2010 (4)：116—121.

[149] 张晓. 商业健康保险 [M]. 北京：中国劳动社会保障出版社，2004：251—258.

[150] 周伏平. 企业风险管理 [M]. 沈阳：辽宁教育出版社，2003：105—186.

[151] 左石. 美国医疗改革的新动向——健康维护组织（HMO）[J]. 中华医院管理杂志，1995（12）：764.

[152] Arrow, K. J. Social Choice and Individual Values [M]. 2th Ed. Haven, CN：Yale University Press, 1963.

[153] Doherty, N. A. Corporate Risk Management – A Financial Exposition [M]. New York：Mc Graw – Hill, 1985.

[154] Doherty, N. A. Integrated Risk Management – Techniques and Strategies for Managing Corporate Risk [M]. New York：Mcgraw – Hill, 2000.

[155] Insurance Risk Securitization：New Opportunities for Insurers and Investors. Swiss Re. Sigma. 2006.

[156] Jeffee, D., Russell, T. Catastrophe Insurance, Capital Markets, And Uninsurable Risks [J]. Journal of Risk And Insurance, 1997 (64)：205 – 230.

[157] Jesen, M. C. And Meckling. W. H. Theory of The Firm：Managerial Behavior, Agency Costs And Ownership Structure [J]. Journal of Financial Economics, 1976 (3)：305 – 360.

[158] Skipper, Jr. H. D. International Risk and Insurance – An Environmental Managerial Approach [M]. New York：Irwin/Mc Graw – Hill, 1998.

[159] Smith, C. W. Jr. And Stulz, R. The Determinants of Firm'S Hedging Policies [J]. Journal of Financial and Quantitative Analysis, 1985 (28)：391 – 405.

[160] Smithson, C. W. et al. Managing Financial Risk – A Guide to Derivative Products, Financial Engineering, And Value Maximization [M]. London：Irwin, 1995.

[161] 北京保监局. 寿险公司内部控制研究 [M]. 北京：经济科学出版社，2005：225—237.

[162] 杜刚，朱文静. 基于三方博弈的商业健康保险风险控制 [J]. 华东师范大学学报（哲学社会科学版），2015，(04)：108—114 + 170—171.

[163] 龚贻生，张蕾. 商业健康保险的发展与监管 [J]. 中国医疗保险，2011，(05)：54—56.

[164] 李凤鸣. 内部控制学 [M]. 北京：北京大学出版社，2002：131—132.

[165] 罗青. 内部控制设计、测试与评价 [M]. 北京：经济科学出版社，2007：33—134.

[166] 史梦秋. 我国商业健康保险监管及规范发展研究 [D]. 西南财经大学，2009.

[167] 宋建波. 内部控制风险管理 [M]. 北京：中国人民大学出版社，2012：251—258.

[168] 托马斯·L. 巴顿，威廉·G. 申克. 企业风险管理 [M]. 北京：中国人民大学出版社，2004：117—121.

[169] 王军辉. 企业内部会计控制方法与实务 [M]. 北京：中国市场出版社，2008：111—103.

[170] 王立勇. 杜绝内患——企业内部控制系统分析 [M]. 北京：中国经济出版社，2004：107—111.

[171] 郑秉文. 信息不对称与医疗保险 [J]. 经济社会体制比较，2002（6）：8—15.

[172] 中华人民共和国财政部等. 企业内部控制基本规范 [M]. 北京：中国财政经济出版社，2008.

[173] 朱铭来，尚颖. 商业健康保险需求理论与实证研究综述 [J]. 中国卫生政策研究，2011（11）：58—65.

[174] Abadie Alberto. Bootstrap Tests for Distributional Treatment Effects in Instrumental Variable Models [J]. Journal of the American Statistical Association，2009（2）：284–290.

[175] Actuarial Research Corporation. Study of the Administrative Costs and Actuarial Values of Small Health Plans [J]. The Stata Journal，2007（3）：1–11.

[176] Alle, Buchanan. Managed Care：Rationing without Justice, but not Unjustly [J]. Journal of Health Politics, Policy and Law，1998.

[177] Arrow, K. J. Uncertainty and the Welfare Economics of Medical Care [J]. America Economic Review，1963，53：942–973.

[178] 安永（中国）企业咨询有限公司. 2014 年保险行业风险管理白皮书 [D]. 2014.

[179] 埃里克·托普著. 颠覆医疗：大数据时代的个人健康革命 [M]. 张南，魏薇，何雨师译. 北京：电子工业出版社，2014.

[180] 陈利强，梁如见，张新宇. 金融大数据：战略规划与实践指南 [M]. 北京：电子工业出版社，2015.

[181] 陈宁珊主编. 欧洲基本保健体制改革 [M]. 北京：中国劳动社会保障出

版社，2010.

[182] 陈云. 金融大数据 [M]. 上海：上海科学技术出版社，2015.

[183] 基斯·达格代尔，大卫·兰伯特. 智慧营销：精准销售新策略 [M]. 陈青译. 上海：上海辞书出版社，2012.

[184] 丽莎·亚瑟. 大数据营销：如何让营销更具吸引力 [M]. 姜欣，任东英，温天宁，余勇等译. 北京：中信出版社，2014.

[185] 李心丹，肖斌卿，张兵等. 投资者关系管理能提升上市公司价值吗 [J]. 管理世界，2007，(9)：117—128.

[186] 刘素春. 保险公司治理的特殊性研究 [J]. 保险研究，2010（5）：84—89.

[187] 王和. 大数据时代：保险变革研究 [M]. 中国金融出版社，2014.

[188] 王和. 大数据时代将颠覆保险理论和商业模式 [N]. 21世纪经济报道，2013.12.12.

[189] 维克托·迈尔·舍恩伯格，肯尼思·库克耶盛大数据时代：生活、工作与思维的大变革 [M]. 杨燕，周涛译. 浙江：浙江人民出版社，2013.

[190] 许伟，梁循，杨小平. 金融数据挖掘：基于大数据视角的展望 [M]. 北京：知识产权出版社，2013.

[191] 阎建军等著. 医药卫生体制改革与上海健康保险交易所设立构想 [M]. 北京：社会科学文献出版社，2015.

[192] Barry C., Brown S. Limited Information as a Source of Risk [J]. Journal of Portfolio Management, 1986, 12: 66-72.

[193] Beasley M. S., Frigo M. L. Strategic Risk Management: Creating and Protecting Value [J]. Strategic Finance, 2007, 88 (11): 25.

[194] Callahan M. To Hedge or not to Hedge…that is the Question: Empirical Evidence from the North American Gold Mining Industry 1996-2000 [J]. Financial Markets Institutions & Instruments, 2002, 11: 271-288.

[195] Curell B. A. Enterprise-Wide Risk Management in Regional and Community Banks Brings Value [J]. Michigan Banker, 2008, 4: 42-43.

[196] Cyree K., P. Huang. Bank Hedging and Derivatives Use: The Impact on and Sources of Shareholder Value and Risk [D]. University of Mississippi and Massey, 2004.

[197] Dennis Robertson, S. Dennison. Control of Industry [M]. Cambridge University Press, 1960.

[198] Klein R., Bawa V. The Effect of Limited Information and Estimation Risk on Optimal Portfolio Diversification [J]. Journal of Financial Economics, 1977, 5 (4): 89-111.

［199］Lam J. Enterprise Risk Management: From Incentives to Controls ［M］. John Wiley & Sons, Inc., 2003.

［200］Lang, M., R. Lundholm. Corporate Disclosure Policy and Analyst Behavior ［J］. Accounting Review, 1996, 71: 467-492.

［201］Marsiglia E., Falautano I. Corporate Social Responsibility and Sustainability Challenges for a Bancassurance Company ［J］. Geneva Papers on Risk and Insurance – issues and practice, 2005, 30 (3): 485-497.

［202］Norma L. Nielson, Anne E. Kleffner, Ryan B. Lee. The Evolution of the Role of Risk Communication in Effective Risk Management ［J］. Risk Management and Insurance Review, 2005, 8 (2): 279-289.

［203］Peter Forstmoser, Nikodemus Herger. Managing Reputational Risk: A Reinsurer's View ［J］. The Geneva Papers on Risk and Insurance – Issues and Practice, 2006, 31 (3): 409-424.

［204］Segal S. Corporate Value of Enterprise Risk Management ［M］. John Wiley & Sons, Inc., 2011.

［205］The CAS Enterprise Risk Management Committee. Overview of Enterprise Risk Management Committee Report ［R］. Casualty Actuarial Society Forum, 2003.

［206］陈兵. 保险公司偿付能力评估的新视角——经济资本 ［J］. 保险研究, 2006 (5): 21—24.

［207］蔡玲, 邝岚. 国外保险公司经济资本的应用实践及其启示 ［J］. 区域金融研究, 2008 (5): 37—39.

［208］陈戈. 寿险公司经济资本问题研究 ［D］. 南开大学, 2009.

［209］菲利普·乔瑞. VAR: 风险价值 ［M］. 张海鱼译. 北京: 中信出版社, 2000.

［210］郭祥. 我国保险公司经济资本管理研究 ［D］. 对外经济贸易大学, 2014.

［211］何艳. 基于经济资本的保险公司内部偿付能力管理研究 ［D］. 同济大学, 2007.

［212］廖继全. 银行经济资本管理 ［M］. 北京: 企业管理出版社, 2008.

［213］刘建德. 经济资本——风险和价值管理的核心 ［J］. 国际金融研究, 2004 (8): 44—49.

［214］刘丽. 基于经济资本的财险企业全面风险管理研究 ［D］. 中国科学技术大学, 2009.

［215］刘宁. 基于经济资本的中国保险公司全面风险管理研究 ［D］. 武汉大学, 2011.

［216］卢志伟. 基于 Copula 函数的保险业经济资本测度 ［D］. 中国海洋大

学，2015.

[217] R. 卡尔斯，M. 胡法兹等. 现代精算风险理论 [M]. 唐启鹤译. 北京：科学出版社，2005.

[218] 孙立娟. 风险定量分析 [M]. 北京：北京大学出版社，2011.

[219] 魏迎宁，陈戈. 论保险公司经济资本 [J]. 保险研究，2008（5）：64—66.

[220] 谢远涛，杨娟，夏孟余. 基于 COPULA – CVaR 风险度量的投资组合分析 [M]. 北京：对外经济贸易大学出版社，2014.

[221] 杨明亮. 经济资本、风险测度与保险公司的价值管理 [J]. 金融经济学研究，2009，24（6）：111—126.

[222] 张琴. 基于价值创造的保险公司全面风险管理研究 [D]. 南开大学，2009.

[223] Acerbi C., Tasche D. On the Coherence of Expected Shortfall [J]. Journal of Banking & Finance，2001，26（7）：1487 – 1503.

[224] Buch A., Dorfleitner G. Coherent Risk Measures, Coherent Capital Allocations and the Gradient Allocation Principle [J]. Insurance Mathematics & Economics，2008，42（1）：235 – 242.

[225] Denault M. Coherent Allocation of Risk Capital [J]. Journal of Risk，1999，4（2）：1 – 34.

[226] Kaas R., Goovaerts M., Dhaene J., et al. Modern Actuarial Rrisk Theory [J]. 2003：1 – 328.

[227] Klugman S. A., Panjer H. H., Willmot G. E. Loss Models：From Data to Decisions [M]. 3th ed. Hoboken：John Wiley & Sons，2012.

[228] Luciano. Copula methods in finance [M]. Chichester：John Wiley，2004.

[229] Myers S. C., Read J. A., Jr. Capital Allocation for Insurance Companies [J]. Journal of Risk & Insurance，2001，68（4）：545.

[230] Philippe Artzner Ph. D. Application of Coherent Risk Measures to Capital Requirements in Insurance [J]. North American Actuarial Journal，1999，3（2）：11 – 25.

[231] Rockafellar R. T., Uryasev S. Conditional Value – at – Risk for General Loss Distributions [J]. Journal of Banking & Finance，2002，26（7）：1443 – 1471.

[232] Rockafellar R. T., Uryasev S. Optimization of Conditional Value – at – Risk [J]. Journal of Risk，2010，29（1）：1071 – 1074.

[233] Sherris M. Solvency, Capital Allocation, and Fair Rate of Return in Insurance [J]. Journal of Risk and Insurance，2006，73（1）：71 – 96.

[234] Stoughton, Neal M., Josef. Optimal Capital Allocation Using RAROC and

EVA［J］. Journal of Financial Intermediation，1999，16（3）：312－342.

［235］Tang A.，Valdez E. A. Economic Capital and the Aggregation of Risks Using Copulas［J］. Ssrn Electronic Journal，2009.

［236］陈立勇，曾德明. 企业的利益相关者、绩效与社会责任［J］. 湖南社会科学，2002（6）：67—70.

［237］陈留彬. 中国企业社会责任理论与实证研究——以山东省企业为例［D］. 济南：山东大学博士学位论文，2006.

［238］陈留彬. 我国企业社会责任的治理及实现［J］. 东岳论丛，2006（1）：78—80.

［239］邓启稳. 我国上市公司社会责任信息披露研究［D］. 武汉：中南财经政法大学博士学位论文，2009.

［240］樊行健，郭晓燚. 企业可持续增长模型的重构研究与启示［J］. 会计研究，2007（5）：39—45.

［241］郝臣，王旭，王励翔. 我国保险公司社会责任状况研究——基于保险公司社会责任报告的分析［J］. 保险研究，2015（5）：92—100.

［242］黄晓鹏. 企业社会责任——理论与中国实践［M］. 北京：社科文献出版社，2010.

［243］匡海波. 企业社会责任［M］. 北京：清华大学出版社，2010.

［244］李培林. 论企业社会责任与企业可持续发展［J］. 现代财经，2006（10）：11—15.

［245］李勇杰. 保险企业社会责任研究［D］. 武汉：武汉大学博士学位论文，2009.

［246］陆岷峰. 商业银行声誉风险管理［M］. 上海：上海财经大学出版社，2010.

［247］汤谷良，游尤. 可持续增长模型的比较分析与案例验证［J］. 会计研究，2005（8）：39—41.

［248］王寒. 中国保险企业社会责任研究［D］. 西南财经大学博士学位论文，2010.

［249］中国社会科学院经济学部企业社会责任研究中心. 企业社会责任蓝皮书［M］. 北京：社会科学文献出版社，2010.

［250］中国人民财产保险股份有限公司. 2015社会责任报告［R］. 2016.

［251］中国人民健康保险股份有限公司. 2015年企业社会责任报告［R］. 2016.

［252］钟宏武，张蒽，翟利峰. 中国企业社会责任报告白皮书［M］. 北京：经济管理出版社. 2011.

［252］Atkinson G. Measuring Corporate Sustainability［J］. Journal of Environmental Planning and Management，2009.

[254] Baron D. Private Politics, Corporate Social Responsibility and Integrated Strategy [J]. Journal of Economics and Management Strategy, 2001.

[255] Bruch H. The Key Store Thinking Corporate Philanthropy [J]. MIT Sloan Management Review, 2005.

[256] Maon F., Lindgren A., Swaen V. Designing and Implementing Corporate Social Responsibility: A Framework Grounded in Theory and Practice [J]. Journal of Business Ethics, 2009.

[257] Peter A, Jenna D. Understanding and Developing Strategic Corporate Responsibility [J]. Organizational Dynamics, 2008.

[258] Porter ME, Kramer M. Strategy Society Andsociety: The Link between Competitive Advantage and Corporate Social Responsibility [J]. Harvard Business Review, 2006.

跋

"完善国民健康政策，为人民群众提供全方位全周期健康服务"，这是中国共产党十九大对全国人民作出的深入民心的伟大承诺，是进一步实施健康中国、惠及万民的伟大战略。

中国共产党已经将保障人民健康当作了党和国家的一项重要工作，把为人民健康服务提升到了一个前所未有的高度。健康保险作为国家健康服务产业中的关键一环，在提升国民整体健康水平与健康保障方面，都面临着前所未有的发展机遇与空间，无论是现在还是将来，都会发挥着越来越重要的作用。

人食五谷，焉得无病？人的一生，总是在健康与不健康状态之间徘徊，但福寿安康是人们亘古通今的幸福期许。随着我国迈进上中等收入国家行列，人们对健康生活愈加渴望，对健康保障和健康服务的需求愈加多样，也自然会进一步提高对商业健康保险服务的要求。

已经成立十余年的我国首家专业健康保险公司——中国人民健康保险股份有限公司，以"让每一位中国人的健康更有保障、生活更加美好、生命更有尊严"为其崇高的使命，以"人民保险，服务人民"为其矢志不渝的追求，在"健康中国"建设的征程中，肩负着服务"国家治理体系和治理能力现代化"这一历史角色的重担，在建设"政府信任、人民满意的中国健康保险第一品牌"的道路上走出了成效。在近五年来，人保健康构建了清晰的发展模式；实现了多元化销售渠道建设和业务转型；达到了服务能力的明显提升；成为了国家医疗保障体制改革的积极参与者和重要推动力量。在实现两个一百年奋斗目标和中华民族伟大复兴中国梦的文化大背景下，人保健康将继续把握战略机遇，牢记时代赋予健康保险的重要使命，致力于打造成服务"健康中国"建设的领军企业，成为国际一流的健康保险供应商。

党的十九大报告提出要"加强应用基础研究"，要"建立以企业为主体、市场为导向、产学研深度融合的技术创新体系"。人保健康理应责无旁贷地承担起健康保险综合研究这一具有里程碑意义的开创性工作，因此，公司决定协调和组织一批知名专家学者，立足国内实际，借鉴国际经验，编著一套具有中国特色的《健康保险系列丛书》，系统梳理健康保险的基础理论和经营实践，初步构建相对系统、科学、完整的健康保险理论体系，为培养健康保险行业高水平人才奠定坚实的基础。

《健康保险系列丛书》项目由人保健康党委书记、总裁宋福兴同志亲自挂帅，组建了以公司高管为成员的高规格编委会，邀请保险、财税、公共管理、社会保障、医疗卫生领域近40位著名专家，共同编著。

为确保专业性和权威性，丛书编委会多次召开由多位专家学者参加的专题研讨会。整体来看，丛书既考虑了健康保险的既往经验、现实状况和未来发展趋势，体系上比较完善；同时又对健康保险的相关领域作了探索研究，拓宽了研究范围。从功能定位看，丛书体现了理论与实践并重的编写特色：既要有理论高度，具有一定的前瞻性，达到高等教育教材的编写水平；同时要有实效性，能满足专业健康保险公司经营发展中的现实需求。专家们认为，丛书对把握健康保险经营规律以及行业的可持续发展具有重大意义，充分体现了中国人保一贯以社会责任为己任的优良传统，利于当代、功在千秋。

在丛书的编著工作中，专家学者们都全情投入，科学严谨地为编著工作贡献着智慧。马海涛教授、王欢教授、王国军教授、王绪瑾教授、王稳教授、朱铭来教授、孙祁祥教授、李晓林教授、杨燕绥教授、张晓教授、卓志教授、赵尚梅教授、郝演苏教授、辛丹博士等专家学者负责各分册编著工作，李保仁教授、魏华林教授、庹国柱教授、李玲教授、孙洁教授、郑伟教授、于保荣教授、余晖教授、朱恒鹏教授、朱俊生教授、董朝晖博士等专家学者给予丛书编写许多指导和帮助，在此一并表示最衷心的感谢！

本丛书是对健康保险经营实践经验的阶段性总结和思考。但由于编写时间紧，难免有疏漏之处。而且随着健康保险专业化经营不断深化，还会有很多需要改进的地方。我们希望本丛书能构建起健康保险行业的理论体系与研究架构，对引领健康保险规范、良性和可持续发展起到积极作用。我们也希望借助本丛书，能培养出一批高素质的干部员工队伍，为"健康中国"的建设添砖加瓦，为实现两个一百年奋斗目标和中华民族伟大复兴中国梦贡献力量。